体育概论

《体育概论》编写组　编

北京体育大学出版社

序

人才培养是高等学校的根本任务，对处于学校工作中心地位的教学工作来说，其质量建设是高等学校的永恒主题。作为传授知识、掌握技能、提高素质的载体，教材在人才培养过程中起着非常重要的作用，是高等学校提高教学质量，促进内涵发展的有力抓手。

一本好的教材，不仅要充分体现教材应有的基础性、示范性和权威性，还要正确把握教学内容和课程体系的改革和创新方向，充分反映学科的教育思想观念、人才培养模式以及教学科研的最新成果，集中展现教材体系的创新，教材内容的更新和教学方法、手段的革新，善于处理好理论与实践、继承与创新、广度与深度、知识与技能、利学与利教的关系，成为开拓学生视野、引导学生探索、鼓励学生奋进的学业与人生兼备的“工具书”。

从中央体育学院到北京体育学院再到北京体育大学，这60年的办学历程，是继承发展的60年，是改革创新的60年，也是教材建设硕果累累的60年。学校不断探索教材建设的内在规律，引领高等体育教育教材建设的创新之路，发展了具有自身特色的教材体系，形成了特色鲜明的三个发展阶段。第一阶段是在上世纪50年代至60年代，我校教师在苏联专家的指导下，制定和编写了各专业的教育计划、大纲和主要教材。这批教师在主持和参与1961年国家体委组织的体育院校18门课程教材编著工作中发挥了重要作用；而这批教材也成为我国独立编写的、对苏联教材模式有所突破的第一批体育院校教材。第二阶段是上世纪70年代末至90年代，我校教师在大量承担第二次重编体育院校教材牵头组织工作的同时，针对学校“三结合”的办学目标和人才培养模式，开始了多学科、多专业的自编教材建设。第三阶段是进入21世纪以后，特别是国家体育总局于2002年下拨教材建设专款480万元之后，我校教材建设在数量和质量上都取得了重大突破。至2010年共立项建设了涵盖我校各专业课程的187项教材，其中有4项教材获得国家级优秀（精品）教材称号，14项教材获得北京市精品教材称号。可以说上述三个阶段的发展，使我校教材建设水平达到了一个空前的高度，为高等体育人才的培养发挥了重要的作用。

为全面提高高等体育教育质量，深化高等体育教育教学改革，继续加强体育学精品教材建设，2012年初，在北京体育大学教学指导与教材建设委员会的具体指导下，我们启动了高等教育体育学精品教材建设工程。学校遴选教育部新颁布的体育学类所属的体育教育、运动训练、社会体育指导与管理、武术与民族传统体育、休闲体育、运动康复、运动人体科学 7 个本科专业的部分基础课程和主干课程开展精品教材建设。我们整合了全校的优质资源，组织专家、教授全程参与教材的规划、编写、初审、终审等过程。按照精品教材的要求，以优秀的教学团队编写优质的教材，出精品、出人才为建设思路，编委会优选学术水平与教学水平兼备、具有创新精神的专家、教授担任教材主编，组织优秀教学团队成员参与教材编写；精确定位教材适用对象，准确把握专业知识结构、能力结构和综合素质要求，深刻领会课程内涵，简洁洗练地表达知识点、能力点和素质点；融入最新的教改成果和科研成果，吸收国外优秀教材的先进理念和成果，创新利于学生自学和教师讲授的教材体例；学校还投入专项资金，对教材进行一体规划、一体设计、一体编审，并采用多色印刷技术增加教材的可读性；为全力保证教材编写质量，北京体育大学出版社资深编辑深度介入教材编写的所有环节。当这批教材展现在读者面前时，我们充满了期待。

岁月如流，薪火相传。60 年的教材建设成绩斐然，推动着体育学教材建设步入新的起点、站在新的高度。展望未来，一批批体育学精品教材将随世界一流体育大学的建设进程应运而生，不仅在学校内涵式发展的改革进程中发挥重要作用，而且在全国高等体育院校人才培养中做出积极贡献，在高等教育教材建设中留下浓墨重彩的一笔。

北京体育大学校长

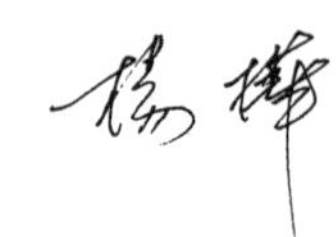

校教学指导与教材建设委员会主任

2013 年 9 月

北京体育大学高等教育体育学精品教材编委会

教材编写组

组　长：熊晓正

成　员（以姓氏笔画为序）：

王润斌　王　芳　韦晓康　孙湛宁　刘　峥

邱招义　何　强　张晓义　张爱红　邸慧君

郑国华　黄亚玲　熊晓正

前言

《体育概论》作为体育专业教育公共基础必修课程的精品教材，全书结构完整、体例新颖、内容充实，是专门为高等体育院校或高等学校体育专业的本科生编写的教材，希望使不同体育专业方向的学生对体育这一社会文化有一个大致的了解，为进一步分科学习奠定基础。

本教材在参考、借鉴国内外同类书籍的基础上，形成了自己的编写风格。首先从教材的构建体系来说，本书着重突出“概论”的特征。“概”，就是要描述体育的整体面貌，给学生一个整体的体育认知；“论”，就是从社会运行的宏观层面讨论体育的社会存在与社会价值，使学生在掌握体育生成、发展及在人与社会发展中的作用等相关知识的基础上，建构起体育的整体概念。其次，在编写体例方面，本书根据北京体育大学设计的编写体例，结合学科特点进行创新。每一节都以案例开始导入正文，每章结尾设有课外拓展阅读和相关学习网站，重新设计了思考问题，文内还提供了一些知识链接和相关图片，这样既增强了教材的知识性、可读性和趣味性，又便于学生深入学习。

北京体育大学校长杨桦教授对本教材的体例、结构、编写风格、篇幅比例和创新点进行了宏观谋划。学校立足本校人才资源，加强校内外联合，成立了以熊晓正为组长、以北京体育大学奥林匹克教研室老师和其他兄弟院校教师为主体的《体育概论》编写组。详细分工为：“引论”由北京体育大学熊晓正撰稿；第一章“体育的概念”由吉林大学张晓义、清华大学邸慧君编写；第二章“体育的产生”由中央民族大学韦晓康和北京体育大学王芳编写；第三章“体育的功能”由北京体育大学邱招义编写；第四章“体育的类型”由吉林大学张晓义、清华大学邸慧君编写；第五章“体育的手段”由宁波大学郑国华编写；第六章“体育方法”由重庆师范大学何强编写；第七章“体育运行”和第八章“体育体制”由北京体育大学孙湛宁编写；第九章“中国体育的发展与改革”由西南大学刘峥编写；第十章“体育的科学体系”由北京体育大学黄亚玲编写；第十一章“体育的发展趋势”由南昌航空大学王润斌和北京体育大学张爱红编写。全书最后由熊晓正、刘峥、何强统改，熊晓正定稿。

本教材能够顺利完成并付梓出版，感谢北京体育大学教务处高峰处长、章朝珲副处长，他们不仅给予了行政上的大力支持，而且在整体把握、章节内容、全书体例等方面提出了宝贵的建议；感谢编写组秘书张爱红博士承担的大量编务工作，为《体育概论》的顺利结稿做出了奉献；感谢北京体育大学出版社的佟晖副编审，他的辛苦劳动使本教材熠然生色；感谢教材审定委员会和所有关心和帮助我们完成编写任务的同志。由于时间和水平所限，书中的错误和不妥之处在所难免，若蒙读者不吝指教，则不胜欣幸。

《体育概论》编写组

2013 年 8 月

第六章 体育的方法

第七章 体育的运行

第八章 体育体制

第九章 中国体育的发展与改革

第十章 体育的科学体系

第十一章 体育的发展趋势

引 论

“体育是什么”，有人说这是一个小儿科问题。诚然，说起“体育”，在信息社会的当下，谁都能如数家珍列举出足球、篮球、排球、田径、游泳等体育运动项目，或诸如早操、课间操、工间操、奥运会、世界杯、全运会等体育活动和竞赛活动，以及“举国体制”、“全民健身”、“奥运争光”等有关体育制度与政策。不错，这些都是“体育”的内容。但如果我们需要一个统合这些内容的“体育概念”，或者给“体育”一个定义时，就是多年从事相关研究的专家也难以诠释。以致每到引起体育发展战略转折的社会发展重要关头，我们都会不同程度地发出“体育是什么”的质询。至今，“体育是什么”这个小儿科问题，并没有获得根本性解决。“体育是什么”的研究远远落后于体育实践的发展，成为体育界论而难决的议题。当理论不能反映实践、不能解释实践时，我们就不该妄言什么“小儿科”了。对体育的整体把握与认识，是我们理性发展体育的前提，正是在“体育是什么”的追问过程中，催生了《体育概论》这门课程。

一、“体育概论”在我国的发展历程

现代体育是 19 世纪末期引入我国的。最初作为练兵的一种手段，尔后又作为军国民教育的重要内容得到推广，并常常与我国传统文化中的“尚武”等同起来。20 世纪初，实用主义教育思想与自然主义体育观念传入我国，一些有识之士发出了“学校体育之误，误把军事当体育”的批评。教育界围绕“兵操废存”的论战，就“体育是什么”进行了讨论。青年毛泽东也在《新青年》发表了《体育之研究》一文，参与了讨论。正是这次“体育是什么”的讨论促进了我国体育，由军国民教育思想为基础的德日体育体制，向实用主义教育思想为基础的英美体育体制的转变。在体育专门人才培养课程体系中增补了体育理论课程的教学，“体育学”“体育原理”“体育概论”出现在课程设置中。这些课程虽然命名不同，但内容大同小异，主要讲授体育运动的原理，体育的目的意义、体育的历史、体育与卫生的关系等。其重点是体育活动的具体实施、实施内容、具体作用等方面，是纳体育历史、体育管理、体育教学、运动训练和卫生保健等为一体的理论课程，所以也有称之为“体育理论”而与具体的运动实践课程相区别。

20 世纪 50 年代，我们提出了“新体育”的建设，确立了“为人民的健康、新民主主义的建设和人民的国防而发展体育”的目标任务。为区别于“旧体育”，我国在对实用主义教育思想进行全面的批判的同时，引进了前苏联的教育思想与教学原则。1954 年和 1958 年，人民体育出版社出版了凯里舍夫的《苏联体育教育理论》和科里亚科索夫斯基等编写的苏联中等体育学校教材《体育理论》。这些理论教材侧重体育教育理论方面，与过去的体育原理、体育概论相比较，前苏联教材注重从整体上建构体育学科理论体系，拓宽了知识范围，对运动训练、群众体育都有了一定程度的理论概括，强调了体育的意识形态倾向。进入 20 世纪 60 年代，在前苏联体育教育理论体系基础之上，我国开始建设自己的体育理论体系。于 1961 年出版了体育学院本科《体育理论》教材，其内容包括体育的一般原理、学校体育和体育教学、运动训练、体育锻炼、群众体育等几个部分。这本《体育理论》较全面地反映出中国体育的实践经验，但在总体上没有完全摆脱前苏联体育理论体系的影响。

20 世纪 80 年代，以“实践是检验真理的唯一标准”文章的发表为契机，全国展开了一场声势浩大的思想解放运动。体育界以“体育的科学属性”为切入点，加入了这场浩大而深刻的思想解放运动之中。围绕体育的科学属性的论辩，“体育是什么”不仅再次成为论辩的焦点，同时也促进了体育学术界对体育学科体系的思考。20 世纪 60 至 70 年代，世界性体育分支学科的大量出现，促进了体育跨学科、多学科发展。我国曾经一本《体育理论》打天下的局面，远远不能适应体育事业发展的需要和体育学科建设的需要。建设体育学科体系的思考，推动了“体育理论”的分化，“运动训练学”“体育史”“体育概论”“学校体育学”“群众体育学”“运动竞赛学”“体育管理学”先后从“体育理论”中分离出来，体育哲学、体育经济学、体育法学、体育文化学等学科的建设，也纳入了议事日程。“体育概论”正是在这一过程中确立了自身的学科地位。1985 年，由北京体育学院出版社出版、曹湘君撰写的《体育概论》问世，从此之后，《体育概论》走上了独立发展的道路。1989 年由八所体育学院联合编写的《中国体育概论》出版。1989 年体育学院通用教材《体育概论》出版，并于 2005 年出版发行了第二版。1995 年由鲍冠文主编，高等教育出版社出版的全国师范院校系统通用教材《体育概论》也问世。2007 年，《体育概论》最新的版本由杨文轩、杨霆主编，由高等教育出版社出版，并作为全国普通学校体育专业主干课程系列教材之一。同时，一批自选《体育概论》也先后出版。

二、“体育概论”的学科地位

“体育概论”在体育专业教育领域中是一门相对成熟的课程，形成了相对稳定的知识体系与结构，这从现行的各家教材中可见一斑。但现有体育概论教材的知识体例或知识结构，主要是在大多数体育学科尚未分化时形成的，它几乎覆盖了体育专业知识，特别是人文社会学知识的大部分内容，与今天已经独立和形成的一些体育专业课程，存在较多的重复与交叉，这使“体育概论”作为一门公共基础课的地位受到质疑。因此，在一些体育专业方向的课程设置中，曾一度出现取消这门课程的倾向。在当前体育学科专业设置不断分化与体育基础知识相互渗透的发展态势下，“体育概论”要成为一门跨越体育不同专业方向的基础课程，“概什么”与“论什么”就不能不成为我们关注的议题。

从目前的出版的教材看，“体育学”“体育概论”“体育原理”这三种教材交集过多，内容大同小异，不少人实际上是没有将这三者区别开来，以致有学者专门就这一问题进行了讨论。[1]

就体育学科发展而言，这三种教材，虽然免不了存在一定的交集，但也不是不能相区别的。“体育学”（狭义的）是从认识论、方法论的视角，通过体育的结构、体育的价值、体育发展规律、体育宏观运行机制等基本问题的研究入手，是对体育进行整体性、综合性的宏观研究，侧重于体育的科学体系的建构；“体育原理”，则是从体育的实践切入，对体育的过程、体育的实施、体育的活动、体育手段选择等相对微观的领域进行研究，以期总结、归纳一些原理或原则，指导体育实践；“体育概论”介乎体育学与体育原理之间，它既不同于一般规律探索，也不同于具体原理研究，它是对体育文化现象的“一般性解释”。体育概论是运用相关理论与原理去解释体育文化现象，以期获得具有普遍意义的知识。因此，“体育概论”的研究对象是体育文化现象，研究取向是运用相关理论与原理，对体育实践和体育现象进行分析和解释，以获得具有普遍意义的系统知识为任务。由是，体育概论的“概”，需要描述出体育的整体面貌，形成一个完整体育的认知；体育概论的“论”，则应从社会运行的宏观层面，反映体育的社会存在与社会价值，给予学生体育生成、发展，以及在人与社会发展中的作用等相关知识，使学生对体育的性质、作用、生成、运行和发展有一个明确地认知，建立起体育的整体概念。

“体育概论”有以下一些特点：

1. 全面性特点。体育概论是从整体上对体育文化现象的全面审视，其研究内容几乎涵盖了除人体科学以外的体育所有的学科领域，涉及到对体育的认知、体育的演进、体育的存在形式、体育的运行、体育的管理、体育的手段与方法等体育的全方位。非如此，则不能反映体育的全貌。

2. 知识性特点。“知识的本质是概括”[2]，体育概论是对诸种体育文化现象作出的系统性解释，从而形成反映体育全貌的知识体系。体育概论所提供的信息，主要是回答“是什么”，而不以阐述“为什么”为己任。因此，知识性是体育概论的一个鲜明特点。

3. 概括性特点。“概括也就是解释的本质”[3]。体育概论虽然跨越体育多个学科，但绝不是各个学科知识的堆积。对体育文化现象所提供的解释，是经过整合、在总体上能反映体育文化现象全貌的知识体系。概括又是寻求普遍意义的过程，因此，体育概论提供的知识，具有整体把握、全面认知体育文化现象的普遍意义。

简言之，“体育概论”是有关体育知识的通论，主要是传授通识性的体育知识。在体育专业教育的课程体系中，应该属于所有不同专业方向的公共基础课。

[1] 杨文轩，杨霆. 体育概论 [M]. 北京：高等教育出版社，2006：4–7.

[2] 【德】H.赖欣巴哈. 科学哲学的兴起 [M]. 北京：商务印书馆，2010：9.

[3] 【德】H.赖欣巴哈. 科学哲学的兴起 [M]. 北京：商务印书馆，2010：9.

三、“体育概论”的教学目标与要求

（一）学习“体育概论”的意义

“体育概论”作为体育专业教育的一门公共基础必修课，主要为不同体育专业方向提供体育最基本的知识，使学生对体育这一社会文化有一个初步和大致的了解，为进一步分科学习，奠定一个基础。“体育概论”，在体育课程体系中，属于入门级的通用知识；在体育不同专业方向的学生的知识构成中，是深入专业学习的桥梁；在体育学科体系中，是建构科学大厦的基础。学习“体育概论”的意义在于，它不仅提供如何跨入体育科学殿堂的基本知识，还是确立体育整体观、协同观的主要课程；它不仅提供把握体育整体的系统知识，还是洞察体育有机结构和存在依据的对象；它不仅提供涵盖体育全域的一般知识，还是确定体育研究内容和领域的凭据。

（二）“体育概论”的教学目标

1. 通过学习“体育概论”，使学生正确理解体育、认识体育，建构起一个体育的整体概貌。

2. 通过学习“体育概论”，使学生了解、掌握体育的一般知识，为进一步分科学习，打下良好的基础。

3. 通过学习“体育概论”，引起和培养学生研究体育的兴趣，引导学生运用所学的知识观察问题、分析问题，提高发现问题、解决问题的能力。

（三）“体育概论”的教学要求

1. 面向社会实际，直面社会问题，坚持正确的导向，激发学生积极向上的正能量，引导学生树立体育发展的整体观与协同观。

2. 教学中应突出对基本概念和基本观点的讲解，深入浅出，引导学生积极思考，着重培养学生发现问题或提出问题的能力。

3. 课堂讲解与课外阅读相结合、系统讲解与重点讲解相结合，依据不同专业方向的学生，合理分配教材内容，在保证系统性、整体性的基础上，突出重点，加强课外阅读的指导。

4. 采取多种授课形式，搞活教学工作，充分利用多媒体电化教学、课堂讨论、专题辩论等，吸引学生积极主动参与教学过程，提高课堂教学效果和质量，有条件的还可以组织学生以小组为单位，进行小范围社会考察。

5. 结合课堂讨论、辩论和社会考察，培养学生研究问题的兴趣，并掌握拟写讨论提纲、考察报告的基本知识。

第一章　体育的概念

内容提要

本章的主题是“体育的概念”，它既是人们认识体育的集中体现，也是我们了解体育的逻辑起点。体育的历史源远流长，人们对体育的认识也经历了一个曲折而漫长的过程。需要我们思考的是：在不同的国家、不同的历史阶段，人们都是如何理解体育的？关于体育的概念人们形成一致的意见了吗？有哪些代表性的观点？不同观点之间的分歧和争论是什么？我们今天应该如何理解体育呢？应该如何给体育下一个定义呢？

为了回答这些问题本章主要介绍了体育概念的演变、体育概念的歧见和体育概念的建构三个方面的内容。

学习目标

学习完本章之后，你应该能够：

1. 了解人们认知体育的历史脉络。
2. 说出国内外体育术语使用的差异。
3. 掌握有代表性的体育概念。
4. 分析体育概念争论的焦点和原因。
5. 理解体育的建构性定义。

关键术语

体育、Athletics、Gymnastics、Physical Education、Sport、自身自然、社会实践活动

第一节　体育概念的演变

导入

据CNN报道，全球有40亿人通过各种媒介观看2012年伦敦奥运会，每个人都有各自的理由。

据法新社报道，全球有大约30多亿人通过各种途径观看2010年德国世界杯足球赛。

据统计，美国体育产业2010年的总产值高达4410亿美元，接近美国GDP的3%，是汽车产业的2倍、影视产业的7倍。

今天，世界的每个角落都有体育的身影，体育已经成为一个家喻户晓的事物，如果有谁还没有听说过体育，没有见过体育，没有体验过体育，那恐怕会被人讥笑为太孤陋寡闻，甚至于怀疑此人是不是来自外星世界。但是，体育一词的广泛使用却不是一朝一夕的事情，它作为一个专门性名词，并被人们普遍接受还是经历了一个漫长的过程。

一、古代社会“体育”的称谓

体育作为一种社会文化活动可以追溯到早期人类社会，至少在氏族社会中，就可以找到今天我们称之为体育活动的“影子”。但纵观整个古代社会，并没有出现“体育（physical education)”这一概念。

在古希腊的文献中，涉及体育内容的著作很多。公元前10世纪的《荷马史诗》，公元前5世纪~公元前4世纪的教育家、思想家、哲学家，如苏格拉底、柏拉图、亚里士多德等人的著作中对体育都有诸多论述。

概括起来，古希腊时期有关体育的基本术语有竞技（athletics)、训练（training)、体操(gymnastics）等几个词。这些术语中，“竞技”一词大约产生于希腊的原始社会末期，公元前10世纪前后已被广泛使用；“体操”一词产生于公元前6~5世纪[1]，当时希腊已进入奴隶社会。尽管在古希腊文献的原文中没有与今天的“体育”完全对应的词，但是，当时“体操”一词的意义，与今天的“体育”一词的意义非常相近。柏拉图认为，体操是身体训练的理论和方法体系，可以指一切健身运动或健身术，具有“体育健身疗法”的意蕴，是健身运动的总称。亚里士多德认为，教育大致可以分为四种，即读写、体操、音乐和绘画。读写和绘画在生活中有许多用途，体操有助于培养人的勇敢，健康是基础，勇敢是品德，所以应该优先开展体操。他认为“既然在教育方面习惯先于理性，身体先于思想，由此，显然预先应把儿童交给体育教师和角力教师，这些人分别造就儿童的体质和教给他们身体方面的本领。”[2]

[1] 周西宽.体育基本理论教程 [M]. 北京：人民体育出版社，2004：19.

[2] 亚里士多德.亚里士多德全集（第八卷） [M]. 北京：人民大学出版社，1994：273.

他还说：“体操通常是借以培养勇毅的品德”，“体操有助于健康并能增强战斗力量。”[3] 由此可以看出，古希腊时期的“体操”与今天所说的 physical education（体育或体育教育）是相似概念。

中国古代与体育活动有关的术语主要有“养生”“尚武”“游息”“角力”“讲武”等。“养生”主要指与身心修炼有关的活动；“尚武”一般与体能、技能发展的身体训练相关联；“游息”一般指闲暇娱乐活动；“角力”和“讲武”大多指有关竞技或竞赛活动。在中国古代，主张通过体育活动规范、养成人们的社会行为准则不乏其人。例如，教育家、思想家，儒家学派的创始人孔丘，就谈到：“君子无所争，必也射乎；揖让而升，下而饮，其争也君子。”（《论语·八佾》）为什么不主张争胜斗狠的孔子，不反对参加射箭比赛呢，因为射箭活动是实现其教育目标的最好途径，恰如《礼记·射义》指出：“射者进退周旋必中礼，内志正，外体直，然后持弓矢审固。持弓矢审固，然后可以言中，此可以观德行矣。”荀况在强调开展休闲娱乐活动必要性的同时，指出必须加强对娱乐休闲活动的规范与引导，以实现“乐行而志清，礼修而行成，耳目聪明，血气和平，移风易俗，天下皆宁”的社会教育目标。（《荀子·乐论》）尽管中国古代对体育活动促进人的社会化的教化作用有很深刻的认识，但同样没有“体育”这个名词或专门的术语。

二、体育（physical education）概念的出现

“体育（physical education）”一词，最早始于何时，现在尚无从确认，但一般认为在文艺复兴之后。随着人本主义的确立与现代教育的萌生，“体育”这个概念也逐步进入人们的观念之中。

早期人文主义教育家，追求一种完美的教育理想，力图复兴古希腊教育重身心和谐发展的教育理念，他们主张在世俗教育中引入骑士教育的内容，以培养身心并完的学者。文艺复兴后期，培养精明能干的绅士和博学多能的贵族成为新的教育宗旨。教育目标的转向，促进了对“骑士体育”的超越。法国人文主义教育家蒙田的看法可以代表那一时期的教育理念，蒙田曾指出：“一切运动和锻炼，如长跑、击剑、音乐、舞蹈、打猎、骑马，都应该是学生学习的一部分。我希望他的外表、态度、礼节和他的身体及他的心智一起形成起来。因为，我们所训练的，不是心智，也不是身体，而是一个人，我们绝不能把二者分开。”[4] 身体操练的教育理念，被通过身体运动实现教育目标的教育理念所取代。正是教育理念在这一转向中，产生了“体育（physical education）”这一概念。17 世纪英国著名的哲学家、政治家、教育家约翰·洛克（John Locke，1632~1704）在其《教育漫话》中，第一个提出体育、德育、智育，并把体育放在三育之首。约翰·洛克依据其教育理念，整合了相关户外身体活动，设计了体育教学原则，促进了体育学科化发展。此后，“体育（physical education）”逐渐流行起来，与“体操”一起，泛指教育中的体育活动。

18 世纪 60 年代有关儿童教育的著作里已有法语“体育”（education physique）一词；

[3] 亚里士多德著、吴寿彭译.政治学 [M]. 北京：商务印书馆，1965：410.
[4] 华东师范大学教育系.西方古代教育论著选 [M]. 北京：人民教育出版社，2001：401.

1793 年，德国的古兹穆斯出版了其专著《青年的体操》一书，书中也使用了“体育”和“属于教育的身体练习”这样一些词语；19 世纪以后，“体育”逐渐取代“体操”，成为一个专门术语出现在一些教育和体育著述中。例如，1838 年法国体育家阿摩罗什出版了《体育概论·体操与道德》；1854 年，英国社会学家斯宾塞发表了以体育（physical education）为题的论文；1867 年英国体育家、人体测量学鼻祖麦克莱伦出版了《体育的体系》（A system of physical education）一书。以上著作和论文中所论述的“体育”，主要是从教育角度提及的，也就是把体育看作是教育的一个重要组成部分，或者是教育的重要手段，可以说，“体育”一词产生和应用的原因，主要是教育学说的发展。在当时，许多教育家和思想家都主张从道德、知识和身体三个方面施行教育，并认为通过身体活动进行的教育就是体育。

19 世纪和 20 世纪初，在实践领域，“体操”（gymnastics）术语的使用比“体育”更为广泛。第一次世界大战后，以杜威为代表的实用主义教育学说在全世界得以广泛传播，人们开始对旨在训练军人的体操教育体系进行反思，对用“体操”这一术语来表达体育的实际内容提出了质疑。1919 年，人们开始对“体操”能否适用当时教育的目标展开了广泛讨论。许多学者认为，体育是教育的重要组成部分；体育应提供训练，使人的身心得到完备发展；体育的目标应以教育的目标为转移。通过这一时期的讨论，鉴于近代“体操”的内容变化（近代体操的内容主要是徒手操和带器械的身体练习，古希腊体操则泛指各种身体活动），使“体育是以身体活动为手段的教育”这一现代体育的概念逐步建立起来，从而划清了“体操”和“体育”两个概念的界限。“体操”成为一个具体的项目名称。20 世纪 20 年代以后，许多国家陆续将“体操”课改为“体育”课。此后“体育（physical education)”一词才普遍使用起来。

中国使用现代意义上的“体育”概念，出现在 19 世纪末 20 世纪初，同欧美国家体育的概念一样，也经历了从“体操”到“体育”的演进过程，这两个概念均是由日本传入我国的。

“体操”一词大约是在 19 世纪 60~90 年代期间传入我国并开始使用的。至“五四”运动前夕，“体操”与“体育”的涵义是相同的。19 世纪 60 年代前期，清军中已开始使用“洋操”一词，但是此词的涵义是“西洋兵操”，因而有别于“体育”概念的涵义。在 19 世纪 90 年代洋务运动后期，“体操”一词被引入学校。到戊戌变法时期，“体操”一词得到广泛应用，以康有为为首的资产阶级改良派尤为重视并热衷于提倡体操，他们已经认识到“体操”是教育的组成部分。但他们对“体操”的理解只局限于“操练形骸”、“强筋骸”等，是古代“尚武”的延伸。20 世纪初，在清末“废科举，兴学校”的改革时期，随着近代教育制度在中国的确立，“体操”被作为各级各类学校的必修课而开设。至此，“体操”一词得以出现在官方的文件中并广泛应用。

“体育”一词传入我国的时间稍晚于“体操”一词。我国的“体育”一词是 1897 年从日本引入的，它的英文词是 physical education。1902 年，《杭州白话报》曾经连载日本人西川政宪所著的《国民体育学》；1903 年上海的《正艺通报》刊登了《无锡体育会简章》和《无锡体育会共和宪章》，这是迄今为止在中国所见的最早使用“体育”一词的出版物。

“五四”运动后期，随着实用主义教育学说和自然主义体育思想的传入以及对学校“体操”教学内容的不满，经过“兵操废存”的讨论，逐渐将原来以普通体操、兵式体操为主的学校教学内容改为田径、球类、徒手体操、游戏等，“体操课”也易名为“体育课”，这种变化在1923年颁布实施的《课程纲要草案》中有明确的体现。从此之后，“体育”一词在中国逐渐被人们所接受和使用。

知识链接：自然主义体育思想

自然主义体育思想的代表人物是时为美国哥伦比亚大学体育系主任的威廉士。他在杜威的自然主义教育思想的影响下，提出“体育即生活”、“体育即教育”，强调体育的教育化、生活化、自然化、娱乐化和竞技化，主张体育教学要从受教育者的自然天性和兴趣出发，反对非自然的、违反人的本性的、形式化的体育。

自然主义体育思想在“五四”新文化运动前后传入我国。最主要的传播者是留美归国的袁敦礼和吴蕴瑞。袁敦礼和吴蕴瑞留学美国哥伦比亚大学，师从威廉士。1927年回国后，他们大量培养体育师资、编写教材、著书立说，极力传播自然主义体育思想。他们合著的代表作《体育原理》是受自然主义体育思想影响的产物，自然主义体育思想的基本内容包括：（1）强调体育的目的在于教育人。认为体育是“通过身体运动来教育人”，应该教育第一，功利性第二，健康、技巧、良好的姿态、力量、耐力等都是在身体教育活动中自然得到的副产物。（2）提出体育即生活，强调人的个性发展。把体育看成是一种生活方式，认为运动、游戏都是儿童的本能，应该利用天然活动，或是模仿天然活动进行身体教育。（3）推崇自然活动，否定“人为活动”。主张在体育实践中应尽量采用符合儿童本性的游戏、舞蹈、户外竞技运动（主要是各种球类运动）、野外活动（旅行、野营等）和各种基本技巧（田径、攀爬、举重、搬运等）。

自然主义体育思想对我国体育产生了深远的影响。首先，使近代学校体育摆脱了军国民主义体育思想的束缚。其次，使学校体育的内容更加丰富生动，更有利于提高学生参加体育的积极性。第三，使人们更加重视体育的教育意义，更加重视体育教学规律和教学方法的研究。最后，带动了体育朝科学化的方向发展。

三、“体育”称谓的多元与综合

在欧美国家，现代体育发展的实践中，适应社会的不同需要，形成了各类不同形式的体育形态。这些体育形态遵循着各自的内在规律，采取了不同的发展方式和途径。国家或社会对体育的管理，大多没有强求一个统一的机构，而是遵循各自的实际发展领域，由相应法规和机构去管理。因此，也没有一个能统括全部体育文化现象的总概念。主要综合性概念有：“Sports”（竞技运动）、“ Athletic”、（竞技或竞赛）“physical education”（“学校体育”或“体育教育”）。随着国际化与全球化的发展，适应国际间交流的实际需要和体育学科独立发展的要求，需要有一个统合所有体育文化现象的总概念。在英美，曾经主张使用“physical education and sports”或“sport and physical education”作为体育文化现象的上位概念，下辖：“physical education”（学校体育或体育教育）、“health education”（健康教育或健身教育)、“recreation education”(娱乐教育)、“Sports”(竞技运动)等；也曾出现过用“physical Culture”(身体文化)作为体育文化现象的总概念的主张。

20世纪50年代以后，随着世界各国经济、文化和科学技术的迅速发展，体育得到了巨大发展，并逐渐深入到社会各个角落，成为人们日常生活中不可缺少的部分。体育的内容、形式及其影响已经超出了原来作为学校身体教育的范畴。20世纪60年代以后，人们围绕体育的内涵与外延对体育进行了新的诠释。国际体育界开始关注体育概念的研究，成立了“统一体育术语国际研究会”，并举行了以讨论体育基本概念为主题的国际性学术会议。但时至今日，对于体育概念，学术界也没有完全一致的看法，以至于1980年的世界体育科学大会把体育概念列为急需解决的主要问题之一。不过，用“Sport”来指称体育(广义)成为了一种流行的趋势。

我国在引进“体育”(physical education)时，就没有局限于学校教育的领域，而是作为对“新民”(公民)综合素质要求之一。其主要目标是养成“军国民”(平时为民，战时为兵)。“physical education”不仅包括学校“兵操教育”，也包括国民开展的体育活动。特别是基督教青年会来到中国后，以“physical education”的名义，推行社会体育活动与体育竞赛活动，成为争取青年支持的重要手段。因此，中国人对“体育”(physical education)的理解，远远超出了“学校体育”的界定。新中国成立后，我们仿照前苏联建立了统一管理体育事务的行政部门，并采用了“physical education and sports”(体育运动)来命名，即中华人民共和国体育运动委员会。中文“体育”不仅成为官方语言，也是民间泛指一切体育文化活动的总称。由于寻求与外文翻译上的对应，“体育”往往与“physical education”对译，引起了国内一些学者对我国使用体育术语的非议。目前，我国官方与学术、新闻界，也存在用英文“Sport”与中文“体育”对译的趋势。

第二节　体育概念的歧见

○ 导入

体育概念的争论由来已久，国内较早的争论可以追述到20世纪80年代。1982年7月中国体育科学理论学会在烟台召开了一次学术研讨会，会议讨论的重点学科是“体育理论”，其中对体育概念如何界定是会议的主要议题之一。会上，全国各地的体育工作者对体育的内涵与外延，在对外交流中如何翻译，如何与国际接轨等问题进行了热烈的讨论。

会上人们对体育概念的认识产生了一些分歧。一部分研究者认为，体育应该有一个总概念，这个总概念下包括竞技运动和“体育”(狭义)；另一部分研究者认为只有学校的“德、智、体全面发展教育”中的“体育”才算是真正的体育，他们不同意体育有广义和狭义之分。这场争论在烟台会议上没有做出结论，但争论的“硝烟”并未因会议结束而“散尽”，在会后的20年间，关于体育的概念又产生了许多不同的观点，至今仍未有定论。那么，历史上都有哪些代表性的体育概念，为什么对体育的概念有争议，人们争论的焦点是什么，是什么原因导致的争论呢？说到底，概念的争论缘于对体育定义的歧见。

一、有代表性的体育概念

“概念”是反映对象的本质属性的思维形式。人类在认识过程中，从感性认识上升到理性认识，把所感知的事物的共同本质特点抽象出来，加以概括，就成为概念。表达概念的语言形式是词或词组，所以也可以把“概念”理解成是对某一事物的命名。对概念进行界定的方法被称为“定义”，它是对概念的内涵或语词的意义所做的简要而准确的描述。对概念的“定义”则反映出人们对该事物的实际理解。通过国内外不同体育概念的界定，我们可透视人们对“体育是什么”的回答。

（一）国外对体育概念的界定

1. 体育是促进人体健康发育的教育

日本的前川峰雄认为：“体育是通过可视为手段或媒介的身体活动进行的教育。”

前苏联教育科学研究所出版的《教育科学辞典》对体育一词作如下定义：“体育是以增进人体健康和达到身体正常发育为目的的一种教育。”

《不列颠百科全书》关于“体育”一词的解释：“体育是关于人体构造、身体发展的教育。它包括人体生理功能、力学原理及其运用的研究。”

瑞典体育学者纳西认为：“体育是通过一定的活动，使身体器官的适应能力、神经肌肉的支配能力和情绪的控制能力得到发展。”

2. 体育是促进人全面发展的教育

美国《韦氏大词典》：“体育是整个教育的一个方面，它采用运动活动和有关经验从心理上、体力上、道德上、精神上和社会上来为个人充分发展，使他成为国家和世界上的一个有用的公民。”

美国的布莱尔认为：“体育是以身体活动为媒介，在培养身体、精神、情操等方面与社会相适应的公民。”

日本学者阿布忍也认为：“体育是以身体活动作为媒介，并同时以培养健康的身体和良好的社会性格为目标的一种教育。”

3. 体育是开发人类运动潜能的活动与制度的总称

前苏联《体育百科全书》认为“体育，整个来说，是教育的一个方面，是体能全面发展，形成和提高人的生活中主要运动技能和本领的有计划的过程。”

阿莱克塞在1974年出版的《体育运动词汇》中指出：“体育文化是广义文化的一个组成部分，它综合各种利用身体锻炼来提高人的生物学和精神潜力的范畴、规律、制度和物质设施。”

国际体育名词协会出版的《体育名词术语》中对体育解释为：“综合各种身体活动来提高人的生物学潜力和精神潜力的范畴、规律、制度和物质条件。”

另外，还有一些提法，如1978年联合国教科文组织颁布的《体育运动国际宪章》提出：“体育是一种人权，体育是提高生活质量的手段，体育是教育与文化的基本方面。”

（二）国内对体育概念的界定

国内对体育概念的界定主要有广义与狭义两种。

1. 狭义的体育——体育即身体教育

1917 年 4 月，青年毛泽东在《新青年》第三卷第 2 号上发表了《体育之研究》。文中指出："体育者，人类自养其身之道，使身体平均发达，而有规则次序可言者也。"

吴蕴瑞、袁敦礼著的《体育原理》中说："体育二字本为身体教育之简称。……即系教育之一方面。……乃以身体活动为方式之教育也。"[5]

体育（狭义的）是通过身体活动，增强体质，传授锻炼身体的知识、技能、技术，培养道德和意志品质的有目的有计划的教育过程。它是教育的组成部分，是培养全面发展的人的一个重要方面。[6]

林笑峰认为："体育是完善人类身体的教育过程。此教育过程的主要目标是完善人类的身体，配合德育和智育三育的总目的，培养全面发展的人。"[7]

2. 广义的体育——体育是社会文化活动

"体育为人类纯乎天然之生活"。[8]

"体育（广义的，亦称体育运动）是指以身体练习为基本手段，以增强体质，促进人的全面发展，丰富社会文化生活和促进精神文明建设为目的的一种有意识、有组织的社会活动。它是社会总文化的一部分，其发展受一定社会的政治和经济的制约，也为一定社会的政治和经济服务。"[9]

"体育是人类为适应自然和社会，以身体练习为基本手段而自觉地改善自我身心和开发自身潜能的社会实践活动。"[10]

"体育是文化的一个组成部分，是根据人生理、心理发展规律，以专门性的身体活动为基本手段，增强体质，发展人体运动能力，提高人们生活质量的一种有目的、有价值的社会活动。"[11]

《中国大百科全书·体育卷》把体育定义为："根据人类生存和社会生活的需要，依据人体生长发育、动作形成和机能提高规律，以各项运动为基本手段，以达到发展身体、增强体质，提高运动技术水平，丰富社会文化生活，为发展经济和政治服务为目的的身体运动。"

通过对目前国内外体育概念界定的梳理，可以概括为如下三种观点：一是把体育定义为一种教育；二是把体育定义为一种身体活动；三是把体育定义为一种社会文化活动。这种情况说明，目前国内外对体育概念的定义还没有形成一致的意见，人们对体育的理解始终处于一种动态的变化过程之中。

---

[5] 吴蕴瑞.袁敦礼.体育原理 [M]. 上海：上海勤奋书局，民国 22 年：9–11.

[6] 吴蕴瑞.袁敦礼.体育原理 [M]. 上海：上海勤奋书局，民国 22 年：9–11.

[7] 林笑峰.我为什么使用" 真义体育" 这个词--对晓正同志质疑的答复 [J]. 体育文史，1997（6）：6–8.

[8] 徐一冰.二十年来体操谈 [N]. 长沙体育周报（特刊），1920–1–5.

[9] 全国体育学院教材委员会.体育概论 [M]. 北京：人民体育出版社，1989：18–19.

[10] 周西宽.体育基本理论教程 [M]. 北京：人民体育出版社，2004：35.

[11] 颜天民.体育概论·体育史·奥林匹克运动·体育法规 [M]. 桂林：广西师范大学出版社，2000：30.

二、体育概念争论的焦点

长期以来，人们对体育概念理解的不一致是一个不争的事实，其中争论的焦点是：体育到底应不应该包括竞技运动，或者说竞技运动属不属于体育。持否定意见的人们认为：从词义上看，“体”主要是指身体；“育”主要是指教育。所以，体育即对身体的教育或是培育身体，具体表述就是“只有以身体运动来增强体质，增进健康，发展身心的才是体育”[12]，体育区别于其他事物的特性就是以身体运动来增强体质。这种理解基本是把体育限定在教育和健身的范畴，这种概念与近代以来的 physical education 或是身体教育是相同的。从国际范围看，“physical education”是近代以来人们对体育实践在头脑中的反映，它发端于工业革命时期，完善于第一、二次世界大战之间。1969 年美国学者 C.A.布切尔在《体育基本理论》一书中指出：“‘教育’这个词再加上‘身体’这个词构成了‘体育教育’，它是指维持和发展身体的各种活动有关联的教育过程。”[13] 前文提到的日本学者前川峰雄认为：“体育是通过可视为手段或媒介的身体活动进行的教育。”[14] 由此可见，“体育教育”（physical education）与“竞技体育”有着明显的区别。然而，二战以后，伴随着体育自身的快速发展，体育的内涵和外延也发生了重大变化。因此，单从教育角度来理解体育（physical education），已经无法涵盖体育实践的全部内容。

20 世纪 70 年代以来，狭义的体育（physical education）逐渐有被“sport”取代的趋势。单数的“sport”一般作为体育的总概念，即一般说的体育运动（physical education and sport），复数的 sports 则往往作为竞技运动。在美洲和澳洲，传统的 physical education 逐渐被 school sport 取代。例如，澳大利亚称学校体育为 school sport，称身体娱乐为 sport recreation。在我国关于体育是否应该有个总概念，体育是否包括竞技运动的讨论，从 20 世纪 80 年代的大讨论开始，断断续续一直讨论到 21 世纪初，虽然争论的双方没有达成一致意见，但是，现在大多数学者基本认同体育应该有一个总概念，这种“总概念”不仅包括身体教育“physical education”，也包括竞技体育（competitive sport）和大众体育（sports for all）。

对体育概念定义的争论本身是一件积极的事情，其目的是为了统一认识，有利于体育理论和实践的发展。通过争论我们也应该看到，体育实践的发展是一个动态的过程，理论是对实践的抽象概括和系统化，因此，对体育的认识也应处于动态的变化过程之中。在这种动态的变化中，由于人们居于不同的立场，对体育的属性、功能、本质认识的侧重点不同，也就导致了体育概念的多义与争论。

三、体育概念争论的根源

造成体育概念争论的原因有很多，例如，国际上对体育概念和术语的使用比较混乱、中英文翻译的混淆、学术研究视角的不同，等等。但是究其根源来看，体育概念之争是由于人

[12] 吴翼鉴：我心中的理想体育质疑 [J]. 体育学刊，2003（1）：19.

[13] 转引自《熊斗寅体育文选》，贵州人民出版社，1996:8.

[14] 转移自《体育基本理论教程》，周西宽主编，人民体育出版社，2004:29.

们对体育本质的理解不同。体育的本质是体育区别与其他事物的根本属性，而体育的概念正是对体育本质属性的思维方式，所以人们对体育本质的理解将直接反映在体育概念的定义和表述上。体育的本质属性是众多体育属性中区别于其他事物的属性，但是哪一个是体育的本质属性，往往是人们主观判断、分析的结果，所以，对体育概念的理解就出现了仁者见仁，智者见智的情况。例如，人们普遍认为体育的属性包括：教育性、健身性、娱乐性、文化性、社会性、竞争性等。人们对这六个属性哪一个属于本质属性的判断，往往决定他们对体育概念的理解。如果人们把教育性视为体育的本质属性，那么体育就被定义为一种通过身体活动的教育。如果人们把健身性视为体育的本质属性，那么体育往往被定义为旨在强化体能的身体活动。如果把社会性理解成体育的本质属性，那么体育又会被定义为一种有意识、有组织的社会活动。可见，对体育本质认识的不同导致体育概念定义的不同。正如《体育基本理论教程》中所指出的："体育概念之争的根源，说到底是对体育的属性、本质、功能等有着不同的理解和认识。"[15]

对体育本质的探寻是体育基本理论的一项重要任务，也是体育科学发展的基石，目前我们对体育本质的理解还存在分歧，对体育概念的定义还存在争论，这种分歧和争论不仅影响学术的交流与对话，也影响体育实践的发展，因此，我们更应该进一步加强对体育属性、本质、概念的研究和学习。

第三节　体育概念的建构

○ 导入

"我们是文化动物，我们有着对世界采取某种特定态度和赋予世界以意义的能力和意愿。尽管世界是不依照人们的意志客观地存在着，但是对于世界的理解和赋予世界的意义则是人的决定。我们是以自己的经验为基础来理解客观现实，或者说是解释客观现实。我们的个人世界总是用我们自己的头脑创建起来的。当人们将一些相关的活动整合为一个整体，并依据已有的经验赋予它一定的意义，以便确定它在人类社会发展中所处的位置，这个过程被称之为'建构'。"

——马克思·韦伯

体育的建构，是对社会大系统中的一个子系统的认知、整合和规范的过程。体育建构是赋予体育社会意义，并依据其意义整合相关社会活动，使它们结合成一个互动的整体，而确定体育在社会生活中的位置。

一、体育概念建构的原则

现代科学精神认为，除了事物自身的规定性质外，人们发现的"本质"往往是与人

[15] 周西宽.体育基本理论教程 [M]. 北京：人民体育出版社，2004：30.

“找”的方式和实验设计分不开的。即人是如何提问的（用什么方式去研究），自然就怎么回答(就以什么面貌显示出来)。因此，所谓规律、本质、公理、定义表达的并不是一个纯客观世界的规律本质，而是人与世界相互作用后的符号世界，它也是自然面貌的一种显现，但不是唯一的显现。因此，确定体育建构的基本立场（即将体育放入什么样的参考系中），就成为建构的前提。基于“社会文化”的立场，去探寻体育与其他社会文化事项的异同，并力求概括出体育的“本体”应遵循以下原则。

（一）历史性原则

体育的发生发展是一个历史过程，具有时代性、阶段性特点，因此，人们对体育的认识，也有一个历史演进过程，由此产生的体育观念，也必然会呈现出时代性或阶段性特点。我们曾用“体操”这个概念来概括体育活动的内容，随着对这项社会活动认识的深化才改用“体育”的称谓。“体操”与“体育”这两个概念，既反映了人们理解这项社会活动的差异，也反映了不同发展阶段的时代特征。同时，体育不是孤立的发生发展起来的，它总是在一定的社会政治、经济、文化的共同作用下发生发展起来的。因而体育的演进还呈现出空间性或区域性特点。特别是在古代社会，各国或不同地区的体育活动实践都具有鲜明的民族特征。这就要求我们，不能用现代标准去苛求历史上的体育活动，也不能用某一民族形式去规范其他民族的体育形式。历史性原则要求我们重视体育存在的时代特征、地域特征、民族特征。

（二）普遍性原则

体育建构是一个“类化”与“分化”的过程。所谓“类化”，就是将相似的社会活动或社会事实，按照一定社会要求予以归类；所谓“分化”，就是将某些特定的活动或事实，从一些相关的活动中解构出来，给予新的意义或进行新的“类化”。简言之，“类化”是寻求事物的共性特征的分类过程；“分化”是找出事物之间的差异或个性特征的分类过程。它们都是分类学中的最基本的分类方式。只有通过分类才能为事物提供在自然或社会世界中的位置。

体育作为某一特定社会活动，作为一个类别，自然有它的性质规定，常常被称为体育的本质，在实践中，表现为一脉相承的共性特征。如中世纪欧洲的“骑士七技”与现代军事五项，都是依据当时或现实战斗需要的身体条件或技能特点，提炼出来的一般要求，尽管它们运动表现形式各异，但它们的目的和作用则是一脉相承；又如古代的赛车与现代的赛车，尽管使用的工具不同，技术要求也不一样，但通过人对外物的控制实现速度的较量则具有明显的继承性；再如古代希腊的拳击与古代中国的武术，在具体表现形式和存在方式方面，都存在明显的差异。我们之所以把他们作为体育内容来研究，是因为它们都是发展士兵体能的手段。共性，一方面是区别体育与其他社会活动的依据（分化），另一方面又是整合相似活动的依据（类化）。普遍性原则要求我们确立涵盖古今中外体育的共性标准，要求我们在分类中注意体育发展的继承性和共性特征。

（三）实践性原则

毛泽东曾在《人的正确思想是从哪里来的》一文中指出：“人的正确思想，只能从社会实践中来。”[16] 不论是人的直接经验（实践知识）还是间接经验（书本知识），都是社会实践的产物，只不过间接经验是其他人社会实践的集中反映。经验是建构体育的认识基础。实践性原则要求我们在体育建构中注意体育功能的主观选择性与体育实践的外溢性。

体育功能的主观选择性基于这样两条原理：“客观存在物质的功能是因为人的互动性实践活动才获得社会意义；社会事实是因为人的互动性实践活动才得以造就和确立。”这就是说，体育的社会功能只有通过人在社会实践中的互动，参与到人类社会生活中，才具有社会价值；体育社会角色的确定和研究领域的划定，是人的社会实践互动、选择的结果。因此，体育建构（赋予体育一定的社会意义）是人的一个主观选择过程。体育实践的外溢性特点，主要指体育功能的扩张及外延的扩大。一方面，在互动的社会实践中，总是存在现存规范与冲破现存规范的博弈，构成了体育发展的内在驱动力；另一方面，日益变化的现实社会又会不断对体育提出新的要求，形成了体育发展的外在推动力。尽管体育活动是有规定性的社会实践活动，但人的体育实践是在一个开放社会环境中的主观选择。在两种推动力的作用下，人们在体育实践中总会衍生或创造一些新的实践形式，或者赋予体育实践新的社会意义。实践性原则一方面要求人的选择不能脱离实际或违背体育基本规律；另一方面要求人的选择要尊重体育实践中的创造精神，一切从实际出发。

（四）逻辑性原则

马克思曾指出，社会是人们交互作用的产物。[17] 人们在交互中形成了这样或那样的关系，这些关系的总和，就构成了所谓的社会。人与人之间社会关系的建立，遵循了需求（功能）互补的原则，并按照在社会运行中的作用，决定其社会角色。体育作为社会系统中的一个子系统，其内部关系的形成也遵循了功能互补的自然逻辑。逻辑性原则要求我们在体育建构中注意到体育内部结构的分层与互补关系。

体育的功能与价值是在互动的社会实践中发挥作用而体现出来的，构成体育的各要素在实践中的互动，结成了一定的联系，这种联系一般称之为体育结构。体育结构一经形成就相对稳定，它既是人实践的结果，也制约着人的实践行动。在体育结构内部，各要素按照功能的性质与作用，形成了不同层次的分工。在体育运行中，构成体育的各要素一方面是体育运行的动力提供者，另一方面又是体育运行的动力需求者。正是这种互补关系要求我们在建构体育（赋予体育社会意义）时，既不能依据某个局部功能，以偏概全，影响对体育社会价值的整体把握；也应该防止不考虑局部功能性质，无限扩大，改变体育的社会属性。

二、体育与其他身体活动的比较

给体育概念下定义是对体育现象的理性认识，从思维方式上讲，人类对事物的理性认识主要有两种方法：即演绎和归纳。演绎是从一些假设的命题出发，运用逻辑的规则，导出另一命题的思维过程。归纳是由一系列具体的事实概括出一般原理。通过体育与其他身体活动

[16] 毛泽东.人的正确思想是从哪里来的 [G]. 毛泽东著作选读（下册）.北京：人民出版社，1986：839.
[17] 马克思.致巴·瓦·安年柯夫 [G]. 马克思恩格斯选集（第 4 卷）. 北京：人民出版社，1995：320-321.

进行比较，是利用归纳的方法，从大家所认同的体育现象、体育事实出发，找出体育与其他身体活动的不同之处，归纳出体育的一般特征，为定义体育奠定基础。

（一）体育与劳动的关系

马克思主义关于"劳动创造人"这一论点，为我们考察体育与劳动的关系提供了基本的理论假设。也正是受这一观点的影响，许多学者都认为"体育起源于劳动"，即使是那些不完全赞同此类观点的学者也承认，在体育的起源和发展过程中，劳动发挥了极其重要的作用。

1. 体育与劳动的联系

无论是考察人类劳动的发展史，还是考察体育的发展史，都能从中发现二者的密切联系。

首先，劳动在改造自然的过程中，也改造了人的"自身自然"。据考古和体质人类学家的研究表明，人类在由猿到人的进化过程中，劳动对人类体质进化，产生了决定性的作用。从手足分化到直立行走，从肢体交流到分音节语言的产生，人类的身体结构与智力结构的进化，都是在劳动过程中实现的。劳动不仅可以改变人类的生存方式，也可以改变人类"自身自然"的状态。

其次，劳动是体育获取实践手段的源头之一。在早期人类社会，人类获取生存资源的生产手段主要是通过各种身体活动，如奔跑、跳跃、攀登、游泳、投掷等形式来实现的，而这些正是最初体育活动的基本方式。只不过在保留这些基本形式的基础上，进行了提炼、整理和游戏化或仪式化加工，从而区别于生产劳动。直到今天，我们仍然能够从形式各异的体育活动中追寻到早期人类劳动的踪迹。

第三，劳动是促进体育产生和发展的重要动因。在原始社会，人类生存环境十分恶劣，体能与体力是决定一个人是生还是死的重要条件。随着生产工具的改进，技能要求也显得日益重要起来。培养青少年体能和技能，增强成年人体力和提高其技能，日益关系到一个群体或氏族的兴衰。随之，产生了以提高体能、增强体力、掌握技能为目的的专门活动。这些专门活动，我们称之为体育的萌芽或原始体育。虽然随着生产工具的革新，劳动过程中单纯地依靠体力体能的生产过程已经逐步让位于掌握生产工具技术的生产过程。特别是在当代社会，智力劳动已经将简单的体力劳动边缘化，人们的生存环境发生了根本性变化。但人类在征服自然的过程中，并没有因为生产过程的改善和生存条件的改善，降低对体育的诉求。因为人类在进化中日益减少的身体活动，正在给人类"自身自然"进化带来严重的问题，人类需要借助体育活动，来救治因生产形式的改变，导致的身体活动不足的问题。

2. 体育与劳动的区别

体育与劳动固然有着天然的联系，但是二者之间的区别也十分明显。特别是随着生产工具的革新，机体能力在劳动中的地位逐渐下降，因此以强化机体能力为目的的身体活动的原始意义逐步消退。体育也逐渐与现实生产劳动形式拉开了距离，走上了独立的发展道路，从而诞生了现代意义上的体育。具体看来，劳动与体育的区别主要体现在以下几点。

首先，二者目的不同。虽然劳动和体育同为人类有目的、有意识的社会实践活动，而且劳动和体育都是以身体活动为基本手段而实现的，但是这两种身体活动所追求的目的却有着本质的区别。劳动是以获取物质资料、以满足人类生存、生活需求而进行的身体活动，它是人类基本存在方式之一。离开了劳动，人类也将失去了满足存在的物质基础。而体育则是以增强体质，增进健康、娱乐身心，或者挖掘人体自身潜能，提高运动技能等为主要目的。虽然，通过参与体育活动，能够有效地提高劳动者素质，从而在一定程度上促进劳动效率的提高。但是，这种提高和促进，并不是体育活动最初的出发点，并非是直接改善生产活动本身，而是通过改善人“自身自然”的状态后，对提高生产劳动效率产生的间接作用。

其次，二者作用的对象不同。作为人类获取物质生活资料的基本手段，劳动过程中的身体活动是以生产资料为作用对象。它是通过人的身体活动改造物质生产资料，使之满足人类生存、发展的需要。尽管在一定的劳动过程中，也会作用于人的“自身自然”，甚至遵循人体功能结构，设计生产劳动技术，对人的“自身自然”的进化产生影响。但这是一种自在的过程，而不是生产劳动技术改进的着眼点，它对人的身心可能产生良性影响，也可能产生恶性影响。而体育则是以“自身自然”为作用对象，通过身体的活动，满足活动主体自身的身心需要为目的，从而实现对人类“自身自然”的改造，是一个自觉选择、人为设计，改造人的“自身自然”的过程。

第三，有鉴于两者的作用对象不同，两种活动的表现方式也不完全相同。劳动中身体活动是按照所选定的生产资料和生产工具所决定，并不以劳动者的主观心理感受为出发点。因此，劳动过程中的身体活动是以人体的某一特定部分，或是某几个部分重复、机械运动而实现的。但是在体育活动中，参与者主观感受是选择身体活动方式的前提。在满足机体生理刺激的同时更强调心理得到调适或满足。因此，体育活动要求参与者，尽可能地调动全身器官、系统共同参与，是一个全面调动机体组织，身心互动的过程。

（二）体育与军事的关系

体育从产生之日起就与军事存在着难分难解的特殊关系，因此，许多学者也把战争作为体育可能的起源动因之一。在人类漫长的发展历程中，体育与军事之间相互影响、相互促进，始终保持着紧密的联系。特别是在早期人类战争中，体育发挥的作用更为明显。直到今天，体育与军事的关系依然难以割裂。

1. 体育与军事的联系

首先，体育活动是军队训练的手段。在冷兵器时代，由于战争工具的落后，士兵身体条件就成为决定战争双方胜败的关键因素。为此，为了提高士兵的战斗力，出现了专门为训练士兵身体素质的各种训练手段。在这一点上，国内外概莫能外。无论是古希腊的尚武教育，还是欧洲中世纪的骑士教育，击剑、角斗、骑射等都是训练士兵提高战斗力的重要手段。在我国，早在奴隶时代就有了利用田猎来训练士兵的军事制度，秦汉以后，除了骑马、射箭、角力、游泳等基本训练手段外，连极富娱乐性的蹴鞠也成为军事训练的手段之一。此外，唐代的武举制、宋代的武学，以及由民间习武人士组成的各种军事或半军事组织，构成了一个庞大的军事体育系统。虽然，随着火药的广泛应用，热兵器逐步取代了冷兵器，大大加快了战争工具的革新，增强了技术装备决定战场胜负的比重，但作为使用技术装备的主体，人的作用依然不能忽视。因此，体育手段在军事训练中的基础地位并未完全消失。

其次，战争工具的改革，又为体育提供了丰富多样的活动形式，促进了新的体育运动项目产生。在古代，击剑、骑射等运动，都直接源于战斗手段。在现代，射击、跳伞、现代五项等，也都是战斗手段的衍生。特别是定期举行的世界军事体育大会，更是将体育活动与军事训练高度结合，形成了和平条件下军队之间的竞争。

2. 体育与军事的区别

虽然体育与军事有着紧密的联系，但是二者还是有着本质上的区别。首先，军事训练是以提高杀人本领为任务，其技术结构建立在致人死地的基础上。体育训练以提高运动技能为任务，其技术构成以符合生理规律，展示人的运动能力为基础。其次，虽然战争（特别是古代战争）与体育都是以人的身体活动为主要手段，但是两种身体活动期待的结果有着本质差异。在军事活动中，各种各样的身体活动往往是以打击、消灭对手为目的破坏性人类活动。因此，伴随着战争的往往是无尽的杀戮、破坏和创伤，在现实中则集中表现了一种最野蛮状态的征服行为。而在体育过程中，身体活动则是以增进健康、增强体质、娱乐身心、促进交流与沟通、丰富社会文化生活为目的。虽然体育活动中也充满了竞争行为，但是这种竞争在本质上是在追求和平、友谊、文明、进步的大前提下展开的竞争，代表着人类文明发展的成果，与战争有着截然不同的结果。

（三）体育与医疗卫生的关系

体育与医疗卫生都是以关心人类健康为宗旨，也都是以人为主要研究对象，甚至有着大致相同的基础知识，但二者之间也存在着区别。

1. 体育与医疗卫生活动的联系

首先，体育活动曾是医疗活动的一部分。 有人说“疾病与地球上的生命几乎同时出现”。[18] 据考古学提供的资料，自有人类以来，疾病就是人类不曾分开的伴侣。在早期人类的观念中，疾病带来痛苦，是某种不祥之物或者鬼魂侵入了人的身体，必须通过运动或敲击身体，将侵入身体的魔鬼祛除出去。特别是在巫医不分的时期，这种通过身体活动来祛除疾病的方式，在世界各地都普遍地存在过。如我国古代的“消肿舞”，以及至今还存在于一些少数民族部落或保留的传统医疗活动，都是通过运动身体来祛除疾病。当今治疗活动中的“体育疗法”，显然是这一传统的遗存。因此，早期的医疗活动促进了体育的生成和发展。

其次，体育活动与医疗活动作用对象上具有一致性。不论是促进健康、增强体质的体育活动，还是救治创伤、祛除疾病的医疗卫生活动，都是以“人”为工作对象，都需要遵循人的生长发育规律和生理心理特点，有着大体相似的理论基础。

第三，体育与医疗卫生有着共同的目标。体育与医学不仅都以人体为工作对象，同时都是以人类的健康为工作目标。体育增强体质、发展体能、提高技术的前提是维护人的身心健康；医疗卫生防治疾病、解除痛苦、改善功能其目标也是为了人的身心健康。这种对象、目标一致性的特点，使二者在实际工作中多有相互的渗透与交叉。

2. 体育与医疗卫生活动的区别

虽然体育与医疗卫生在作用对象和目标上具有较高的一致性，但它们毕竟是两类不同的人类实践活动，存在明显的区别。

首先，虽然二者的目标一致，但二者的任务却迥异。体育的任务是积极地干预身体的生

[18] 卡斯蒂·廖尼著，程之范等译.医学史（上）[M]. 桂林：广西师范大学出版社，2003：9.

长发育，改善人的生理、心理机能，促进其朝好的方面发展；医疗卫生的任务是防止疾患、医治病痛、救死扶伤，促进受损的身体机能或失衡的心理状态恢复正常。这说明二者的任务和工作重点不一样。

其次，虽然二者的工作对象一样，但作用时间不一样。体育一般是人在健康状态下开展的活动，起着促进人的生长发育和增进人的健康的作用；而医疗活动，更多的是在人体已经受到病患损伤的情况下，或通过药物、或通过手术、或通过体疗，来达到治愈疾病，恢复健康的目的。这说明二者的介入时间不一样。

第三，实践过程主客体关系不一样。体育的实践过程是主客体高度统一的过程，即体育活动的实施者和被实施者是同一个人；医疗活动的实施过程主客体则是分离的，医生为实施者，患者为被实施者。因此，体育对人的作用，是一个自主进行主动干预的过程，而医疗活动则是一个他人实施的被动干预的过程。正是这些不同，人们才将它们分为两类不同的社会现象。

（四）体育与舞蹈的关系

在人类历史发展的长河中，产生了许多以身体活动为手段的艺术形态，这些形态各异的艺术与体育有着共同的渊源，并且在很长一段时间内相互交融，难以明确区分。只是在进入工业文明时代以后，体育和艺术才真正实现分流，区别为不同的文化形态。如舞蹈、杂技、形体艺术等等，特别是舞蹈，至今与体育还存在割不断的联系。

1. 体育与舞蹈的联系

舞蹈和体育在表现形态上显示出惊人的相似性，二者都是以身体活动为手段。在人类文明的早期，体育和舞蹈一样处在较低的发展水平，此时，以提高机体活动能力、传授生活技能为主要目的的原始形态的体育和以娱乐身心、宗教祭祀为主要目的的原始舞蹈融为一体。在中国古代“武”与“舞”曾是同义词，舞蹈与武蹈，只是在不同场合下的称呼而已。如中国古代的“大武舞”，它既是练兵的形式，也是祭祀的活动，在军事、祭祀、体育、艺术等活动中，都是离不了的节目。至今，在某些保留了许多传统生活的部族和村寨中，体育和舞蹈也难以区分。如普列汉罗夫在《艺术讲演提纲》中就提到“亦舞亦体的体操舞”，我国藏族和彝族的圆圆舞（又叫“跳锅庄”）、苗族和土家族的摆手舞、壮族的铜鼓舞，以及各地风格迥异的舞龙、舞狮等等。在这些节日舞蹈中，身体活动和舞蹈艺术紧密交织在一起。这些涵盖了体育、舞蹈、音乐、甚至宗教信仰等诸多元素的人类文化活动，有力地诠释了体育与舞蹈艺术的有机联系。进入工业社会后，标准化的生产要求，引起了学科分化与规范，一些曾经相融汇的社会活动也分化为各自为体的独立领域。尽管如此，舞蹈和体育二者的交融也随处可见，例如在体操运动中，为了提高该项目的观赏性，在动作编排中有意识地增加了许多舞蹈的元素，大大提高了体操运动的观赏性；为了增强舞蹈的难美性，许多舞蹈动作中也有意识地增加了一些体育动作。与此同时，还出现了一些“中间地带”，如街舞、标准舞、集体舞、交际舞、秧歌舞等等。

2. 体育与舞蹈的区别

虽然体育与舞蹈有着紧密的联系，但是二者还是存在着一定的区别。我们讲区别，主要是将艺术表演舞蹈与体育进行区分。对于处于“中间地带”的大众化舞蹈不在此列。

首先，二者性质不一样。体育与舞蹈都是以身体运动为手段，但表现内容则完全不同。体育竞技虽然也有表演的成分，但它以展现人的体能、体力、技能为核心，以力量美征服观众；艺术舞蹈虽然也不乏高难度的跳跃、翻滚，但所有的动作都是为了表现一个主题而整合、连结在一起的，其目的或是表达一种感情、或是表达一种思想、或是表达一个故事，是通过艺术美与思想美的高度结合感染观众。

其次，由于二者表达内容不一样，所以动作设计与技术要求也不同。体育运动是依据不同项目的特点和规则来设计技术动作的，其目的是在规则允许条件下，或用最短的时间、或用最远的距离、或用最佳的效果完成比赛，是以最大限度地提高运动效率为设计目标；艺术舞蹈虽然分为不同的舞蹈种类，如芭蕾、民族舞蹈等，但它们都有一些基本的舞蹈语汇，其设计原则是依据所需要表达的主题，将相应的舞蹈语汇编排在一起，以求用最优美、最形象的动作组合传达表现主题为目标。

第三，体育的过程是以自我满足为宗旨，就是在体育竞赛中，虽不乏取悦观众的表演，但其主要任务是争夺比赛的胜利，实现自我超越的目标，所以它是一个以“自我”为中心的过程；艺术舞蹈不论是群舞还是独舞，其任务都是感染观众，引起观众的共鸣，取悦于观众，所以它是一个以观众为中心的过程；体育过程的评价取决于自我感受，艺术舞蹈的评价取决于观众的感受。这不仅是体育与舞蹈的区别，也是具有体育作用的舞蹈与表演艺术的舞蹈之间的区别。

三、“体育”概念的界定

过去我们给体育概念下定义多采用“属+种差”的方法，这种方法是按照逻辑学的规范展开的，属于演绎的思维。除此之外，我们还可以通过归纳的方式给体育下定义。上文通过从人们普遍认同的体育现象、体育事实出发，我们对比了体育与劳动、军事、医疗卫生、舞蹈的异同，运用归纳的方式给体育下定义就需要把这些异同进行概括、提炼和总结。概括起来，体育在表现形式、基本任务、作用对象和活动性质方面主要表现为以下特征。

首先，体育的基本表现形式是人的有规则的身体运动。有规则的身体运动是人为选择的身体活动，是按照一定需要或规范后，有规则有秩序的身体运动；有规则的身体运动涵盖了所有类型的体育活动，体育教学、运动训练、身体锻炼，都是由身体运动来完成的，体育竞赛、体育休闲尽管有多种途径和具体参与形式，但都离不开身体运动；因此，有规则的身体运动是实现体育任务的最基本的手段，是区别于其他社会实践的主要表征。

其次，体育的基本任务是对人自身的改造。不论是增强体质还是欢愉身心，不论是提高体能还是超越自我，都是对人自身，或是生理的、或是心理的、或是意志的改造，这种改造是一个主动选择、自我感受的过程，这就与其他类型的身体活动性质区别开来。

第三，体育的作用对象是参与者的“自身自然”。体育活动参与者既是活动的主体（实施者），也是活动的客体（被实施者），体育作用对象是人自己；体育改造“自身自然”的实现过程是主客体高度统一的过程，正是这一过程反映出体育实践的特性。

第四，任何体育实践都是社会实践活动。不论是个体还是群体，它们的体育行为都属于一种社会行为，体育不可能脱离社会孤立地存在或运行。体育的存在或运行，必然会对与之相关的社会事项产生积极或消极的影响，因此，体育社会价值，不仅仅局限于对人“自身自然”的改造，还体现在实现改造的这个过程中对整个社会产生的影响。

一个好的定义，是简明、扼要地对事物本质特征的揭示。我们给体育下定义，既不能违背下定义的科学要求，又要尽可能地满足大多数人对现实体育的普遍理解。通过上述的归纳和分析，我们将体育定义为：通过有规则的身体运动改造人的“自身自然”的社会实践活动。

曾经有人嘲讽哲学家说，有多少哲学家，就有多少哲学的定义。这说明给事物下定义并不是一件容易的事。我们这里给出的体育定义，总体上讲，是一个事实判断，是依据人们对体育的普遍理解进行的提炼与概括，还希望能为进一步深入认识体育有所启示。

○ 小结

本章主要分析和讨论了体育概念的问题。从历史的角度看，古代希腊主要使用竞技（athletics）、训练（training）、体操（gymnastics）等术语来指代体育；近代欧洲主要使用physical education来指代体育；在中国，“体育”一词于1897年从日本引入，1923年颁布实施的《课程纲要草案》中首次以官方身份正式使用“体育”一词，此后“体育”一词在中国逐渐被人们所接受和使用。

在认知体育的过程中，国内外对体育概念的界定不尽相同，代表性的观点主要有：把体育界定为教育的组成部分；把体育界定为一种身体活动；把体育界定为一种社会文化活动。人们对体育概念界定的不同，反映了人们对体育的不同理解，而争论的焦点主要是体育到底应不应该包括竞技运动，产生这种争论的根源主要是人们对体育本质认识的不同导致。

为了便于理解和学习，本章采用归纳的方式，给体育下了一个的定义：体育是通过有规则的身体运动改造人的“自身自然”的社会实践活动。对这一定义的理解应把握以下要点：第一，体育的基本表现形式是人的有规则的身体运动；第二，体育的基本任务是对人自身的改造；第三，体育的作用对象是参与者的“自身自然”；第四，任何体育实践都是社会实践活动。

○ 思考题

1. 人们对体育概念争论的焦点是什么？为什么会产生这样的争论？
2. 请举例说明体育和劳动、军事舞蹈等身体活动的区别与联系。
3. 你如何理解“体育是通过有规则的身体运动改造人的‘自身自然’的社会实践活动”？
4. 请谈谈你对体育的理解，说出你心目中体育是什么？

○ 相关网站

1. 爱思想网：http：//www.aisixiang.com/
2. 哲学中国网：http：//www.philosophy.org.cn/
3. 中国体育网：http：//www.sport158.com/
4. 《体育学刊》学术论坛：http：//www.tiyuol.com/bbs/

○ 课后拓展阅读

1. 毛泽东.体育之研究［M］. 北京：人民体育出版社，1979.

2. 周西宽.体育基本理论教程（第一篇 体育概念）［M］. 北京：人民体育出版社，2004：15-37.

3. 李力研.野蛮的文明：体育的哲学宣言（第五章 存在，哲学的心声）［M］. 北京：人民体育出版社，1998：397-427.

4. 张洪潭.体育基本理论研究：修订与拓展（叁篇 体育思辨论）［M］. 桂林：广西师范大学出版社，2007：211-217.

5. 中国体育科学学会体育科学理论学会.体育科学学会理论专题学术讨论会综述［J］. 体育科学，1982（4）.

6. 谷世权.二十年前的一场争论——忆 1982 年“烟台会议”［J］. 体育文化导刊，2002（3）.

7. 肖正.体育是什么［J］. 体育文史，1996（2）.

8. 熊斗寅.什么是体育［J］. 体育文史，1996（5）.

9. 林笑峰.“真义体育”之真义［J］. 体育文史，1996（6）.

10. 唐炎，宋会君.体育本质新论［J］. 天津体育学院学报，2004（2）.

第二章　体育的产生

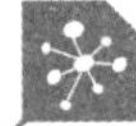

○ 内容提要

体育的产生应是体育史研究的主要问题，我们在《体育概论》中设专章来讨论这一问题主要有两个原因：一是有关体育的任何问题都有其发生的历史过程，所以要做历史考察；二是体育起源问题、体育发展的历史阶段问题都涉及到以何种方法论认识的问题，所以它也是体育概论的基本理论问题之一。体育的产生需要哪些条件？体育的产生经历了哪些过程？体育的产生有哪些学说？这都是本章要回答的问题，也是体育概论理应作为理论分析的问题。

○ 学习目标

学习完本章之后，你应该能够：

1. 知道体育产生要具备的条件。
2. 分析体育产生所经历的过程。
3. 掌握体育产生的不同学说。
4. 讨论不同体育产生学说的合理性。

○ 关键术语

体育的产生、身体活动、身体练习、竞技赛会、余力说、劳动说、游戏说、模仿说、需要说

第一节 体育产生的条件

○ 导入

现代体育形成的前提条件[1] 摘录

目前我们称之的“现代体育”主要是指西方现代体育，现代体育是社会发展的产物，它的形成经历了一个长期的历史过程，自文艺复兴以来，欧洲社会在政治、经济、文化、教育等方面发生了一系列深刻的社会变革，从而为18世纪现代体育在西欧的初步形成奠定了基础。其中，在哲学和思想观念层面，由以神为中心转向以人为中心，突出了人在体育中的主体和核心地位；在科学技术方面，形成了近代实验科学体系；在社会变革层面，实现了由农业社会向工业社会的转型，此外现代国家与公民意识的兴起，加之体育自身的组织化、规范化发展趋势，都成为了现代体育得以形成的关键条件。

上述分析告诉我们，任何时代、任何国家和地区，体育的产生、发展、演变都离不开特定的条件，都要经历一个长期的过程。因此，弄清楚体育产生的条件与过程，我们才能更加全面、系统、深刻地认识和理解体育，也才能更好地把握体育发展规律。

一、一定的抽象思维能力

在动物中，我们也可以看到一些类似体育的行为活动，例如：母鸡“教”小鸡啄食，狐狸“训练”幼仔寻找食物的本领，猴类饱食后的嬉戏等等。但这些都是由遗传因素和其他一些自然因素所支配的动物的本能活动。体育不是动物界共有的活动，而是人类社会特有的现象，它是人类通过一定的抽象思维能力创造的活动。

人类最初一些基于“本能”的肢体活动和模仿动作，也不能算体育或教育，因为这些活动和动物的活动没有本质的区别。“人类社会区别于猿群的特征又是什么呢？是劳动，……劳动是从制造工具开始的。”[2] 人类从经常性的使用和制造工具开始，就和动物界分道扬镳了，开始了人类社会的历史。历史唯物主义告诉我们，任何事物的发展都有一个历史的进程。尽管从社会形态上人、猿分了家，但在思维形式上，早期人类和动物界并未截然分家，还未形成质的区别。据古人类学家研究，在人类体质进化过程中，劳动的器官比思维的器官进化得快，早期人类往往具有人类的躯干而长着一个猿类的脑袋。恩格斯指出：“经过多少万年之久的努力，手和脚的分化，直立行走，最后确定下来了，于是人就和猿区别开来，于是音节分明的语言的发展和头脑巨大发展的基础奠定了，这就使得人和猿之间的鸿沟从此成

[1] 谭华.现代体育形成的前提条件 [J]. 成都体育学院学报，1995（1）：1.

[2] 中共中央马克思恩格斯列宁斯大林著作编译局编.自然辩证法 [G] //马克思恩格斯选集（第3卷）.北京：人民出版社，1972：513.

为不可逾越的了。”[3]

“考古学家根据中国‘北京猿人’的下颚骨的特征判断，他们的语言只能用一些分化得极其微弱的声音构成，连表达简单的思想也必须用面部表情和身体动作做补充。”[4] 语言和文字是“第二信号系统”的刺激讯号，人类的思维程度是和语言发展的程度密切相关的，连表达极其简单的思想的语言能力都不具备，可见早期人类的思维活动仍然属于“具体思维”，或者心理学说的“行动中的思维”。由于人类的解剖形态结构优于其他动物，同时人类社会生活远远超过了动物群活动的复杂性，智力的程度也比动物更为进步，但就思维的实质讲，仍然是一种“行动中的思维”，仅存在“量”的差异，还没有达到具有抽象思维能力的水平，他们的心理、行为主要还受到生物学规律的支配。

抽象思维能力是体育产生的条件之一。没有抽象思维，就不可能概括地认识、反映客观世界，就不可能对社会生活中身体活动进行选择、提炼，就不可能形成较为稳定的“身体练习”。当然，在原始人那里，“身体练习”的形成并不完全是人为选择、提炼的结果，常常是人类在长期沿袭过程中，经过“自然的选择”，稳定下来的。但认识这种“习惯”的意义，就不能不具备起码的抽象思维能力。抽象思维还是人类自我意识觉醒的必要条件，只有在这样的条件下，人类才可能对其“自身自然”对象化予以认识，才可能有组织地将自己作为训练对象。

二、较为复杂的生产手段

最初，人类的生产手段十分简单，生产能力十分低下，人类使用的工具只是稍加打制的石器和经过石块修整过的木棒，主要生产活动是采集植物果实。到丁村人时期（相当欧洲的“尼人”）石器的种类增多，以石片石器为主，有砍砸器、三棱尖状器和石球等，生产工具已有了明显的专业分工。考古学家根据我国许家窑出土的成吨石球推断，十万年前，人类才具有直接猎取大型哺乳动物的能力。到两万年前后出现了复合工具，发明了弓箭，采集为主的生产方式才让位于渔猎生产方式为主的渔猎经济。渔猎经济不论使用的工具还是组织生产活动的形式，都远比采集经济更为复杂。各种复合工具的制作和使用，特别是石球、弓箭、独木舟的使用，对力量、协调、反应等能力都有较高的要求。使用这些种类不同的工具，形成了各具特点的生产技能。只有在这个基础上，随着经验的积累和人类认识能力的提高，才可能总结出不同的动作结构，概括出“一般形式的劳动方式”（这里指一般形式的狩猎过程或使用工具的技术），从而形成不同的原始形态的身体练习。体育——只有把这些原始形态的身体练习提高上升到有意识的教育娱乐活动过程中，才有产生的可能。

体育是一项意识活动，但并非一切意识活动都是体育，原始人类的生产活动也不能算是体育。尽管体育活动和生产活动都是体力和智力相结合的身体活动，但它们各自的目的是不同的。体育活动有明确的教育、娱乐、锻炼身体的作用，而生产活动的目的则是创造使用价

[3] 中共中央马克思恩格斯列宁斯大林著作编译局编.自然辩证法 [G] //马克思恩格斯选集（第 3 卷）.北京：人民出版社，1972：515.

[4] 朱天顺.原始宗教 [M]. 上海：上海人民出版社，1978： 5.

石球是旧石器时代早期文化的传统工具之一。古代居民用以掷击野兽，或系在飞石索上猎取动物。

弓箭是原始人类用于狩猎的重要工具之一。在我国山西朔县峙峪村的旧石器时代晚期遗址中发现了一枚用燧石打制的箭镞。这个发现确凿地证明了中国先民在距今约2.8万年已经使用弓箭。

独木舟，是用一根木头制成的船，是船舶的“先祖”，是最早的船舶，在世界各地都曾出现过。在我国贵州苗族至今还保留着独木龙舟竞渡的文化传统。

值，获取生活资料，它们具有完全不同的社会功能。体育活动过程的作用对象是人类本身，满足情绪上的需求和调节生理上的关系；生产活动过程的作用对象是生产资料，调节自然物与人的关系。一个着眼于自身，一个着眼于它物。尽管从形式上看，原始游戏与狩猎生产过程似乎一样，其实它们的结构是不一样的。原始狩猎生产的活动组织结构是以猎取对象为转移的，而游戏活动的组织结构，基本上是按事先设计的过程进行的。作用对象的差异与组织结构的不同，也说明原始体育活动和原始生产劳动不是一回事。较为复杂的生产手段是体育产生的物质基础。

三、相对稳定的社会结构

进行体育活动，必须要有相对稳定的生活条件。这需要社会生产力有相当的发展，能够提供较为丰富的食物和相对稳定的社会结构。

根据古人类学家的研究，由于食物的不足，早期人类通常结成20人~30人左右的松散群体，这主要是由低下的生产能力所决定的。到了旧石器时期晚期，飞石索、弓箭、投矛器、独木舟等复合工具的广泛使用，大大提高了渔猎能力，扩大了渔猎范围，渔猎成为主要的经济活动。渔猎经济比采集经济活动复杂得多，是松散的原始群落所不适应的。社会生产力的发展，要求人们集合成比较稳定和人数较多的群落。同时，社会生产力所能够提供的食物，也使人类集合成较大的群体成为可能。大约在4万~5万年前，伴随着社会生产力的发展，人类社会进入了以血缘关系为纽带、以女性为中心的母系氏族公社。氏族公社是比原始人群具有相对稳定和完善的社会组织，在氏族内部存在着按年龄、性别、体质强弱的社会分工，每个公社的成员不仅大大增加，所能够提供的生活资料也大大丰富起来。

只有到了这个时期，只有在提供的食物使部分人员可以部分或完全地脱离一线生产劳动；只有在社会内部形成初步的分工，一些具有丰富经验的老人，才有可能专门从事传授生产技能和生活知识的工作，组织儿童进行体育活动。简言之，只有人类进入到生产力相对进步的氏族社会，才可能提供体育活动存在的社会基础。

相对稳定的社会结构和简单的社会分工是体育产生的社会基础。世界各地区、各民族的体育，虽然由于生存条件极不相同，因而呈现出不同的风貌，但是，其萌芽、发展的过程却都遵循着上述的规律。这一规律的存在，证明唯物史所揭示的一条基本原理：人类社会的历史是一个十分复杂并充满矛盾，但毕竟有规律的统一过程。而导致这一规律出现的原因，则正如摩尔根所说的那样："人类是出于同源，因此具有同一的智力原理，同一的物质形式，所以在相同文化状况中的人类经验的成果，在一切时代与地域都是基本相同的。"

第二节　体育产生的过程

○ 导入

篮球是我们非常熟知的体育项目。据说篮球的原始雏形起源于美洲印第安人，确切地说是玛雅人的一种球类游戏。它的玩法是一面墙上有个环形石洞垂直于地面，也垂直于墙体，游戏者把球投进圆环。今天我们看到的篮球运动是以竞赛方式为主的，有着标准化的场地、器材、规则的体育项目。除了篮球之外，今天的体育项目都有着标准化的内容和形式。那么，我们不禁要问体育是如何产生了，它经历了哪些过程，如何从生产生活中分离出来的，如何从一般性游戏走向了标准化的竞赛形式？

一、身体活动萌芽时期

当人类的始祖从树上走向地面并直立起躯体来，就迈出了人类进化的第一步。经常借助自然物获取生存资料和制造工具，促进了手足的分工，猿的躯体和四肢开始向人的躯体和四肢进化，其行为特征也开始呈现出人的某些性状。如对天然物质的加工，开始使用天然火，在获取生活资料过程中注意个体间的协作等。从猿人到直立人，尽管这时人类的进化还处于“人的躯干和猿的脑袋”的阶段，但动物的本能支配作用在逐步减少，人的自为意识在日渐增长。儿童在采集中学习采集，在狩猎中学习狩猎，已经成为一种“定制”，一些满足生理和心理需要的本能宣泄，也开始形成了相对稳定的模式。这些活动具体表现为朦胧的身体教育活动和由身心需要引发的萌芽娱乐活动，也就是最初的嬉戏与舞蹈。这预示着人类开始将生存能力的养成与日常活动的规范，纳入了自己的视野，使早期人类部分活动具备了今天体育的某些特征。这些活动一般称之为萌芽状态的体育活动。

萌芽状态体育的主要特征是：基于本能的自发的、随意的身体活动，已经开始发生质的变化；与劳动、生活过程直接联系的“学习”，开始向间接联系转化；它们由自在的活动转化为自为的行为，并形成了相对稳定的模式。活动的内容主要是对生产、生活过程的再现。

二、身体练习形成时期

由直立人进化到智人，经历了由猿到人的最后演化。伴随着人类生产、生活器具标准化、类型化与复合化，远古人类呈现出由猿到人的体质进化基本完成，当时的人类在人体自然属性方面与今天的人类已没有太大的区别。大约在距今10万年前后的人类文化遗址中，人们发现了一些随葬物品；稍晚一些的文化遗存中，不仅有丰富多彩的随葬物，还发现早期人类进行原始宗教活动的遗迹。这些实物与遗迹反映出早期人类已有了“灵魂”观念，而这种观念的出现，预示着人类自我意识的“觉醒”。

从体育发生学的视角，有几样文化遗存和遗迹需要我们特别加以重视。

1. 石球与复合工具的使用，特别是弓箭的发明。这些工具的大量出现说明，对掌握工具和生产组织协调的能力提出了较高的要求，从而意味事先学习生产技能与经常性的练习成为必要。

2. 以猎获物为对象的巫术活动遗迹，反映了早期人类试图控制狩猎生产过程，这推动了程式化社会活动的形成。

3. 大量的生殖崇拜遗物（或遗迹），反映了早期人类对种族延续的高度重视，从而促进了人类对自身繁殖与发育的关注。

在这个时期，以狩猎生产过程为主要内容的舞蹈和游戏，成为人们社会生活中重要的内容。这些模仿生产、生活内容的舞蹈或游戏，决不是对生产、生活的简单复制，而是依据某种内在需求（心理的）与现实需求（实践的），进行的综合或整合性选择。如狩猎游戏的“设计”，它不是某一具体狩猎过程的重复，而是多次狩猎过程（经验与教训）的提炼。这种经过提炼后的“狩猎”，更符合狩猎生产的规律，组织生产过程更为合理，角色分工更为明确，从而为“狩猎”提供了一般模式标准与人与人之间关系的范例。可以说，舞蹈与游戏成为早期人类实施教育的主要途径与形式。

出于狩猎生产对人们体能与技能的要求和人类对自身发育的关注，人类开始有意识地将自己作为训练的对象，培养自己的速度、耐力、灵巧、力量等身体素质，并形成了一些专门的练习方式。“一些研究者根据对现代原始人的观察推测，这一时期，原始人跑步活动中已增添了不以速度为目的蛇形跑；跳跃活动中也不仅限于助跑跳远，而且增添了立定跳；投掷活动中也演化出不求准确性而以距离为目标的力量性投掷；并且，在人的身体活动中还出现了诸如锻炼大肌肉的综合性舞蹈等活动形式和球、动物趾骨、中空的小棒、小木块、球杖等器材。”[5] 这些身体活动已经不再是生产、生活技能的简单模仿，而是抽象地、象征性地对生产、生活技能的反映。这些抽象地、象征性地反映生产、生活技能的活动形式，我们称其为“身体练习”。

从“身体活动”到“身体练习”，标志着形成中的体育产生了质的飞跃，完成了由自在状态向自为状态的演进。其主要特征是：人类开始有意识地将“自身自然”作为训练对象，并形成了相应的“身体练习”；依附于生产、生活过程中的教育，已经成为相对独立的社会活动；舞蹈和游戏成为社会事项中的重要文化活动，承担了多重社会功能。

三、竞技赛会产生时期

伴随着人类由猿到人体质进化的完成，人类社会组织也由原始人群发展为“母系氏族”社会。这个“只知其母，不知其父”的血缘集团，既是一个生产单位，也是一个生活单位。它的出现，标志着人类开始由群体游动不定的迁徙生活，进入相对稳定的定居生活阶段。从这个时期的考古发现显示出，生产工具发展缓慢，而从工具中分化出来的武器，无论是类型还是质量都得到快速的发展。这预示着氏族集团之间“战争”已经出现。到旧石器时期晚期，争夺和保卫氏族生存空间的冲突，已经成为攸关氏族集团存亡的大事。有组织的战斗准备就成为社会生活中的重要事项。

游戏和舞蹈一直是早期人类传授与熟练生产、生活技能的主要形式。适应战争的需要，人们沿袭并完善了游戏和舞蹈，用以培养战士。一些战斗技能与满足战斗需要的体能练习，日益专门化，不仅成为游戏和舞蹈的内容，也是检验氏族成员，特别是男性成员能力的内容。游戏，其最本质的特征就是“比赛”。通过游戏产生出了最初的竞技运动和竞赛活动。

竞技活动的动作虽然同劳动动作（或战斗动作）还有外观形态方面的联系，但在性质上却已经与劳动过程或战斗过程分离。例如，射箭、划船、跑、跳、投掷、举负重物、克服障碍等，即使其本身就是一种劳动项目或内容，但却已完全变得抽象，而仅仅作为一些培养身体素质的综合性的手段而存在。同时，在竞技活动中，由于比赛的需要，由人所设计的动作内容和活动形式也更为增多。由于竞技活动的竞争形式具有极大的娱乐性，竞技活动不断增加娱乐性质的内容，从而使竞技活动逐渐摆脱对现实生产或战争的模仿，走向相对独立的发展道路。

[5] 颜绍护.体育的原始形态试析–史前体育探索之一 [G] //体育史学会.体育史论文集（第三册），1987：3.

“赛会”不是一般的游戏活动，而是“组织化的游戏”。由游戏到赛会，是社会整合的结果。人类主要是通过早期原始宗教活动，使游戏发展为赛会的。“巫术活动不仅经常以模仿的手段把现实分散的因素集中起来，把主要的目标加以强调，从而获得反映现实的映象，而且在其发生过程中总要伴随着强烈的情感，奇妙的想象，真诚的信赖和执著地追求。”[6] 早期的巫术活动的这些特点，在赛会的形成中起到了关键的组织化作用，促进了游戏（竞技）的“组织化”过程。

首先，巫术将分散的身体练习活动集中起来；

其次，巫术将这些活动的目的进行了整合并加以强化；

第三，巫术遵照人们的愿望，赋予这些活动特有的意义；

第四，巫术通过一系列仪式，规范了游戏的表现形式，并使之程式化与神圣化。由此演化出诸如“祭礼赛会”“典礼赛会”“军礼赛会”“成丁赛会”等等满足多种社会需要的赛会。

赛会的出现，标志着原始形态体育的完善，也标志着体育雏形的基本形成。尽管这一时期的体育与今天意义上的体育，还存在较大的差距，但现代体育的一般形式都可以从中找到自己的影子。

第三节　体育产生的学说

○ 导入

关于古代中国体育起源的两个问题 [7] 摘录

有关体育起源问题历来都是体育理论界研究的最基本问题，也是一个成果非常丰硕，观点分歧非常大的一个学术焦点问题，许多学者从不同的视角、不同的历史素材，提出了不同的观点。关于古代中国体育起源的两个关键问题是：古代中国体育究竟出现在何时？古代神话传说中提及的有关体育的种种记载有没有可信度？有学者认为，许多古代中国神话传说中关于体育史料的记载可信度不高，不能作为体育起源的佐证。从考古学观点看，古代中国体育起源只能追溯到后周时代。

学术研究倡导百家争鸣，百花齐放。上述案例仅仅是关于体育起源的研究和探讨的一例。但是由此可以引发我们许多思考：体育究竟是怎样产生的？其产生的历史动因以及历史条件是什么？中国古代体育与西方体育在起源方面有相似性吗？

一、余力论

余力论肇始于席勒，后经斯宾塞的发展而成为流行于西方学术界的一种学说——席勒·斯宾塞理论。该理论认为：“动物在工作时是迫于实际生活的需要，在游戏时是余力的流

[6] 邓福星.艺术前的艺术 [M]. 济南：山东文艺出版社，1987：27.

[7] BENNY JOSEF PEISER.李辉译.关于中国体育起源的两个问题 [J]. 山东体育学院学报，1997（2）1-5.

露——是洋溢的生命在驱使它活动。”在他们看来，低等动物机体的一切力量都消耗在维持生命所必须的职能上面。而高等动物（自然也包括人在内）则不同，除维持生存需要的活动的能量消耗外，在机体中还积聚着一些要求出路的“剩余力量”。当这种力量在机体中储蓄得愈多，游戏的冲动就愈大。游戏是动物生理本能的自然需要，是在宣泄余力过程中产生的活动。游戏的主要特征是游戏者并不以追求一定功利为活动目标，对于维持生活所必须的活动过程没有直接的帮助，而是一种感性冲动与理性冲动相结合的审美快感。这一理论被用于解释体育时，形成了如下观点：

首先，体育活动是维持人类生存需要之余的活动，它一开始就是人类娱乐身心的审美享受；

其次，体育活动是人类基本的生理需求，它是动物本能活动发展的自然演化；

第三，体育活动是非功利的活动，它的内容是实践主体自由选择的结果。

二、巫术论

巫术论是西方艺术起源理论中比较流行的一种学说，首倡人是英国著名的人类学家爱德华·泰勒和弗雷泽等人。泰勒等在对原始宗教特别是原始巫术研究的基础上，认为艺术起源于早期人类的巫术活动。他们认为：巫术，究其实质，是早期人类试图控制自然力的一种行为方式和行为指导。泰勒指出，原始人断定“一切具有人格的对象，无论是人或神，最终总是从属于那些控制着一切的非人力量。任何人只要懂得用适当的仪式和咒语来巧妙地操纵这些力量，他就能够继续利用它。”原始人不仅虚幻、歪曲地理解世界，而且在他们和世界之间设置了同样虚幻而歪曲的关系。弗雷泽把这些“关系”归纳为“相似律”和“感染律”。“相似律”即同类相生，结果与原因可以互为影响；“感染律”即凡接触过的物体在脱离接触以后仍然可以继续互相发生作用（因此又称“接触律”）。由此，原始人摹仿或描绘狩猎对象的性状，企图以此来控制或影响这些动物行踪，满足自身的需要。正是在这种观念支配下的巫术活动中，产生了早期的游戏、舞蹈与绘画。显然，那些以身体活动为主要形式的“艺术”，便是今日体育活动的原型。不少体育史研究者，也依据早期人类体育活动往往依附于祭祀活动，而赞同这一学说。

三、劳动论

“劳动说”在我国曾经是支配艺术、体育起源研究的学说。该学说主要依据恩格斯关于“劳动创造了人”的理论，经前苏联著名哲学家普列汉诺夫的演绎而奠定了基础。劳动说认为，体育是从生产劳动中产生出来的。

普列汉诺夫曾说：“游戏，是早期人类教育制度的一个重要部分”。他在《论艺术》中通过北美红种人儿童的战争游戏和澳洲土著儿童的采集舞蹈，说明为了培养适应战斗需要的战士和学习获取生活资料的本领，早期人类通过游戏活动对儿童的生存能力进行训练。并指出：“如果游戏是训练幼龄的个人准备将来担负起生活的任务，那么很明显，物种的发展首先向游戏提出了要求一定活动的任务，然后由于这一任务的存在，就要挑选与它所要求的特性相一致的个体，从幼年时期起就培养这些特性。游戏在这里也只不过是劳动的产儿，功利活动的从属现象。”由此得出，正是生产和战争的需要，才产生了反映生产和战争的游戏。普列汉诺夫最后的结论是：“游戏是劳动的产物。”由此，体育也是劳动的产物。

持此观点的学者通常认为，人们今天所熟悉的那些体育的具体表现形式，如跑步、打球、做体操等等，都是与人类最基本的活动技能——走、跑、跳、投、攀爬等分不开的。离开了走、跑、跳、投、攀爬等基本活动技能，人类的体育也就不复存在了。而人类这些基本活动技能，是在生产劳动中形成和发展起来的。追逐野兽的奔跑，跨越沟壑的跳跃，击中远距离猎物的投掷，采撷果实的攀爬，无一不是在人类早期的生产劳动中形成和发展起来的。因此得出结论，体育起源于原始的生产劳动。

四、游戏论

游戏论其实是余力说的一种变种。游戏论认为体育产生于游戏，它是包括体育在内的艺术发生理论中较有影响的一种理论，其代表人物是德国著名美学家席勒和英国学者斯宾塞。席勒在《审美教育书简》中，通过对游戏和审美自由之间关系的比较研究，首先提出了艺术起源于游戏的观点，认为艺术是一种以创造形式外观为目的的审美自由的游戏。游戏说还认为，人类的体育活动和游戏是一致的，是一种过剩精力的使用，剩余精力是人们进行体育这种游戏的动力。人是高等动物，它不需要以全部精力去从事维持和延续生命的物质活动，因此有过剩的精力，这些过剩精力体现在自由的模仿活动中就有了游戏与体育活动。斯宾塞和席勒认为：“游戏是过剩精力的发泄，它虽然没有什么直接的实用价值，却有助于游戏者的身体器官练习，因而它具有生物学意义，有益于提高人类生存能力”。游戏说强调了游戏冲动和身体完善间的重要联系，对于我们理解体育在提高人类生存能力方面的发生具有重要价值。它揭示了体育产生的生物学和心理学方面的某些必要条件，如剩余精力是体育活动的重要条件，满足某种心理需求是参与体育活动的初始动机等，对我们理解体育的本质是富于启发的。

五、模仿论

模仿说也是一种关于体育产生的最古老的理论之一，始于古希腊哲学家。这种学说认为：模仿是人类固有的天性和本能，体育产生于人类对自然的模仿。在古希腊哲学家看来，所有原始体育都是模仿的产物。亚里士多德认为：“人类艺术行为的对象是实实在在的现实世界，艺术不仅反映事物的外观形态，而且反映事物的内在规律和本质，艺术行为靠模仿能力，而模仿能力是人从孩提时就有的天性和本能。”继古希腊哲学家之后，文艺复兴时期的法国启蒙思想家狄德罗、俄国作家车尔尼雪夫斯基等人都不同程度继承和发展了这一学说。这种理论直到 19 世纪末仍然具有极大的影响。今天，用模仿说作为体育产生的动力的学者仍然为数众多，因为事实上有很多体育现象、体育项目都可以用模仿的行为去解释。模仿说揭示了人类一种比较原始的心理倾向，这种倾向使人类试图去再现自己所见到或感到有趣的行为或活动，从而形成了一些带有动物行为特点的活动。

六、需要论

20 世纪 80 年代初，中国大陆经历了一场以“实践是检验真理的唯一标准”的大讨论，促进了各行各业的思想解放运动。体育界开展了体育的科学属性的讨论。一些学者提出用“需要说”来补充“劳动说”的不足。这些学者依据“人是社会化动物”与“需要是发明之母”理论，从人类的生物性需求和社会性需求两方面，探讨了体育的起源。他们指出：“体育产生于人类社会生活的两种需要，一种是社会生产活动的需要（传授生产、生活技能），另一种则是人类生理、心理活动的需要”。在肯定“劳动起源说”的基础上，重点就“需要起源说”进行了讨论。

首先，他们认为，适应人类生理和心理的需要会产生一些受生理、心理规律支配的“本能活动”。“在长期生活积累中，随着人类智力的发展，这些身体活动带来的好处，逐步被人类所认识。当人类智力发展到有能力对事物进行抽象概括的阶段后，一些动作被固定下来，形成有一定层次和一定节奏的活动，而同本能活动区别开来。这种形态的活动即是最早期或最原始的运动。当人类能够有意识地把一些运动形式（包括生产技能中所形成的某些身体活动方式）组合起来，满足某种生理、心理或社会的需求时，这个过程的特点和实质，已属于人类社会活动范畴，我们可以称这种身体活动过程为体育。”[8]

其次，他们认为，这种娱身的活动有两个发展流向：一个是发展为祭祀性体育活动，一个是发展为原始的医疗保健活动。

第三，由“本能活动”或“生产活动”到体育活动，必须经过一个中介环节。他们认为，“体育是以‘运动’作为基本手段的社会活动，必须首先在满足生理、心理需要的‘随意活动’与生产劳动所提供的动作原型基础上，经过一定的选择、提炼，形成较为规范的动作和具有一定层次、一定节奏与相对稳定结构的身体动作组合——即‘运动方式’，再经过人类有意识有组织地把这些‘运动方式’用以实践教育、娱乐目的的时候，我们才能够称之为体育。”[9]

○ 小结

本章主要讨论了体育是如何产生的。作为人类社会实践活动的一部分，它的产生同样需要一些必要的条件，例如，人类抽象思维的能力、较为复杂的生产手段和相对稳定的社会结构。伴随着人类社会的演化与进步，体育的产生经历曲折发展的历史，概括起来主要包括三个阶段：一是身体活动萌芽时期；二是身体练习形成时期；三是竞技赛会产生时期。经历这三个阶段以后，体育的形态基本具备了今天我们所看到的现代体育的雏形。

关于体育的产生，大概有几种不同的体育起源学说。这些学说主要是余力说、游戏说、劳动说、巫术说、模仿说、需要说。每一种学说都有其存在的理论支撑和实践依据，都有其合理性，但是关于体育起源的探索还远远没有达到终点，还需要在前人研究的基础上，不断

[8] 董时恒.熊晓正.体育探源 [J]. 体育科学，1982（2）：1–6.
[9] 董时恒.熊晓正.体育探源 [J]. 体育科学，1982（2）：1–6.

深入，形成更客观、科学的理论观点。

○ 思考题

1. 为什么说体育的产生需要相对稳定的社会结构？
2. 体育的产生经历了哪几个阶段？每一阶段的特征是什么？
3. 请谈谈你对某一种体育产生学说的看法，例如劳动说、需要说、军事说等。
4. 请结合本章所学知识，并查阅拓展阅读资料，试分析现代体育还在不断演化吗？

○ 相关网站

1. 中国人类学网：http：//www.cnanthropology.com/portal.php
2. 历史网：http：//www.lishi.net/
3. 人类起源网：http：//www.rlqy123.com/

○ 课后拓展阅读

1. 体育史教材编写组.体育史（第一章　史前体育）［M］. 成都体育史研究所，1985：2–6.

2. 谭华.体育史（上编）［M］. 北京：高等教育出版社，2009：10–115.

3. 徐元民.体育史（第七、八章）［M］. 台北：品度股份有限公司，2005：137–138.

4. （美）阿伦·古特曼.从仪式到纪录：现代体育的本质［M］. 北京：北京体育大学出版社，2012.

5. （法）乔治·维加雷洛.从古老的游戏到体育表演［M］. 北京：中国人民大学出版社，2007.

6. （德）诺贝特·埃利亚斯.文明的进程［M］. 上海：上海译文出版社，2009.

7. 胡小明.体育人类学［M］. 北京：高等教育出版社，2005.

第三章　体育的功能

○ 内容提要

我们把体育定义为："通过有规则的身体运动改造人的'自身自然'的社会实践活动"，这种社会实践活动作为一种独立存在的形式，它存在的价值是什么？它对于人的发展，对于社会的进步有什么作用和效能？只有把这些问题探究清楚，才能更为深刻地理解体育为什么是改造"自身自然"的社会实践活动。为了回答这些问题，本章主要介绍了什么是体育的功能；体育的功能是由什么构成；体育作用于个人和社会具体有哪些功能。

○ 学习目标

学习完本章之后，你应该能够：

1. 知道体育功能的定义和构成。
2. 掌握体育对人自身的功能及作用。
3. 掌握体育对社会发展的功能及作用。
4. 讨论体育功能对当今社会的现实价值。

○ 关键术语

体育功能、身心发展、强身健体功能、健康心理功能、人际交往功能、休闲娱乐功能、生命美学功能、社会发展、教育功能、政治功能、经济功能、文化功能

第一节　体育功能概述

○ 导入

体育传播正能量“激励一代人”

英国文化协会、联合国儿童基金会和英国体育理事会共同推出了伦敦2012“国际激励计划”，该计划是“奥运国际遗产计划”的一部分，旨在借助奥运会的国际影响力，让全世界的年轻人感受到奥林匹克的魅力，更多地参与体育。该项目还选出了包括英国的国宝级足球巨星贝克汉姆在内的一批体育明星担任大使，目标在于让20个国家和地区的1200多万名青少年有机会参与到丰富多彩的体育运动中来，让他们有机会选择和培养自己喜欢的运动项目。此外，莫桑比克被选为实施“激励计划”的国家。在贫困城市Maputo（马普托，莫桑比克首都），他们聘请了这个国家足球史上进球和出场数最多的球星提克。提克认为无论在哪个国家，体育都是最通俗的语言，可以让社区乃至国家紧密相连。在教育孩子体育技能的同时，可以有机会培养他们成为一个优秀的公民，让一个饱受战火摧残的国家有了可以期待的未来。

通过上述案例可以看出，伦敦2012“国际激励计划”其实质是通过奥林匹克运动和奥运会这个最广泛的国际交流平台，以体育为载体，向世界青少年传递一种纯洁高尚的奥林匹克体育精神，是培养塑造全世界青年的一种有效途径。全面了解体育的价值功能，将有助于更好地推动体育自身的发展，为人类文明进步服务。

一、体育功能的概念

体育理论是体育实践的概括反映。体育功能作为一种理论概括和总结，首先必然来自于实实在在的体育实践活动，再通过体育实践检验完善的基础上，返回体育实践，指导人们的体育实践，推动体育实践发展。关于体育功能的认识，主要有以下几种观点。

体育的功能是指体育以其自身特点作用于人和社会所能产生的良好影响和效益。[1]

体育的功能是指体育在人的自我完善和社会发展过程中所表现出来的作用或价值。[2]

体育功能即体育效能：体育对人体和社会所起的综合性作用；由体育本身特点和社会的需要所决定。[3]

体育功能是体育系统和社会系统相互作用于人、社会所具有的作用。[4]

体育功能是指体育这一文化现象对人和社会所能发挥的有利作用和效能。[5]

[1] 鲍冠文. 体育概论 [M]. 北京：高等教育出版社，1995：96.

[2] 高希生. 浅析新时期的体育功能 [J]. 体育文化导刊，2004（3）：12–14.

[3] 陈安槐，陈萌生.体育大辞典 [M]. 上海：上海辞书出版社，2000：5.

[4] 周西宽.体育基本理论教程 [M]. 北京：人民体育出版社，2004：104.

[5] 杨文轩，杨霆.体育概论 [M]. 北京：高等教育出版社，2005：38.

这些概念反映出一些共同的特征：一是体育功能的作用对象既有个体的人，又有整个社会；二是体育功能主要表现为某种作用和效能。我们对体育功能的理解应该从体育实践作用于有机个体和社会合成体来理解。因此，体育的功能主要是指体育对个体和社会所能发挥的作用和效能。

二、体育功能的构成

任何事物（活动）要发挥功能都离不开两大要素：一是事物或者活动自身所具有的属性；第二就是对这种属性的需求。同样，体育对个体和社会产生作用和效能主要取决于两大要素：一是体育本身的属性；二是个体或是社会的需要。

体育自身的属性与体育所能够产生的效能和作用有着密切关系。一个事物要发挥某种功能，必须要求事物本身具备发挥这种功能的属性。例如，一个人不会游泳，需要借助工具渡河，但是他能够利用的工具只有自行车和轮滑鞋，显然他是无法渡河的，因为自行车和轮滑鞋不具备在水上载人漂浮的能力，这种漂浮的能力恰恰是由事物本身是否具备漂浮的属性所决定的。反过来说，如果这个人拥有船、竹筏等具备漂浮属性的工具，那么渡河的目标就比较容易实现了。所以，我们在理解体育功能的时候，要始终注意结合体育的本质属性。

个体和社会的需要与体育所能够产生的效能和作用密切相关。功能是某一事物属性的客观存在，但是这种客观存在只有出现需要的时候才能够表现出来。离开了个体和社会的需要，也就无从谈起体育功能的发挥。对体育的需要可以从两个层次理解：一是个体的需要。例如，健康的需要、娱乐的需要、交往的需要等；二是社会的需要。例如，政治的需要、经济的需要、文化的需要等。体育功能的表现始终是与个体和社会的这些需要紧密联系在一起的。

在实践中，只有当体育自身的属性与个体和社会的需要找到了结合点，体育的功能才能得以发挥，这两者缺一不可。

三、体育功能的意义

（一）解释体育实践

体育实践既不同于人类改造自然的活动，也不同于人类改造自身的其他活动，体育实践从形式到本质都具有自己独特的规定性。体育的这种特殊的规定性，表现在它是把人自身作为客体对象来加以认识和改造的一种特殊活动，而且在这个实践活动的过程中，主体和客体是统一的。

正是由于体育实践具有特殊的规定性，其作用也就具有特殊性：它是以人类自身自然为对象，通过一定的身体运动来满足社会和个人的需求，它是人对自身自然的改造过程，是最大限度实现人的某些活动的可能性而有针对性地发展某些能力，而不断克服自然和人为的限制而展开的活动；其目的不是谋求发现人以外的某种东西，而是着力于揭示改造和增强人类自身素质与能力的可能性，以及在越来越高的水平上实现这些可能性的手段和方法。

体育功能具有客观性或潜在性。首先，体育的功能是客观存在，不管我们是否意识到它的存在；其次，当我们还没有自觉意识到某种功能时，它总是潜在地发挥着自己的效能，而不管你是否认可，也就是说，人们对体育功能的认知，经历了一个发展过程。人们对体育功能认识的时代局限性并不意味着体育不具备这些功能，体育的功能是客观存在的。只有当社会发展到一定的阶段、当社会提出某种需求时，人们才会去发掘和利用体育的某些功能来满足社会的需要，从而使潜在的功能转变为显现的功能。从这个意义上讲，体育的功能不是人为附加给他的东西，只是由于人类认识的局限，而没有自觉发挥它的效能而已。因此，现阶段我们所讲的体育功能，是具有时代性的，随着时代的发展，人们会挖掘出越来越多的体育的功能。

（二）指导体育实践

一个事物的功能是由其本质属性和人类的需要所决定的，虽然事物的本质属性是不变，但是人类对这一事物的需求却是随着生产力的发展、社会的变迁而发生变化的。因此，一个事物对人类社会所产生的具体作用和功效也就必然发生变化。这就是事物功能的流变性。

体育功能的流变性，呈现出纵向发展特点和横向发展特点。在体育的历史发展过程中，不同时代的发展“主题”赋予体育功能的时代特征也不尽相同。在体育的历史发展过程中，不同地域、不同民族、不同阶级对体育的需求与利用具有选择性，也呈现出不同的“主题”，从而表现出体育文化的地域性、民族性、阶级性等特点。时代主题与民族、地域主题是导致体育功能流变的两个动力源，也是两个既有联系，又有区别的流向。

因此，如何认识现代体育的功能，怎样区别体育的功能和作用，对于我们发展体育，从宏观与微观的不同维度，给体育实践以有效的指导，具有重要的意义。

（三）推动体育改革

体育功能理论对体育改革的推动作用，一方面体现在“理性尺度”评价现实，使人们认清现存体育中存在的不合理因素；另一方面依靠理论创造的社会舆论力量呼唤改革，尤其是通过良好舆论影响体育改革，使体育工作者具有参与体育改革的自觉性，积极的热情和必胜的信心。

第二节　体育对个体的功能

○ 导入

体育之效——毛泽东《体育之研究》节选

非第强筋骨也，又足以增知识。近人有言曰：文明其精神，野蛮其体魄。此言是也。欲文明其精神，先自野蛮其体魄。苟野蛮其体魄矣，则文明之精神随之。夫知识之事，认识世间之事物而判断其理也。于此有须于体者焉。直观则赖乎耳目，思索则赖乎脑筋，耳目脑筋之谓体，体全而知识之事以全。故可谓间接从体育以得知识。

非第增知识也，又足以调感情。感情之于人，其力极大。古人以理性制之，故曰主人翁常惺惺否，又曰以理制心。然理性出于心，心存乎体。常观罢弱之人，往往为感情所役，而无力以自拔；五官不全及肢体有缺者，多困于一偏之情，而理性不足以救之。故身体健全，感情斯正，可谓不易之理。

非第调感情也，又足以强意志。体育之大效，盖尤在此矣。夫体育之主旨，武勇也。武勇之目，若猛烈，若不畏，若敢为，若耐久，皆意志之事。取例明之，如冷水浴足以练习猛烈与不畏，又足以练习敢为。凡各种之运动，持续不改，皆有练习耐久之益。若长距离之赛跑，于耐久之练习尤著。夫力拔山气盖世，猛烈而已；不斩楼兰誓不还，不畏而已；化家为国，敢为而已；八年于外，三过其门而不入，耐久而已。要皆可于日常体育之小基之。意志也者，固人生事业之先躯也。

肢体纤小者举止轻浮，肤理缓弛者心意柔钝，身体之影响于心理也如是。体育之效，至于强筋骨，因而增知识，因而调感情，因而强意志。筋骨者，吾人之身；知识、感情、意志者，吾人之心。身心皆适，是谓俱泰。故夫体育非他，养乎吾生、乐乎吾心而已。

上述节选是青年毛泽东同志对体育功能、作用，所进行的深刻的认识和分析。通过上述案例，结合当前体育发展实际，我们不免引起许多思索：体育究竟对于我们人类自身有哪些重要的作用和功能？这些价值、功能和作用如何才能得以实现？

一、强身健体功能

（一）体育与运动系统

人体运动系统由骨骼、肌肉和关节[6]三部分组成，骨骼是人体的基本支架，关节是连接骨与骨之间的枢纽，肌肉是附着在骨骼上，收缩引起运动，这种运动是以骨骼为杠杆，关节为枢纽，肌肉为动力来实现的。

1. 体育运动可以促进骨骼的生长发育

经常性的体育锻炼，可以促进人体血液循环，加强新陈代谢，使骨的结构及性能发生变化。主要表现在使骨骺软骨增长，骨密质增厚，骨变粗，骨小梁排列更加规则，增强了骨的坚固性，也从很大程度上提高了骨的抗弯、抗断和耐压的性能。所以经常参加体育锻炼不仅使骨变粗，还使骨增长。数据表明：经常参加体育运动的青少年比同龄人身高平均高出 4~7 厘米，骨粗壮 2.5~3 毫米。

2. 体育运动可以促使肌肉粗壮、结实、健美

体育锻炼也是对肉体的磨练，运动时新陈代谢较为旺盛，机体内产生一系列生化反应。在安静时，肌肉每立方毫米开放的血管只不过有 80 多条左右，而负荷运动后，每立方毫米的肌肉开放的血管增至 2000~3000 条，是安静状态的 30 多倍，因此血液量大增，使肌肉血液供应大大增加，随着血液循环加快，各种营养物质的吸收与储存能力增强，肌肉横切面积增大，肌肉自然而然就变得更加粗壮有力了。[7]

[6] 全国体育教材委员会.《运动解剖学》 [M]. 北京：人民体育出版社，2000：39.
[7] 胡红，夏思永.大学体育·理论教程 [M]. 四川：人民教育出版社，2007：70.

3. 体育运动可以增强关节的灵活性和稳定性

在体育锻炼中，许多动作都需要关节完成大幅度运动，而关节周围的肌肉与韧带的力量和伸展性在运动时得到了加强和提高，从而增强了关节的牢固性，使关节更加灵活，稳定。

（二）体育与神经系统

神经系统由脑、脊髓以及附于脑、脊髓的周围神经组织组成，在体内起主导作用。[8]

1. 体育运动可以改善和提高神经系统的反应能力

体育锻炼往往要身体完成一些日常生活中不经常做到的复杂动作，中枢神经就迅速动员和发挥各器官系统的机能，使之协调以适应肌肉的需要，从而改善和提高神经系统的反应能力，使之更加灵活、准确、协调。

2. 体育运动可以消除脑细胞疲劳，提高学习、工作效率

日常生活以及学习工作中，经常会有头昏脑胀，注意力不集中的现象。这就是由于大脑皮层细胞在外界刺激下能量消耗，长时间处于兴奋状态，导致疲劳。进行适当的体育锻炼，使血液循环加快（在户外运动，氧气含量较高，单位时间内流进细胞的血液增多），能量物质补充较快，加快细胞新陈代谢，消除疲劳，使大脑更清醒，学习、工作效率提高。

3. 体育运动可以预防和缓解神经衰弱

经常参加体育锻炼，使大脑皮层经常保持在一个兴奋与抑制的平衡状态，及时消除脑疲劳。国内外医学专家也为身患较为微弱神经衰弱的病人开“运动处方”，以体育锻炼代替药物。

（三）体育与循环系统

循环系统是由生物体的细胞外液及其以循环流动的管道组成的系统，是一个封闭式的管道系统，由心脏和血管组成。心脏是动力器官，血管是运输血液的管道。通过心脏有节奏的收缩和舒张，推动血液在血管中按照一定方向不停地循环流动，称为血液循环，该循环一旦停止工作，将导致机体死亡。

1. 体育运动可以增强心脏血管机能

经常参加体育锻炼使心肌细胞内的蛋白质合成增加，心肌纤维增粗，使心脏肌收缩力量增加。

2. 体育运动可以增大心室容积

心脏肌收缩力量的加强，导致心脏每收缩时可以将更多的血液射入血管，导致心脏每搏输出量增加，这一变化几乎将心室内的血液全部排空，造成心室内压下降，静脉回流血量增加，心肌纤维被拉长，长时间锻炼，使心室容积增大，可储存较多的血液。

3. 体育运动可以增强血管壁弹性

经常坚持体育锻炼，可影响血管壁的结构，使动脉血管壁的中膜增厚，平滑肌细胞和弹性纤维增加，从而增加血管壁弹性。

[8] 全国体育教材委员会.《运动解剖学》[M]. 北京：人民体育出版社，2000：252.

（四）体育与呼吸系统

呼吸系统由气体通行的呼吸道和气体交换的肺组成。经常参加体育锻炼可提高呼吸系统的效能。[9]

1. 体育运动可以加强呼吸肌能力

人体的呼吸肌主要是膈肌。大强度的体育锻炼，要求肺要大量吸气呼气，胸廓活动明显增大，长此以往肺活量与肺部通气大大增加。因此，呼吸肌得到了锻炼，变得更加发达有力。

2. 体育运动可以提高有效呼吸量

体育运动使呼吸系统机能改善，提升呼吸效率，在保证人体所需要通气量被全部进行交换后，同时又富余出来，这样也就使我们的呼吸肌有了较长休息时间，所以经常参加体育运动的人肺活量较大。[10]

（五）体育与消化系统

消化系统包括消化道和消化腺两大部分。在体育锻炼中，加快肠胃蠕动，加强消化腺对消化液的分泌，使人体更好地分解并吸收摄入体内的食物，从而达到了对营养物的充分利用与能量的储存。[11]

适宜的体育运动对促进消化系统的发展有良好的影响。经常从事体育运动可增加人体能量物质的消耗，反射性地提高胃肠道的消化和吸收功能。由于体育运动时膈肌的大幅度升降活动，对胃肠起按摩作用，也能增强胃的消化功能。

（六）体育与内分泌系统

内分泌系统是由内分泌腺和散在于某些组织器官中的内分泌细胞组成的一个体内信息传递体。神经递质类化学物质分泌量的增加同心理健康状况的改善有关。研究表明，运动可使血液循环中的去甲肾上腺素和5–羟色胺含量升高，而抑郁症者血液中，这两种物质含量均较低。[12]

体育锻炼能使人体内的脑啡肽含量增加。脑啡肽是一种类似吗啡的生物化学物质，它能使人产生一种特殊的欣快感觉。这种欣快感对减轻忧愁，降低忧郁、焦虑，增强活力有积极的作用。[13]

（七）体育与免疫系统

免疫系统是机体免疫应答和免疫功能的组织系统。由免疫器官和组织、免疫细胞和免疫分子组成。日常生活中，人们进行一些适度的体育锻炼，可促进人体内分泌、内循环改善，

---

[9] 全国体育教材委员会.《运动解剖学》[M]. 北京：人民体育出版社，2000：193.

[10] 胡红，夏思永.大学体育·理论教程 [M]. 重庆：重庆大学出版社，2007：75.

[11] 全国体育教材委员会.《运动解剖学》[M]. 北京：人民体育出版社，2000：198.

[12] 全国体育教材委员会.《运动解剖学》[M]. 北京：人民体育出版社，2000：333.

[13] 曹志发，孟昭琴，姚为俊.新编运动生理学 [M]. 北京：人民体育出版社，2009：28.

使人体的各脏器器官维持在一个较高水平，从而提高人体自身免疫能力。经常进行适当体育锻炼，再加上充足的睡眠时间以及合理饮食，让人体各系统处于一个正常状态，一旦出现病菌入侵，机能可迅速调动起来，积极地投入运转。[14]

（八）体育与泌尿系统

泌尿系统由肾、输尿管、膀胱及尿道组成，其主要作用是排泄代谢产物。[15]

短时间大强度的一次性练习后，可使肾小管上皮顶浆小泡增多。从而提高了肾小管对低分子蛋白质的重吸收机能。长时间大强度的一次性练习后，肾小球毛细血管出现扩张和充血，内皮细胞吞饮小泡增多呈蜂窝状，内皮小孔间距和孔径大小不等，基膜总厚度减少，足细胞的突起增多。从而导致肾小体滤过膜的通透性提高，在原尿中出现尿蛋白。合理参加体育锻炼，让各个运动器官和一些内脏器官紧张工作起来，新陈代谢持续在一个正常状态，对泌尿系统也是一个锻炼，可提高其功能。

二、健康心理功能

（一）体育运动可以发展人的认知能力

研究发现，大脑的右半球对形状知觉、空间知觉、音乐知觉起主要作用，是图形的优势半球。左半球对言语、逻辑分析推理以及对事物的细节知觉起主要作用，是言语优势半球。体育锻炼是发掘右半球的重要手段。一方面人的身体协调、形象记忆、空间感都属于右脑的辖区。体育锻炼可以直接使右脑的相应部位兴奋，另一方面体育活动多是整个身体的运动，可以活动我们平时不常用的左侧身体，使右脑充分得到锻炼。

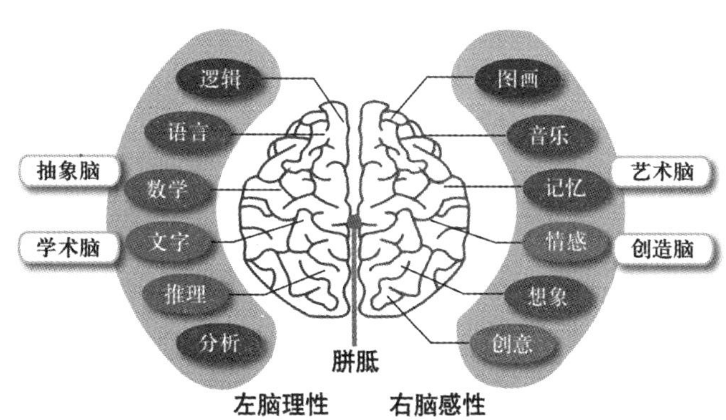

大脑两个半球最外层覆盖的一层灰质，负责着大脑的高级功能，包括感觉、自发的肌肉运动、思考、推理以及记忆等。还有一部分特定区域负责着特定的功能，如对身体运动的控制。

[14] 邓树勋，陈佩杰，乔德才.运动生理学 [M]. 北京：人民体育出版社，2007：111.
[15] 全国体育教材委员会.《运动解剖学》 [M]. 北京：人民体育出版社，2000：202.

体育活动具有直观性的特点，参加者必须综合地运用相关的感觉器官。各种器官的灵活运用可以促进人体的感知能力发展，改善人体中枢神经系统，增强大脑皮层的分析和综合能力，提高大脑思维的灵活性、协调性、反应速度等。经常参加体育锻炼还能有效发展空间和运动感知能力。

（二）体育运动可以完善人的性格、气质

人格是构成一个人的思想、情感及行为的特有模式，是一个人区别于他人的稳定而统一的心理品质。人格是一个复杂的结构体系，由性格和气质等要素构成。人格与社会生活联系密切，待人接物、言谈举止间就能够反映出一个人的人格特征。在体育领域中也不例外。相关理论发现，人格对于体育参与、体育项目选择都起到决定和指导的作用，通过相关的体育锻炼人格也会随之发生改变。

根据多元类型理论，人格类型是由几个不同质的人格特性构成的。现代气质学理论将气质分为胆汁质、多血质、粘液质和抑郁质四种类型。四种气质类型并无好坏之分，但不同的气质类型对外界环境的表现却呈现差异。在体育活动中，不同气质类型在项目选择上就有所体现。例如，胆汁质、多血质强度高的人，适于参加身体直接对抗的项目，如足球、篮球。抑郁质强度高的人，适于参加身体非直接对抗的项目，如排球、田径等。粘液质强度高的人，适于参加过程时间较长、需要耐力素质的项目，如中长跑等。

有学者还试图通过人格理论中具有代表性的艾森克“三因素模型”探究人格与体育的关系。调查发现，在体育项目选择上，“外倾性”的人格特征，擅长集体运动，在团队合作中表现积极；精神质程度高的人独立性、竞争性较强，适合胜任个人单项比赛，不受外界干扰。在参与程度方面，参加体育运动程度越高，人格越趋于外向和低神经质；精神质人格维度受体育运动参与频率的影响较明显。但随着运动次数的增多，人格心理就会得到适当的改变，在很大程度上人格特征会向外向型方向发展，紧张、焦虑程度降低，竞争力和创造性得到加强。

（三）体育运动可以增强人的意志品质

意志品质是指人自觉地确定目标并支配其行动，以实现预定目标的心理过程。意志品质是在克服困难的过程中表现出来的，又是在克服困难的过程中培养起来的。坚持体育锻炼能够提高心理应激水平，使得人体在受到强烈的物理、化学、生物等作用或情绪发生变化时，避免刺激对人体的损害，在遇到外界的强烈刺激时也能保持心理的平衡，使心理承受能力和健康水平都处于较高的状态。较高的心理应激水平可以使人更加从容地面对和克服困难，提升意志品质。坚持体育锻炼，要不断地克服各种主、客观困难，这个过程是锻炼身体的过程，也是培养出良好的意志品质的过程。

三、人际交往功能

参加体育活动，能够增加人与人之间的交流、打破自我封闭，特别是一些集体性的体育活动，必须通过合作完成某个活动，在活动中人与人之间的接触交流会使得原有的孤独感、

抑郁感淡化乃至消失。同时，通过体育活动能够使人获得自信，从而改变参与者对生活的看法及自己的个性和行为方式。[16]

人们在体育活动中形成的合作、竞争、遵守规则的意识和行为，通常会迁移到日常社会生活、学习和工作中，有利于人们理解和遵守社会规范的意义及重要性，有利于形成尊重他人的行为习惯，从而能促进人际关系的和谐发展。

（一）体育运动可以促进健康人际关系的养成

体育作为社会文化生活的重要组成部分，对参与者的作用并不仅局限于身体素质和健康水平的提高，而且对人的观念、道德、行为习俗均产生全面深刻的影响。概括而言，体育的发展，不仅培养人持之以恒、坚韧不拔的意志品质和乐观开朗、积极向上的个性，而且可以提高人们体育文化素质和道德水准，推动伦理建设和法制建设，能融合人际关系，形成科学、文明、健康的生活方式。因此，各个国家都重视大众体育活动的开展，都把它作为衡量文明程度的标志之一。

体育活动具有人际交往广泛、频繁的特点。在人与人之间的交往中，需要相互关心、相互帮助、团结协助，因此，有利于培养群体观念、责任意识、助人为乐的精神品质。通过参加有组织的竞赛活动，能培养尊重裁判、尊重对手、尊重观众、遵纪守法、文明礼貌、公平竞争的品德行为；在同对手的竞争中，能培养积极进取、奋发向上的精神。持之以恒地参加与体育锻炼本身就是坚韧顽强、锲而不舍的品质的磨炼与体现。因而，体育活动对人的品德、意志的影响作用是广泛、深刻的。

（二）体育运动可以促进良好合作与竞争的养成

体育作为一种社会现象，它和社会交往结伴而行。在体育的实践中，形成了个体与个体之间的相互关系——人际关系；形成了个体与群体、群体与群体之间的相互关系——社会互动关系；在体育社会化的过程中，又形成了人类规范化的交往关系——公共关系。人际关系、社会活动关系、公共关系是社会交往的形式，是逐步深化的交往形式，这些形式在体育运动中是普遍存在的。

个体间彼此直接的互相作用与互相联系形成了一定的人际关系。在人际关系的前提下，形成了人类群体间的群际关系，因此说人际关系是人类社会关系的基础。体育运动中，个体间的彼此作用和互相关系可以表现为体育行为的基本特征，由此形成的体育人际关系是体育社会交往中的核心环节。

体育对人际关系起到了以下几点作用。

1. 体育活动有助于人际交往

人际交往是指在社会活动中人与人之间进行信息交流和情感沟通的联系过程。体育锻炼能增加人与人接触和交往的机会。通过参与体育活动，可以忘却烦恼和痛苦，消除孤独感，并逐渐形成与人交往的意识和习惯。有研究表明，外向性格者比内向性格者的社会交往需要更强烈，这种社交需要通过跳舞、打球等集体性的体育活动可得到满足。性格内向者更应该

[16] 杨文轩.体育概论 [M]. 北京:高等教育出版社，2005：46–47.

参与集体性的体育活动，使个性逐步得到改变。有研究表明，个体坚持体育锻炼的一个重要原因是为了与他人交往或参与群体活动。青少年参与运动的程度与家庭成员、好朋友参与运动的程度紧密相关；好朋友参与的运动程度比家庭成员的参与程度更能影响青少年参与运动的程度；对个体参与运动的程度而言，同性别家庭成员的参与运动程度要比异性成员参与运动程度影响大；家庭、好朋友喜欢体育锻炼的青少年更易形成朋友支持网络，并形成良好的人际关系。由此可见，体育锻炼不仅能促进人的社会交往活动，而且体育活动的社会交往特性又会吸引人参与和坚持体育锻炼。

2. 体育活动有助于培养合作精神

合作是建立在团体成员对团体目标认识相同的基础上。在合作的社会情景中，个人所得有助于团体所得。合作的优越性体现在个人与他人一起工作时所获得的社会效益，如增加交流、相互信任等。在一些相互依赖性的运动（如篮球运动等）中，合作会使活动变得更为有效，因为团体要获得成功，团体成员就必须相互协作、共同努力。现代社会需要具有合作精神，一个人的力量微不足道，一个人要想在社会中取得成功和成就，就需要与他人合作，需要得到他人的帮助。孤军奋战，难成大业。合作能力既是体育活动参与者必备的素质，也是通过体育活动需要发展的一种能力。从事体育活动，特别是从事集体性的体育活动，需要个体与他人通力合作，这不但使集体的目标得以实现，而且个人的作用也能充分地发挥。经常性地参与体育活动，特别是参与集体性的体育活动，有助于个体加强合作意识，有助于个体培养团队精神。

3. 体育锻炼有助于形成竞争意识

竞争与合作相对立，指为了自己的利益和需要而同他人争胜的行为。在竞争的社会情景中，一方的得益会引起另一方利益的损失，而且个人对个体目标的追求程度高于对集体目标的追求程度。一般而言，在独立性的任务中，竞争有优越性，因为在这样的任务中，对成员间相互协作的要求不是很高，个体的活动目标不是击败他人，而是指向任务的成功。现代社会竞争日趋激烈，努力培养竞争意识和能力有助于学生走出校门、走向社会后能很好地适应社会。竞争是体育运动的主要特性之一。在体育运动过程中，时时处处都充斥着竞争，既有对自己运动能力的挑战，也有与他人的争胜；既有人与人之间的竞争，也有团体与团体之间的竞争。需注意的是，在运动中与他人竞争时，要有良好的体育道德，争胜主要是靠自己的能力，而不是通过不择手段地伤害他人来达到。要通过竞争来培养自己积极进取、顽强拼搏的精神。

四、休闲娱乐功能

休闲娱乐是人们除了工作之外，在相对闲暇的时间里进行的自由的、自愿的，愉悦身心的活动。在人们日常的休闲娱乐中，以体育作为手段的休闲娱乐活动占有非常大的比例，例如保龄球、户外登山、滑雪、轮滑，等等。这说明，在现代人的休闲娱乐活动中，体育活动具有十分重要的地位，而体育作为发展人“自身自然”的身体活动，其在休闲娱乐中所发挥的个体和社会功能也是其他休闲娱乐活动所不可取代的。

体育具有休闲娱乐的功能主要有以下两个原因：一是体育活动始终关注人“自身自然”

的发展。人们通过从事体育活动，能够有效地满足人体健康的基本需求，而身体健康状况对一个人的生活满意度、幸福感、心情的愉悦程度都是有着重要影响的。一般来说，一个人的身体健康水平越高，心情的愉悦程度也越高，反之则越低。二是体育活动存在大量的人与人的交往。体育活动作为一种娱乐方式，有大量的集体性活动内容。这些体育活动的参与过程也是参与者之间的愉快地交往、分享喜悦、分享快乐的过程。因此，体育是人类特有的一种休闲娱乐方式，它具有休闲娱乐的功能。重要的是，从满足人类需求的角度讲，体育的休闲娱乐功能是其他文化娱乐形式所不能够替代的。

体育休闲娱乐功能的实现需要一些实现方式或者实现途径，总体来说，主要有两种基本途径得以实现。

一是亲身参与体育活动。所谓亲身参与体育活动就是把自己作为主体投身到体育实践活动中去，通过身体练习、身体运动，亲身体验、感受经历体育活动的乐趣、快感和运动的成就感。

二是欣赏体育比赛。欣赏体育比赛也就是通过观看体育表演、体育竞赛，使其感受、体验体育运动的节奏、对抗、力量、速度、激情，等等。实际上就是对各种体育美的体验和感悟，并以此获得愉悦的心情和感受。

顾拜旦在《体育颂》中曾精彩地写到："啊！体育，你就是乐趣！想起你，内心充满了欢喜，血液循环加剧，思路更加清晰。你可使忧伤的人散心解闷，你可以使快乐的人生活更加甜蜜。"这种描述就是体育休闲娱乐功能的最真实写照。

五、生命美学功能

美是人的生命活力的表现。体育对人的生命之美有极大的激发和促成作用。福柯认为"生命美学"是一种"关怀自身"和进行身体生命审美化的过程，也是追求最高自由境界的一种"身体的技术"或"身体的实践"。[17] "生命美"的核心是"关怀自身"，强调重视自我，重视处理与他者的关系以及重视身体体验。体育通过各种运动形式对人的生命之美进行激发和磨炼，增强了人的生命力。

首先，体育促进人的生物生命之美。体育运动首先是对人体自身的改善：全面发展体能，增强体能素质以及机体适应能力。这种改善的结果就是使人产生出旺盛的生物生命力，直接表现就是人体外型的美。通过体育运动，人的身姿变得挺拔，胸背部肌肉的体积逐渐增加，腰腹间沉积的多余脂肪得以消除，胸、臀部变得丰满而富有曲线，人的体质、容貌、身材、皮肤、毛发等方面都出现令人悦目的形状和优美的姿态。同时，人的这种旺盛的生物生命力也表现在体育活动，特别是体育竞技之中。现代体育运动项目如艺术体操、花样滑冰、花样游泳等给人一种形式上的美；铅球、摔跤等运动项目则会让人体会到一种力的美。无论是形式的美还是力的美，其本质都是旺盛生命力的体现。因此，体育活动是人体生物生命力的展现场所，它本身就是人的生物生命之美的一种形式。体育激发和促进了人的生物生命之美，而生物生命之美也在体育活动中得到完美的展现。另外，体育作为一种社会文化，与生

[17] 熊欢.身体、社会与体育——西方社会学理论视角下的体育 [M]. 北京：当代中国出版社，2011：227.

活方式密切相关。健康的生活方式对人的体质与精神都大有益处。体育通过增强人的体质、增进人体的机能，加强了人的生命活力，最大程度地促使人发挥生理、精神、情绪和社会潜力，改进生活方式。人们生活方式的改进使其生命质量得以提高，对自身的感受力得以增强，这在一定程度上增进了人的审美感受力，提升了人的审美境界。这是体育激发人的生物生命之美的另一层面的解释。

其次，体育促进人的精神生命之美。体育运动不仅对增强体质、提高机体活动能力和发掘人的潜力有极为明显的作用，而且对调节人的心理、满足人的精神需要、保持人们健康的精神状态和培养优秀品质也有着极为明显的作用。[18] 体育运动能够使人从紧张状态中解脱出来，使情绪得到平衡，达到精神上的宁静与平和，也可以锻炼人的思维，使人变得思维敏捷思路清晰。比如棋类运动，可以让人的头脑更加灵活，思维更加全面。同时，体育运动能够磨炼人的意志，培养不屈不挠的精神。比如登山运动，可以让人体会到生存的艰难，从而变得刚毅。这些都可以使人的精神生命更加富有活力。与生物生命力一样，人的精神生命力也体现在体育活动中。我们都有过这样的经验，在观看体育比赛的时候，最感动我们的常常不是得到冠军的运动员，而是那些有着坚韧不拔的精神、不向失败屈服的运动员。虽然他们失败了，但他们的精神让我们为之叹服。运动员阿赫瓦里的故事充分说明了这一点。[19]

知识链接：运动员阿赫瓦里的故事

在 1968 年的墨西哥城奥运会上，来自坦桑尼亚的马拉松运动员阿赫瓦里在跑出不到 5 公里后，因碰撞而摔倒，导致膝盖受伤、肩部脱臼，但他并未就此退出比赛，而是一瘸一拐地继续向终点跑去。当他到达终点的时候，离上一个选手到达终点的时间已经过去快两个小时了。当时天已经黑下来了，阿赫瓦里拖着伤腿，顶着满天的星星，跑入专门为他打开灯光的阿兹特克体育场，一米一米蹭到了终点线。看到这一幕，很多人感动得热泪盈眶，全场观众自发起立为他鼓掌。他受到了远比冠军更隆重的礼遇。在这一事件中，人们看到的是阿赫瓦里坚韧不屈的意志，体会的是他精神生命力的强大。

[18] 赵歌. 美学视野中的体育与生命之关系 [J]. 北京体育大学学报，2008：26–27.

[19] 邱招义.奥林匹克营销 [M]. 北京：人民体育出版社，2008：99–100.

第三节　体育对社会的功能

○ 导入

NBA 关怀推广活动

篮球就是游戏，
你传球，你投球，你进球。
这很简单，不是吗？
它就是一个游戏，但是有的时候又不仅仅只是一个游戏。
玩篮球让我感觉强壮，
它使我更自信，活出自我。
它使我变成自己想要的样子。
篮球使我变得健壮，篮球帮我结识新朋友。
我喜欢成为队中的一员，篮球让我们聚在一起，篮球是联系我们的纽带。
不论我们来自何方，只要在场上我们就有共同的语言。
我们有更高远的憧憬、更远大的梦想。
有些时候我们赢了，有些时候我们输了。
但是无论怎样，我们总是要不懈地努力。
篮球告诉我们就算没有赢的机会，但却能成为英雄。
篮球需要努力进取。
你需要刻苦训练，训练十分辛苦。
你需要学会团队合作、运动精神、奉献、包容、团结和友爱。
如果我们学会了这些使篮球变得更好的东西，
这些也会让我们的社会变得更加美好。
篮球只是一个游戏，却远不只是一个游戏。

上述内容是 2009 年 NBA 关怀活动的宣传内容。NBA 会将篮球定义为既是一个游戏，又远不止一个游戏，这是因为篮球不仅是人们健身休闲娱乐的一种手段，同时更是对青少年进行教育培养，塑造人格的一种重要手段。像篮球一样，所有的体育运动都蕴含着丰富的内涵，人们在体育中感受到了教育的、社会的、文化的、艺术的等多种独特功效。

一、教育功能

体育历来被认为是教育的组成部分之一。在人类早期，教育是不分德育、智育、体育的，并且尚未从生产劳动过程中分化出来，原始教育的最主要、最核心内容就是向下一代传授最基本的生产和生活技能，以维持氏族的生存繁衍。同时，原始教育的实施过程也是通过直接的口耳相传、行动模仿以及亲身参与劳动实践等途径来实现的。因此，无论是从教育的

骑士教育作为骑士制度的一部分，目的在于培养效忠于教会、善于作战的武士以维护封建统治，具有文、武两方面的内容，主要有七项技能：骑马、游泳、投枪、击剑、行猎、下棋和吟诗。

内容看，还是从教育实施的途径和方式看，在教育的最初级阶段，身体活动占据了最重要的地位。

古希腊斯巴达、雅典的军事体育，欧洲中世纪封建领主教育中的“骑士七技”，发端于近代资本主义社会的人的全面发展教育，无不把体育作为教育的重要内容。在东方，体育也曾被作为培养举止规范、文武兼备人才的重要手段。特别是现代，人们已越来越清楚地认识到了体育的教育价值，并引起了世界各国教育、体育部门的高度重视，大多数国家都把体育作为学校教育的必修课程，以培养能符合社会需要的人。体育的教育功能也正是通过体育对人的身心的促进与发展，来促进教育目的的实现而体现出来的。具体来说，体育的教育功能主要体现在以下几个方面。

（一）体育运动可以促进良好生活习惯的形成

现代科学证明，人的许多技能是后天习得的，即便是人赖以生存的跑、跳、投、攀爬等基本生活技能，也需要在后天加以规范和改进。在学校体育中，根据学生身体发展的基本规律，合理安排各项体育活动的内容，促进学生身体的正常发育，以及对中小学生的走、坐、立、跑等正确身体姿势的培养等，就是在发挥体育教导人们基本生活技能的功能，促进学生身体正常的发育和身体素质的提高，为适应生活和工作打下了坚实的身体基础。

（二）体育运动可以促进人的社会化

社会化是指作为个体的生物人成长为社会人，并逐步适应社会生活的过程。正是这个过程，社会文化得以积累和延续，社会结构得以维持和发展，人的个性得以形成和完善。教育是人社会化的最主要途径，人只有通过教育来完成社会化过程，才能够适应社会的需要，才能更好地生活在这个社会中。作为教育的重要组成部分，体育在人的社会化过程中具有重要的作用。

1. 提供社会规范教育

社会的行为规范、社会的价值观念等都可以通过体育教育和体育活动来进行宣扬。在体育比赛或体育游戏中，要使游戏或活动顺利进行，就必须要遵守游戏规则和竞赛规则。遵守规则的这种观念延伸到实际社会生活中，就能养成遵守社会规则、遵纪守法的习惯。所以说参与体育活动的过程能够起到对社会法规和伦理道德学习的功能，这个过程有利于理解遵守社会规范的意义和重要性，有利于形成尊重权利的观念。

2. 提供社会角色尝试

一个人要符合社会的要求，取得社会成员的资格，就必须学习适当的社会角色，而体育运动为学习社会角色提供了很好的条件和环境。在体育运动的过程中，通过由体育而结成的社会关系的互动，能使人们理解如何获得角色，如何扮演角色，从而使他们懂得社会角色是与人们的某种社会地位、身份相一致的一整套权利、义务的规范与行为模式。

（三）体育运动可以促进个性的形成和发展

所谓个性，是指个人在其生理和心理素质的基础上，在一定社会环境条件下，通过实践锻炼和陶冶，逐步形成的观念、态度、习惯和行为。它是一个人比较稳定的心理素质和社会行为特征的总和，是一个人能否适应社会或能否被社会接受的关键因素。[20] 体育活动内容的多样性、组织形式的灵活性以及环境的广阔性等特性，在促进个性发展方面具有独特的优势。

1. 促成个性形成

体育锻炼需要有体力、智力、情感和行为的参与，同时还要求人们有较高的体能和技能的投入，需要较强的自发性和反复练习的耐心。因此，可以通过体育运动形成正确的自我认识、自我意识、自我发现和自我改造的过程，进而形成和发展个性以及实现人的社会化过程。

2. 约束个性发展

每一位参加体育运动的人，都要受到一定规则的限制，接受着团队活动的约束与限制，以适应群体的需要。为了与群体保持一致，人们总是心甘情愿地接受来自规则和群体的约束。这些约束迫使成员不得不改变自己的某些特性。

3. 养成进取精神

体育活动中的主动积极性对参与者个性的形成所起的作用更加明显。锻炼者可以在自我意识的调整下，表现出更主动、更积极、更自觉的锻炼需求，并以此达到体质增强和技能提高的目标。但是，目标的实现，还必须依靠重复的努力和持久的练习，即在日复一日、年复一年的艰苦磨炼中，不断提高自己的技、战术水平。这种顽强、拼搏、进取的精神，对个性的形成与发展具有积极的意义。[21]

[20] 许健.论体育锻炼对协作意识、社会角色、个性形成的影响 [J]. 体育文化导刊，2005（5）：37–38.

[21] 许健.论体育锻炼对协作意识、社会角色、个性形成的影响 [J]. 体育文化导刊，2005（5）：37–38.

二、政治功能

作为一项在全世界具有广泛影响的社会文化和教育活动，体育在当今社会中与政治有着密切的关系，在维护统治阶级的利益，处理国际关系和民族关系方面，具有独特的功能。体育的政治功能体现在以下几个方面。

（一）体育运动可以提高国家和民族威望

提高国家和民族的威望是每一个国家和民族的共同愿望，各个国家各个民族都力图通过各种方式和渠道显示自我的强大和优越，体育也是其中之一。由此也给体育运动赋予了浓厚的政治色彩。在以和平与发展为主要特征的现代社会，国际体育竞赛成了国家与国家竞争的舞台，显示一个国家民族的政治、经济、文化、科技等综合实力的窗口。竞技运动水平的高低、比赛的胜负，直接关系到国家、团体的荣誉。因此，为了扩大影响、显示力量，每一个国家、民族都把竞技运动作为有效手段并予以重视。竞技运动发展的现实充分证明了竞技运动在扩大国家、民族力量方面的价值和意义。[22]

（二）体育运动可以服务国家外交

现代社会，随着国家之间交往日益频繁，体育因此也成为国际交流的主要内容之一。人类生活在同一个地球上，渴望和平与发展是每一个国家和民族的心愿。人类需要团结，需要友谊，需要了解，需要交往。但是，由于地域、语言、社会制度以及宗教信仰、意识形态等各种差异，客观上给国家民族之间的交往带来了诸多不便。体育则可以打破这些界限，为人类交往提供更多的机会。在体育比赛中，不同国家、民族、肤色、语言的运动员聚集在一起，在竞技赛场上展现自己民族的精神风貌和科学文化水平，互相学习，互相了解，从而加强世界各个国家、各个民族之间的团结与友谊，促进世界和平。在特殊情况下，体育还可以充当外交先行官，为建立、恢复、促进国家之间的外交关系创造良好条件。例如 20 世纪七十年代的“乒乓外交”，就成功地打破了中美之间长达 20 余年的“政治坚冰”，为中美建立正常的外交关系起到非常重要的作用。

知识链接：乒乓外交

“乒乓外交”指 1971 年中国邀请美国乒乓球队访华，推动中美两国关系正常化的事件。“乒乓外交”是新中国成立以后在体育界、外交界的一次重大事件。它以体育的方式解决了一项棘手而又具有全球效应的政治外交问题，是体育为国际政治服务的一个典型例证。正如萨马兰奇于 1997 年为纪念“乒乓外交”25 周年发来的贺词所说的那样：“70 年代初促使中美两国关系发展的‘乒乓外交’，生动地展示了体育在促进世界和平、增进人民之间的友谊、相互了解方面，起到了多么积极的作用！”

[22] 全国体育院校成人教育协作组《体育概论》教材编写组.体育概论 [M]. 北京：人民体育出版社，1999：80.

（三）增强民族团结

由于体育能够使人们在这些活动中加强人际交往，满足人们交往的需要。例如各种群众性的竞赛活动，群众性的登山、野营活动，工余课间的余暇体育活动，街头公园中老年人的健身活动等等，通过这些活动可以改变人们的观念，加深家庭和邻里之间的感情，密切单位与单位之间的联系。

此外，体育运动中竞赛活动有一种内聚力，可以加强一个团体的向心力，促进团结。家庭运动会可以使家庭更加和睦、幸福；一个学校的班级赛，可以加强班级的团结；各种产业系统的比赛，可以促使企业职工爱厂意识的加强；全国少数民族运动会，不仅可以促使各民族的文化互相交流，互相了解，还可以增进各民族的自豪感和对本民族文化传统的理解。

三、经济功能

体育的经济功能，是指体育对于经济发展的促进作用。体育与经济相联系是伴随着现代市场经济的发展而开始的。体育的经济功能主要表现在以下两方面。

（一）体育运动可以提高劳动者素质，促进生产力的发展

体育的直接作用是使人体质增强，素质提高。这种作用虽不能直接促进经济发展，但可以为生产力水平的提高、经济的发展创造条件：提高工作效率，提高出勤率，使劳动者在单位时间里创造更大的经济效益。另外，从事体育活动还可以使人得到积极性休息，消除疲劳，以更加充沛的精力投入到社会生产中去，为社会创造更多的财富，提高社会生产力。生产力水平的提高将促进经济的发展。

（二）体育运动可以促进消费，拓展经济增长点

经济为体育的发展提供物质条件，体育的发展又不断对社会生产提出新的要求，刺激生产，进而促进经济的发展。现代体育日益朝着大众化、生活化、多样化的方向发展，这种发展使得人们的体育消费需求也发生了很大变化。现代人对体育消费需求不仅表现在数量上，更体现在质量上。围绕这些日益增长的大众体育需求，形成了一个旺盛的体育消费市场，为社会创造财富，促进经济发展。

四、文化功能

现代奥林匹克运动的创始人，法国教育家顾拜旦曾经对体育的文化价值做过这样的表述：“任何一个研究过古代奥运会的人都会发现其深远的影响在于两个基本因素——美和尊严。如果现代奥运会要产生我们期望的影响，也应该显示出美，激发出人们的宗教热情——一种无限制地超越我们今日最重要的体育竞赛所表现出的任何东西的美和尊严。”美和尊严是顾拜旦对体育文化价值最经典的概括，这被视为是现代奥林匹克运动所追求的目标。以奥运会为代表的体育运动作为一种实践活动的文化价值就在于人自身的价值，即人的全面、自

由、和谐的发展，是个体人格和社会人格的和谐统一。

○ 小结

对体育功能的探讨是体育理论的重要组成部分。本章在社会时代的大背景下，从动态的角度分析了体育功能。体育的功能主要是指体育对个体和社会所能发挥的作用和效能，它主要由体育自身的属性和个体或社会的需要构成。体育作用于个体的功能主要包括：强身健体、健康心理、人际交往、休闲娱乐、生命美学等。体育作用于社会的功能主要包括：教育功能、政治功能、经济功能和文化功能。在思考体育的功能时，我们应该注意，体育的功能是不断动态发展的，随着不同时代个体或社会需要的不同，体育的功能也在发生动态的变化，因此，我们对体育功能的理解应该本着动态的和发展的眼光。

○ 思考题

1. 如何理解体育的功能是由体育自身的属性和个体或社会的需要所构成的？
2. 体育作用与个体的功能有哪些？如何看待体育的休闲娱乐功能？
3. 体育作用于社会的功能有哪些？如何看待体育的政治功能？
4. 请谈谈你对《体育颂》的理解，并试着分析《体育颂》都反映了哪些体育的功能？

○ 相关网站

1. 中国社会学网：http：//www.sociology2010.cass.cn/
2. 中国奥委会官方网站：www.olympic.cn
3. 国际奥委会官方网站：www.olympic.org

○ 课后拓展阅读

1. 顾拜旦.体育颂［J］. 体育与科学，1988（4）.

2. 杨文轩，杨霆.体育概论（第二章 体育功能）［M］. 北京：高等教育出版社，2005：38-60.

3. 卢峰.休闲体育学［M］. 北京：人民体育出版社，2005.

4. （美）杰科克利.体育社会学（第4、11、12、13章）［M］. 北京：清华大学出版社，2003：104-139、409-545.

5. 易剑东.体育概念和体育功能论［J］. 体育文化导刊，2004（1）.

6. 田雨普.新时期体育功能的辨证认识论［J］. 体育文化导刊，2003（8）.

7. 卢峰.体育功能的系统分析［J］. 成都体育学院学报，1999（3）.

8. 于文谦，崔国文.伪养生背后体育功能的缺失［J］. 山东体育学院学报，2011（9）.

9. 倪依克.社会的可持续发展与体育功能的全面实现［J］. 体育学刊，2002（2）.

第四章　体育的类型

○ 内容提要

体育的分类是将体育领域中的各种表现形式，按照一定的标准进行区别并确定其归属的过程。按照不同的标准，可以将体育划分为不同的类别，例如，若按体育实施范围划分，可分为学校体育、军队体育、社区体育、农村体育等；若按年龄特征划分，可分为幼儿体育、儿童体育、成年体育、老年体育等；若按时代特点划分，可分为传统体育、近代体育、现代体育等；若按照功能划分，可分为医疗体育、健身体育等。本章依据各种体育实践的基本功能和特征、人们对体育基本类型的认同，以及体育工作的实际情况等综合因素，将体育划分为学校体育、竞技体育、大众体育、体育产业四种基本类型。

○ 学习目标

学习完本章之后，你应该能够：

1. 明确体育分类的意义。
2. 掌握不同类型体育的内涵与特征。
3. 讨论不同类型体育的相互关系。

○ 关键术语

体育的分类、学校体育、大众体育、竞技体育、体育产业

第一节　学校体育

○ 导入

为了民族的复兴，应更加重视学校体育工作[1]

没有学校体育，竞技体育是无本之木。2011年《南风窗》采访了退役后的姚明，他也特别谈到我们误解了体育："我们原来的体育是属于精英文化，就是说你是这方面的行业精英，你唯一的目标是争夺成绩，用成绩去激励我们的市民，激励我们的国民。但是我的感觉是，体育应该走进社区，体育有更多、更全面的功能性，不能太多地仅仅体现在成绩上。"2013年2月，姚明在上海市体教结合工作会议上谈道："体育应该是教育的核心成分，是实现教育的重要手段。""其实，但凡我们能想到的关于体育的关键词，健康、规则、竞争、团队、公平、公正、失败、胜利等等，对于青少年形成强健的体魄和健全的人格，都将起到至关重要的作用。"

上述案例明确地表达出了学校体育工作的重要性。学校体育历来都是整个学校教育的重要组成部分，也是事关民族未来复兴的一项基础性工作。那么，从理论上我们应如何理解学校体育的价值，如何看待学校体育在体育整体发展中的作用呢？

一、学校体育的概念

对学校体育概念的界定反映了人们对学校体育的不同理解，目前有代表性的概念主要有以下几个。"学校体育是教育的组成部分，是全面发展身体，增强体质，传授体育知识、技能，提高运动技术水平，培养道德和意志品质的有目的、有计划、有组织的教育活动过程。"[2]"学校体育是以增强学生体质、传递体育文化为目的的教育过程，它是计划性、目的性、组织性比较强的体育教育活动，其目标是通过培养学生的体育兴趣、态度、习惯和能力，

学校体育与学校德育、智育共同组成完整的学校教育体系，是培养符合社会需要的合格人才的一项基本内容和基本途径。

[1] 廖晓淇，陈大立.为了民族的复兴，更应加重视学校体育工作[N]. 中国教育报，2012：28.
[2] 周西宽.体育基本理论教程[M]. 北京：人民体育出版社，2004：88.

促进学生的身心健康。”[3] “学校体育是一个发展身体、促进健康、增强体质、传授身体练习基本知识、基本技术和基本技能的教育过程。”[4]

以上关于学校体育概念的梳理，我们可以作出如下总结：首先，学校体育是一个教育过程，它是教育的重要组成部分；其次，学校体育是一个包含多种多目的任务的教育过程，例如身体锻炼、传授体育知识、道德品质培养等。

二、学校体育的特征

（一）基础性

学校体育具有基础性。首先，作为德、智、体、美教育的重要组成部分，体育教育在整个教育中具有基础性地位；其次，学校体育的对象是儿童和青少年，身心发育处于关键时期，体育有助于他们健康成长；第三，学生阶段是生活习惯和行为特征养成的重要阶段，体育知识的掌握与体育习惯的养成，为竞技体育和大众体育打下坚实的基础。

（二）普及性

学校体育具有普及性。首先，学校体育是以全体学生为对象，依据不同年龄段，有层次地开展体育活动；其次，学校体育以传授体育知识养成体育习惯为宗旨，不仅普及体育活动也普及体育知识。

（三）系统性

学校体育具有系统性。首先，学校体育作为教育的组成部分，遵循着教育规律和儿童青少年发育成长规律，设计了课程体系和活动内容，规范体育教学活动；其次，学校体育活动是在教师指导下，按照循序渐进的原则，有计划地指导学生掌握体育知识和技能；第三，遵循体育习惯养成的规律，设计了学校体育活动体系，以期在潜移默化过程中实现教学目标。

三、学校体育的目的任务

学校体育的目的和任务是根据教育目的、社会需要、体育功能和学生身心发展特点而确定。

我国学校体育的目的是：促进学生正常生长发育，增强学生的体质、增进学生的健康，与学校各种教育相配合，培养学生良好的思想品德和意志品质，促使其成为具有德、智、体、美、劳全面发展的人才。为了实现这一目的，学校体育应完成以下任务。

1. 全面锻炼学生的身体，促进身体形态结构、生理机能和心理的发展，提高身体素质和人体基本活动能力，提高对自然环境的适应能力。

2. 使学生掌握体育的基本知识、技术和技能，学会科学锻炼身体的方法，培养学生从事体育运动的态度、兴趣、习惯和能力，养成终身体育锻炼的习惯。

[3] 周登嵩.学校体育学 [M]. 北京：人民体育出版社，2004：32.

[4] 刘善言.学校体育学 [M]. 济南：山东大学出版社，2001：2.

3. 促进学生个体社会化，对学生进行思想品德教育，培养良好的道德和意志品质，树立正确的体育价值观念。

4. 对部分体育基础较好并有一定专项运动才能的学生，进行专门的运动训练，进一步增强他们的体质，提高他们的运动技术水平，进而为竞技体育输送后备力量。

四、学校体育的组织形式

实现学校体育目的和任务的组织形式主要有体育教学、课外体育活动、课余训练与竞赛、早操和课间操、科学的作息和保健措施等。这些形式都有各自不同的特点和所要解决的主要任务。通过体育教学，使学生较系统地掌握体育课程标准所规定的体育知识、技术、技能，向学生进行思想品德教育，从而增强学生体质；课外活动，可以巩固体育课所学的知识和技能，丰富课余生活，提高锻炼身体的自觉性，养成锻炼身体的习惯；课余训练与竞赛，可以提高学生的运动技术水平，培养其竞技运动能力；早操和课间操，可以缓解学生的疲劳，提高其学习效率；科学的作息和保健措施，可以使学生的生活得到科学合理的安排，以确保其身心得到全面的发展。以上五个方面都有其各自的独特作用，在实践中应使之互相配合，互相补充，互相促进，共同完成学校体育的目的和任务。

（一）体育教学

体育教学以体育课为主要形式。体育课是学校教学计划中规定的必修课，是学校体育工作的基本组织形式，承担着对学生进行系统的身体教育的重任。体育课的教学指导文件是体育与健康课程标准。由于体育课是按照一定的班级进行授课，有专任的体育教师，有一定的场地器材设备作为保证，因此是实现学校体育目标和任务的基本途径。

（二）课外体育活动

课外体育活动是学校体育工作的重要组成部分，是实现学校体育目标和任务的重要途径之一。课外体育活动是在体育课以外的时间里运用各种身体练习和多种组织形式，结合自然力和卫生保健措施，以增强学生体质，提高运动技术水平，丰富课余文化生活，养成良好生活习惯为目的的一种有组织有计划的体育活动。[5] 它对巩固和提高体育课所传授的体育知识和技能，提高学生的运动能力和对体育知识的运用能力，提高学生学习和生活的质量，培养学生自觉锻炼身体的意识等方面都有着重要的意义。

（三）课余训练与竞赛

课余体育训练是学校利用课余时间对部分有一定体育特长的学生进行体育训练，培养竞技能力，使他们的运动才能得以发展和提高的一个专门化的教育过程。[6] 它是实现学校体育目标和任务的一项重要措施，也是普及与提高体育运动的一个重要的中间环节。运动竞赛是推动学校体育活动广泛开展，促进运动技术水平提高的重要组织形式。

[5] 文卿、谢翔、甘式光.学校体育学 [M]. 桂林：广西师范大学出版社，2000：113.

[6] 周登嵩.学校体育学 [M]. 北京：人民体育出版社，2004：297.

（四）早操和课间操

在我国，早操和课间操是制度化的学校体育工作。早操是一种培养学生良好生活习惯、有益于学生身心健康的体育活动，它可以使学生的头脑保持清醒，体力保持充沛，从而有利于提高学习效率；课间操是每天上午第二节课后进行的体育活动，其作用是使学生的身心得到放松，使疲劳得以缓解，保持体力，从而提高听课和学习的效率。

知识链接：阳光体育运动

为全面贯彻党的教育方针，认真落实“健康第一”的指导思想，在全国亿万学生中掀起群众性体育锻炼的热潮，切实提高学生体质健康水平，教育部、国家体育总局、共青团中央共同决定，从2007年开始，结合《学生体质健康标准》的全面实施，在全国各级各类学校中广泛、深入地开展全国亿万学生阳光体育运动，简称阳光体育运动。其指导性活动方案如下：

一、活动安排

1. 活动时间

每天“两操”、午间及下午第三节课后的20分钟。

2. 活动内容

第一部分：广播操（时间15分钟）

师生随着音乐轻轻地走出教室下课，学生在班主任的带领下来到操场，随音乐整队列做广播操。负责：各班带队老师（第一节上课教师）

第二部分：课间操自由活动（时间10分钟）

以班级为单位开展队列训练、健身操排练等。负责：班主任及体育教师、音乐组教师。

第三部分：游戏活动（时间20分钟）

以年段为单位，成立游戏活动中心，在学生午间进校后自由开展活动。一至三年级在周三课间操时间以班级为单位教学生游戏；四至六年级周四在课间操时间以班级为单位教学生游戏。负责：各年段游戏中心成员、班主任；监督：各岗位值日教师。

第四部分：自由活动时间（时间10~20分钟）

自由活动时间，学生在下午第三节下课后到操场自由活动，可以跳皮筋、打球、跑步、快乐体育公园活动等。监督：操场及一楼岗位值日教师。

3. 运动安全保证

根据低、中、高年级学生年龄特点，本着由小到大科学运动规律安排运动量。在整个活动中，指导老师除教给学生科学的锻炼方法外，必须注重学生活动安全，特别是学生在使用体育器材时，必须在老师亲自指导下合理使用，杜绝一切哪怕是微小的体育伤害事故。

第二节 群众体育

○ 导入

一项面向民生的体育健身工程 [7]

由国务院颁布发的《全民健身计划（2011~2015 年）》（以下简称《计划》），是一项面向民生的体育健身工程，是促进体育强国建设的重要举措，也是党和政府执政为民理念和以人为本科学发展观在体育工作中的充分体现。当今世界，各个国家都非常重视发挥体育在增进国民健康、促进社会进步中的重要作用。在我国，党和政府历来高度关心和重视广大人民群众的身心健康。在全面建设小康社会、构建社会主义和谐社会的历史进程中，健康生活、健康发展成为人们的普遍追求，成为民生的重要方面。《国民经济和社会发展第十二个五年规划纲要》提出“大力发展公共体育事业，加强公共体育设施建设，广泛开展全民健身运动，提升广大群众特别是青少年的体育健身意识和健康水平。”健康是民生之本，是小康的前提。提高广大群众的健康水平是一项系统工程，需要医疗、卫生、环境保护、食品安全等诸多方面的共同努力，而全民健身运动在其中起着不可替代的重要作用。《计划》的实施，必然成为保障和改善民生的新亮点。

近年来，围绕全面建成小康社会以及构建社会主义和谐社会，民生工程成为党和国家一切工作的核心。在这一过程中，将全民健身作为民生工程的一个部分，无疑是国家体育职能部门的一项重要工作，也将大大提高群众体育在整个国家体育工作中的地位。

一、群众体育的概念

群众体育的英文名称为 mass sport 或 sport for all，国际上比较常用的是 sport for all。在我国，由于翻译的缘故，群众体育、社会体育、大众体育三个相近的概念是通用的，虽近些年来有的学者对三者之间的区别与联系进行了论述，但就目前大多数学者的观点而言，三者之间是可以相互通用的。

关于群众体育的定义也是较多的，但我们可以透过众多的概念窥见群众体育的一些本质特征和本质属性，这有助于我们理解群众体育到底是什么。

“群众体育又称大众体育或社会体育。它是指人们自愿参加的，以强身、健体、娱乐、休闲、社交等为目的，小型多样的社会体育活动。”[8]

“大众体育指人民大众为达到健身、健美、医疗和消遣娱乐等目的而进行的内容广泛、形式多样的体育活动，以及其组织领导系统和措施。”[9]

---

[7] 刘鹏.一项面向民生的体育工程 [J]. 求是，2011（10）.

[8] 周西宽.体育基本理论教程 [M]. 北京：人民体育出版社，2004：98-99.

[9] 全国体育学院教材委员会编.群众体育学 [M]. 北京：人民体育出版社，1990：8.

“大众体育是指以社会全体成员为对象，以增强体质、丰富闲暇生活、调节社会情感为目的而进行的内容广泛、形式多样的体育活动。”[10]

“大众体育是人民群众为达到健身、健美、医疗和休闲娱乐等目的而进行的内容广泛、形式多样的体育活动。”[11]

广泛开展群众性体育活动是发挥体育的社会功能，提高民族素质和完成体育任务的重要途径。

从以上有关的群众体育的概念中可以得出如下结论：群众体育的对象是人民群众；其目的和任务或是为娱乐身心，或是为健康健美，其内容广泛，形式多样。

二、群众体育的特征

（一）参与对象的广泛性

群众体育是以全体社会成员为对象的，不同年龄、不同性别、不同爱好、不同职业的人，都可以在其中找到自己的位置。近年来，弱势群体和特殊群体体育活动的开展，使得群众体育的对象更加广泛。

（二）活动时间的业余性

作为业余文化活动的内容之一，群众体育服从并服务于生产和工作。近年来，由于人们生活水平的提高，闲暇时间的增多，体育活动越来越为广大人民群众所喜爱，参加体育活动已逐渐成为人们业余生活中的第一需要。

（三）活动内容的娱乐性

群众体育的活动内容，以广大群众喜闻乐见为前提，在自在、自愿的基础上进行自由选

[10] 李金龙，王超英.体育社会学·群众体育学 [M]. 桂林：广西师范大学出版社，2000：119.

[11] 颜天民.体育学概论 [M]. 桂林：广西师范大学出版社，2006：76.

择，因此它是一种非功利的体育活动。参加者在活动过程中轻松、愉快，没有压力，能充分满足其兴趣和爱好，因此其娱乐的性质在活动过程中占主要的地位。

（四）参与目的的多样性

由于群众体育是在自愿、自主的原则下进行的，参加活动的人可根据自己的需要确定其目标，因而大众体育的目的呈现出多样性；不同的人抱有不同目的，人们在活动过程中满足健身、健美、医疗康复、休闲娱乐、社会交往、陶冶情操等需要，因而表现出活动功效的复合性。

（五）组织形式的灵活性

由于群众体育的目的呈多样性，因而在操作的过程中，其形式也出现了灵活多样的特点。与学校体育、竞技体育的组织性、纪律性不同，群众体育既然是自愿参加，自择项目，实行“因人制宜，因时制宜，因地制宜”原则的社会体育活动，因而其自发性、松散性在所难免；群众体育参加者人数多、范围广，素质水平参差不齐，并且其参与是建立在自愿的基础之上的，因此，组织管理的难度较大。

三、群众体育的目的任务

我国大众体育的目的在于不断发展体育人口，提高人口素质，满足人们身体与精神的享受和发展需要，提高国民的体质与健康水平，从而提高人们的生活质量，促进人的全面发展和社会的和谐发展。为完成群众体育的目的，其任务具体如下。

（一）开展群众性的娱乐体育活动，扩大体育人口，提高人的身体素质和精神素质，提高劳动者对劳动强度、密度的承受能力和对现代化生产复杂性的适应能力，从而对生产效率和劳动质量产生积极作用。

（二）丰富人民群众的余暇生活，提供更多的科学、文明、健康、合理的体育手段与方法，以满足人们健身、健心、健美、娱乐等需要。

（三）调节社会感情，对人们进行思想、品质、意志、作风等教育，从而培养人们坚韧不拔的意志品质和勇于奋斗的竞争意识；提高人们的文化和道德水准与体育素养，推动伦理和法制建设，融洽人际关系，增强群体观念，推动社会一体化；形成健康、文明的消遣方式；增进友谊，促进团结，改善社会风气。

（四）预防和治疗职业病或因职业造成的生理缺陷和机能障碍。

四、群众体育的组织形式

在我国，群众体育活动的组织形式是多种多样的，其范围也是十分广泛的，企业、事业、农村、部队等社会单位组织的体育锻炼或竞赛活动，构成了群众体育的整体。群众体育组织的种类很多，有的是以政府行政单位为系列，有的是以体育项目为主旨，有的以参加对象为分类等。尽管不同类型的组织机构其分工和职责存在差异，但其基本作用都是为了落实群众体育的目的和任务。

（一）政府机构中的群众体育组织

国家体育总局、各地方体育局中都设立相应的部门对群众体育进行宏观的、全面的、长远的管理。体育总局下设的群体司、各地方的体育局，负责及规划全国或本地区、本省、本市的群众体育的宏观、全面、长远的管理及相应层次和类型的运动会。

（二）人民团体中的群众体育组织

我们国家的工会、共青团、妇联、教育、军队、行业等部门中都有专门领导群众体育的机构，它们的主要职责是管理本部门系统的群众体育工作，配合和支持当地政府机构中的体育管理组织工作。

（三）体育群体和体育社团

体育群体是指为了达到某种体育目的，而自发或人为地组织起来的具有结构性特征的小群体；体育社团是以体育为共同特征的人相聚而成的互益组织。这些大众体育组织与群众的联系非常密切，因此参加者的积极性很高。体育群体和体育社团在政府机构的领导下，或在人民团体中的群众体育组织的支持下，承担和落实一些具体的活动。

（四）群众体育实施的载体

1. 个人和家庭

个人和家庭体育活动的形式在我国较为普遍，这种形式一般是根据个人和家庭的喜好和兴趣以及需要来选择活动项目，比较自由，受到的限制较小。

2. 锻炼小组

一般由兴趣、爱好相同的人组成一个小组进行活动，制定一个活动计划大家共同执行，其锻炼效果较好，能较好地满足个体的需要。

3. 单位组织

这种形式是在各单位工会、共青团、妇联组织和领导下进行的。单位组织的活动一般是定期举办。

4. 街区组织

一般由居委会和街道办出面组织。街区组织的活动是一种特别适合街道居民，特别是离退休人员的活动形式。

5. 健身俱乐部

健身俱乐部是一种适应市场经济的发展而形成的新事物。这种形式为人们提供了较好的锻炼场所和条件，并有专门的教练和相应的人员进行指导。

第三节 竞技体育

○ 导入

2006 年 2 月 13 日晚，都灵冬奥会的帕拉维拉体育馆，中国队最有希望冲击花样滑冰双人滑金牌的张丹/张昊最后亮相，他们向高难度动作“抛四周跳”发起了挑战。不幸的是，张丹在空中转到第四圈的时候有些犹豫，落冰的时候两腿劈开重重地摔倒在冰面上。在张昊的帮助下爬起来之后，大屏幕上出现张丹痛苦的表情，两人的比赛也因此中断。大约过了两三分钟，张丹坚持和张昊重新回到了冰面上。张丹/张昊随后高质量地滑完了剩下的节目。尽管出现失误，现场裁判仍然给张丹/张昊的自由滑打出了 125.01 的高分。他们以 189.73 的总分超过两对队友，奇迹般获得银牌。

国际奥委会委员何振梁说：“他们两个都是英雄。”虽然中国双滑选手很遗憾没有获得奥运会金牌，但是中国双滑选手很好地诠释了奥林匹克精神！更快、更高、更强的奥林匹克运动精神，其实可以被两个词所包涵——勇气、感动。奥运会是竞技体育的典型代表，张丹张昊的行为让我们深思，竞技体育的真谛到底是什么？我们如何理解竞技体育运动？竞技体育追求的目标是什么？

一、竞技体育的概念

竞技体育，相对应的英文为 sports，它源于古拉丁语 deportare，由具有“分离”含义的前缀 de 和具有“搬运”含义的动词 portare 构成的合成词，主要表示物理性的“输送”、“空间的位移”、“分离”等。后来 deportare 一词传入法国，其含义变为“情绪转移”、“使高兴”、“使愉快”、“玩”、“忍耐”等。这样与表现物理性搬运和空间位移的拉丁语 deportare 相比，古代法语的 deportarer 更表现为人内心状态的移动变化和转移。后演变成 disprot，其中 dis 是“离开”之意，port 是“搬运”之意，原指从本来的工作上将注意力移开。随着时代的发展，disport 逐渐与钓鱼、狩猎等获得某种东西为目的的余暇活动产生了密切关系，后来由于在习惯使用中失落了前缀 dis 变成了现在的 sports。随着时代的变迁，社会的发展，sports 含义和内容也随之变化。由起初的“在户外根据体力而进行的充满欢乐的行动”，包括射击、钓鱼、狩猎等娱乐活动，演变成具有竞技性质的游戏、娱乐和运动的总称，并随着英语的流行而广泛传播到世界各地。

正是由于其演变历史的复杂性，在国外不同的学者对其理解也不同，从而对其定义也不同。在我国，具有代表性的竞技体育的概念大体有如下几种。

“竞技体育是指在全面发展身体，最大限度地挖掘和发挥人（个体或群体）在体力、心理、智力等方面潜力的基础上，以攀登运动技术高峰和创造优异运动成绩为主要目的的一种运动活动过程。”[12]

“竞技体育是体育的重要组成部分，是以体育竞赛为主要特征、以创造优异运动成绩、夺取比赛优胜为主要目的的社会体育活动。”[13]

所谓“竞技运动”是指按照一定规则，最大限度地挖掘和发挥人体运动能力，以创造优异运动成绩，战胜对手，从而显示个人和团体在体育运动方面的实力为目的的人体运动。[14]

竞技体育经过不断发展、演进，不仅在理论原则和实践方法上日臻成熟，而且影响也不断扩大，成为一个遍及社会各阶层，波及世界的文化现象。它能够给人一种既激烈、精彩又和谐、优美的感觉。

这些概念反映了国内对竞技体育的一些共识：一是竞技体育追求的是运动成绩的最大化，是最大限度地发挥人体的能力，不断突破和创造优异成绩；二是竞技体育的主要表现形式是运动竞赛，通过以个人或是团队竞争的方式来分出胜负；三是竞技体育的范畴属于体育活动。但是要注意的是，由于人们对体育的理解不同，竞技体育的上位概念使用不一致，例如，把竞技体育界定为人体活动、社会活动，或是运动活动。

二、竞技体育的特征

（一）竞争性

激烈的竞争性是竞技体育区别于学校体育和大众体育的本质特征之一。竞技体育的目的就是战胜对手，因此竞技体育要求其参加者要最大限度地挖掘自己的潜能，最大程度地发挥自己的能力去战胜对手而夺取胜利或锦标。由于冠军只有一个，因此竞技体育的竞争性还具有强烈的排他性。

[12] 过家兴.运动训练学 [M]. 北京：北京体育学院出版社，1986：9.

[13] 全国体育学院教材委员会编.运动训练学 [M]. 北京：人民体育出版社，2000：1.

[14] 体育院校成人教育协作组编.运动训练学 [M]. 北京：人民体育出版社，1999：12.

（二）规范性

现代竞技运动的发展要求运动员必须具有高度完美的技艺，否则就难以取得比赛的胜利。高难度的技艺是竞技体育运动赖以存在的基础，建立在对技术、战术和各种训练的规范性要求基础之上。竞技体育的规范性还表现在各个竞技体育项目比赛规则、竞赛规程等制约机制的规范性和竞技体育管理的规范性等方面。竞技体育的规范性是其不断壮大并愈益国际化的基本条件之一。

（三）公平性

竞技体育的竞争应该在高度公平的条件下进行。也就是说，竞技运动比赛应该合情合理，不偏袒任何参赛者。没有公平竞争，竞技运动便无法正常进行。为保证公正、公平地进行竞争，竞技运动的组织者对比赛项目、时间、地点、场地器材及运动员的参赛资格做出了明确的规定，为运动员的参赛行为及比赛组织和裁判工作制定了严格的行为规范，比赛规程和规则就是其中最主要的要求参加者共同遵守的行为规范。不仅比赛必须严格根据规程和规则的要求来进行，平时训练也必须按照规则的要求有针对性地进行。

（四）公开性

竞技体育具有比一般社会活动更为明显的公开性，竞技体育的这个特点，使运动技术、战术的共享成为可能，从而也促进了竞技体育的不断创新和发展。另外，比赛结果也具有很强的公开性，从而体现了竞技体育的竞争是一种高度民主的竞争。

（五）功利性

竞技体育追求明确的功利目的，伴随着竞争的胜利往往还有各种形式的收益。而且，这些功利目的是公开的：它产生和确定于对抗之中，经过一定形式的社会承认，因此结论不容置辩；它的确定过程是直接而迅速的——比赛一结束，结果立见分晓。

（六）不确定性

在竞技比赛过程中，各种突发的、不可预料的情况经常发生，因此，竞争的结果往往也会出人意料。竞技结果的不确定性是竞技体育的魅力所在。由于竞争结果的不确定性，往往由此增加了比赛的公平性和竞争性，它可以给每个参与者以平等的机会进行较量和尝试，不可以依仗已有的运动成绩而居功自傲，同时也鼓励新选手免除自卑自怯心理，以平等的地位参加竞赛。竞技体育领域之所以能实现及时合理的新老交替，永葆青春活力，与比赛结果的不确定性有很大的关系。

（七）娱乐性

竞技体育本来就是以娱乐为主要目的的游戏发展而来的，现代竞技运动虽然竞争日益激烈，但并未完全失去原有的娱乐特征。对竞技体育参加者来说，经过运动训练和比赛，并在竞赛中取得胜利，无疑是一种巨大的心理满足，使人感到自豪、幸福、快乐，这种感觉只有亲身经历者才能得到最深切的体验；对观赏的人们来说，运动员表现出的健美体魄、无穷的力量、精美的技艺、顽强的拼搏精神犹如在欣赏异常优美而富有魅力的艺术表演，使他们从日常紧张的工作和生活的烦恼中解放出来，获得一种自由感、轻松感和美的享受。

三、竞技体育的目的任务

竞技体育的目的是不断提高运动员的竞技能力，在竞赛中创造优异的运动成绩；挖掘和表现人类身体、精神的巨大潜力，为国家和民族争取荣誉。[15] 为了实现上述目的，竞技体育须完成以下任务。

（一）挖掘人的潜能，提高运动技术水平

竞技体育追求的是“更快、更高、更强”，因此竞技体育的主要任务之一就是通过长期、系统的科学的训练，挖掘人的潜能，提高运动技术，不断地超越自身。

（二）满足社会文化的需求

竞技体育是从以娱乐为主要目的的游戏发展而来的，为了达到这个目的，竞技体育要为人们提供高水平的、具有观赏性的比赛，以达到为人们提供娱乐和休闲，满足社会文化需求的目的。

（三）推动体育产业的发展

竞技体育的发展必然改变人类的消费结构，促进与运动训练、体育比赛有关的物质资料的生产和流通，因此，竞技体育已成为体育产业中的重要组成部分，成为经济的重要组成部分。竞技体育的另一重要任务就是积极参与到经济发展中来，为推动体育产业的发展和社会经济的繁荣做出贡献。这个任务的实现，也为竞技体育自身的发展提供了重要的物质基础。

四、竞技体育的组织形式

由于竞技体育组织具有高度组织化和标准化的特征，决定了竞技体育的构成或组织形式是严格和严密的。一般来说，竞技体育主要由运动员选材、运动训练、运动竞赛、竞技体育管理四个要素组成。

（一）运动员选材

运动员选材是运动训练的前提，也是整个竞技体育的基础。根据不同项目的特点和要求，用现代科学的技术、方法和手段，挑选具有良好运动天赋和竞技潜力的少年儿童或后备力量参加运动训练的考察、测试和选拔过程。

[15] 周西宽.体育基本理论教程 [M]. 北京：人民体育出版社，2004：98.

（二）运动训练

运动训练是竞技体育的主要组成部分，是实现竞技体育目标和任务最重要的途径。运动训练是指运动员在教练员的指导和运动员自我选择的条件下，为全面提高运动员的竞技能力和专项运动成绩而进行的有组织、有计划的教育过程。[16]

（三）运动竞赛

运动竞赛是竞技体育的最直观表现形式，是联系竞技体育所有环节的核心要素。通过运动竞赛，不仅可以检验、展示运动训练效果，改进提高训练方法手段，同时它也是竞技运动与社会发生关系并作用于社会的媒介。

（四）竞技体育管理

运动员的选材、运动训练、运动竞赛，都需要一个良好的、有组织的环境，因此竞技体育管理也是竞技体育的一个重要的方面。此外，竞技体育管理可以为运动训练和竞赛提供所需要的训练方法、场地、运动人体工程器材等。因此，其发展水平也是衡量竞技体育发展水平的重要指标。

第四节　体育产业

○ 导入

据《经济日报》报道，美国是体育产业最发达的国家，产业规模庞大，经营模式成熟，包括职业比赛、休闲、健身、器械制造、媒体传播、娱乐时尚等众多行业。据统计，美国体育产业2010年的总产值高达4410亿美元，接近GDP的3%，是汽车产业的2倍、影视产业的7倍。受世界经济增长放缓影响，2012年美国体育产业产值下滑，但是美国的体育产业仍然充满活力。据市场研究机构预测，该年美国的体育产业总产值为4350亿美元。在我国改革开放以前，体育属于国家的一项事业，体育和经济几乎是不相关的。改革开放以后，有关体育的各种经营性活动逐渐增多，体育产业在我国开始迅猛发展。那么，什么是体育产业？体育产业有哪些特征？产生经济价值就是体育产业吗？

虽然从逻辑层面看，将“体育产业”与学校体育、群众体育和竞技体育放在一起讨论存在分类上的矛盾，但是，作为当前我国体育事业发展过程中相对独立的一个组成部分，体育产业不仅与学校体育、竞技体育、群众体育之间存在非常密切的联系，同时也是政府体育工作非常重要的组成部分。因此，从当前我国体育事业发展过程中实际工作开展的角度看，将其与群众体育、学校体育以及竞技体育放在一起讨论，是基于全面、整体考虑体育领域工作实际。

[16] 周西宽.体育基本理论教程 [M]. 北京：人民体育出版社，2004：96.

一、体育产业的概念

目前，对体育产业概念的界定有广义和狭义两种界定方法。其中，广义的体育产业是指“与体育运动相关的一切生产经营活动，包括体育物质产品和体育服务产品的生产、经营两大部分”。狭义的体育产业是指“体育服务业”或者是“体育事业中既可以进入市场，又可以盈利的部分”。在综合上述两种观点的基础上，我们倾向于采用如下的界定：体育产业是指为社会提供体育产品的同一类经济活动的集合以及同类经济部门的综合。需要说明的是，这里的“体育产品”既包括有形的体育用品，也包括无形的体育服务；同时“体育经济部门”不仅包括市场企业，也包括各种从事经营性活动的其他各种机构，如事业单位、社会团体甚至是个人。[17]

随着社会的发展，人们对体育的需求日益增长，体育不仅不再是少数人的专利，也不再是仅仅为了身体健康需要的产品，随着体育产业化日益完善，体育已经成为一种特殊的消费品。

二、体育产业的分类

对体育产业进行分类，按照不同的标准有不同的分类结果。例如，从体育产品和劳务生产方式看，我们可以将其分成以下几类。[18]

经营型体育产业。这类体育产业是指由体育的社会团体、企业、个人举办的以盈利为目的的，以休闲、娱乐类体育项目为经营对象的产业部门，包括商业性体育竞赛表演，体育培训、体育设施经营、体育健身俱乐部、职业体育俱乐部等。

半经营型体育产业。主要是指由政府举办或者资助的带有公益性的体育服务，包括体育训练基地、体育学校、社会体育指导中心、体育场馆、体育科研所、青少年活动中心等体育事业单位，以及国际承办的重大国际赛事、全国和地区性综合性运动会、部分项目的竞赛等

[17] 张瑞林，秦椿林.体育管理学 [M]. 北京：高等教育出版社，2008：307.

[18] 柳伯力.体育产业概论 [M]. 北京：高等教育出版社，2005：67-69.

体育活动。

非经营性体育产业。主要指由政府、社会团体、企事业单位、学校和部队等出资举办的体育培训、体育锻炼和竞赛等群众性体育活动。其经费由社会和企业提供，并不需要通过自身获得收入和得到补偿。

从管理体制看，体育产业也可以划分为以下几类。[19]

体育主体产业。以体育资源为开发基础直接进行的生产与经营活动，它是体育自身的经济功能和价值的发挥与体现，包括体育竞赛表演业、体育健身娱乐业、体育培训咨询业、体育资产经营业等。

体育相关产业。指以体育为载体，向消费者间接提供各种产品与服务的生产与经营活动。包括体育用品、体育经纪与代理，体育新闻与媒介、体育广告、体育旅游、体育建筑等相关产业。

体办产业。指体育行政部门或单位利用某些体育资源为弥补经费不足所进行的各种生产和经营活动。

三、体育产业的特征

体育产业作为国民经济产业链中的一个组成部分，具有如下特点。[20]

（一）空间依存度大

体育产业必然依赖于各种体育活动。凡是从事体育活动者必须是在一定的空间场所上进行。因此，从事体育产业的经营，首先考虑的应当是为从事体育活动的消费者提供必要的体育健身活动场地、场馆等。同时，从经营的角度出发，还必须考虑经营地点是否交通便利，是否有利于参与者以及环境对健康的影响。

（二）时间消费明显

对于绝大多数人来说，由于从事体育活动并非是谋生的本职工作（除专职体育从业人员外）。因此，大多数体育消费者一般是在自己本职工作之外的余暇时间进行体育消费。因此，只有当消费者有了相对充裕的余暇时间的前提下，才有可能参与体育消费，也才能形成体育产业。

（三）消费层次要求高

体育产业的发展与大众消费水平有着显著的相关性。按照社会需求三级分类标准进行划分，体育需求属于基础的生存需求之上的享受需求和发展需求阶段，属于消费层次较高的消费需求。因此，体育产业的发展必须建立在一定层次的消费水平基础之上。换言之，只有当社会大众有了一定程度的消费能力，也有了较高层次的精神娱乐需求之后，才可能诞生体育产业。

[19] 张瑞林，秦椿林.体育管理学 [M]. 北京：高等教育出版社，2008：308.

[20] 余兰.体育产业经济学研究 [M]. 成都：西南财经大学出版社，2006:163–164.

（四）服务质量要求高

体育服务业是体育产业的核心。体育产业的主要服务对象是以人为核心的复杂体，是体育消费者在余暇时间内通过时间和金钱的消费换取运动的满足感、体质的增强、身心的愉悦以及精神的享受等多层次的消费需求。因此，在体育产业的运营中，应该把消费需求作为特殊产品进行综合加工，以提高服务质量，最大限度满足消费者的体育需求。

四、体育产业的目的任务

（一）优化产业结构，拉动经济增长

产业结构是否合理，是一国经济发展的显著性指标。按照我国产业结构划分，体育产业被列为第三产业即生产和生活服务业。而按照产业经济学的观点，第三产业的发展程度是衡量一个国家产业结构以及整个国民经济发展水平的重要标志。因此，体育产业的兴起和蓬勃发展，对于优化产业结构，拉动国民经济增长具有重要的意义。现代社会，体育产业已经是国民经济的重要组成部分，是国家整个产业结构中非常重要的一环。发展体育产业可以在一定程度上增加国民经济收入，促进国民经济总量的快速增长。越是在经济发达的国家，体育产业自身不仅得到快速而成熟的发展，构筑了一个总量庞大的产业群，而且也逐步占据并稳固了国民经济支柱性产业的角色。大力发展体育产业，以此拉动整个国民经济的增长已经成为世界各国的共识。

（二）扩大内需，拉动消费

以消费促内需，进而促进国民经济增长，是当前世界各国发展经济的一个重要方式，也是我国转变经济发展方式的重要途径。在扩大内需，拉动消费方面，体育产业也具有自身独特的优势。当前，随着社会大众收入水平的不断提升以及消费结构的不断改变，积极参与各种体育活动，积极参与体育消费已经成为日常生活的重要组成部分，由此形成了旺盛的体育需求和体育消费。通过满足体育需求和体育消费，可以促进消费，拉动内需，进而促进国民经济增长。

（三）为社会创造就业机会

就业率的大小与就业机会的高低，与一个国家的经济发展现状和趋势具有密切的关系。当前，在世界经济陷入普遍性低迷的情况下，许多国家都面临着严峻的高失业率的压力。体育产业作为一个新兴的“朝阳产业”，其发展可以在一定程度上为社会开辟一片新的就业领域，提供一定数量的就业岗位，缓解就业压力。

五、体育产业的组织形式

产业组织指同一产业内企业间的组织或者市场关系。从产业组织看，目前与体育产业相关的产业组织主要可以分为三大类。

（一）私人体育团体

主要是以体育俱乐部、球队为主。从 20 世纪 80 年代中期开始，政府用于体育的经费越来越少，所以官方体育机构只能改变自己的体育运作形式，向私人体育机构和商业体育组织靠近。由于体育市场和商业结合起来了，我们可以看到吸引人的体育项目和比赛得到了很多的钱。在商业运转过程中，那些不吸引人的体育比赛或赚钱很少的项目仍然是依赖政府的资助。这种两极分化在西方是越来越明显。

（二）官方体育机构

从 20 世纪 80 年代以后政府体育机构渐渐地开始把商业体育吸引到运作过程中。政府体育机构尽管运用商业来进行体育运转，但是它的目的还是一方面通过各类体育比赛提高民族的自信心和自尊心；另一方面是培养青少年体育运动的热情，鼓励青少年参加体育活动，来增加体育人口的比例。政府对于体育越来越重视，它的体育机构也越来越完善。除了政府部门的体育机构之外，还有官方的体育中介机构，以此来扩大体育的影响。政府体育机构与市场经济的体育机构接轨，它们的目的是即使不能从体育中赚钱，也要减少用于体育的经费。官方体育机构主要有三个体育运行方法，一是把体育的权利等转交给私人团体去办；二是转嫁到个人参加者的身上；三是政府的体育机构和场馆不是由政府本身来管而是由社会上的机构或团体来管。

（三）与商业有关的体育组织

包括体育服装、体育用品、电子邮件、广告、彩票博彩等，而且这个市场发展得越来越快。体育赞助现在两个最大的市场是美国和欧洲。在美国，体育赞助占所有体育收入的 36%。体育是文化的载体，所以能够吸引很多的观众，很容易吸引社会的重视。利用体育就扩大了体育商品的市场。体育赞助商赞助体育，一方面可以吸引与他合作的伙伴。另外可以利用球星的明星效应扩大产品的销售。

---

[21] 济南全运场馆努力寻求新突破.济南日报，2012 年 9 月 19 日.

第五节　各类体育的关系

○ 导入

济南全运场馆努力寻求新突破 [21]

大型体育场馆赛后如何利用，一直是人们关注的焦点。这些耗巨资修建起来为社会公共体育和文化娱乐服务的场所，运营得当能成为一个城市的名片，而一旦出现闲置或基本属性改变，将会造成巨大的负面影响。第十一届全运会结束以后，总投资超过30亿元的济南奥体中心在确保公益性基础上，进行了市场化运作，在对外开放、大众健身、大型文体活动、场馆租赁等项目的介入下，连续3年超过预期收入，成为国内大型综合体育场馆成功运营的典范。奥体中心体育馆内到处都是锻炼的人群。

群众体育、学校体育、竞技体育、体育产业相互交融，作为学校体育、群众体育健身基础设施的体育场馆，又是体育产业的重要资产，当前面对日益旺盛的全民健身需求，我国现行的体育基础设施一方面存在供不应求的现状，另一方面则是大量的体育场馆设施闲置。因此，如何在扩大增量的同时盘活存量，既是缓解我国体育设施总量不足的有效途径，也是促进全民健身以及推动体育产业发展的重要推动力。

如前所述，现代体育是一个包含了学校体育、群众体育、竞技体育以及体育产业等四个相互联系、相互影响、互为促进的构成整体。按照系统论的观点，只有组成系统的各要素实现协调发展，整个系统才能实现协调发展。因此，理顺体育内部各组成部分之间的关系，明确各组成部分在整个体育系统结构中的地位，对于推动整个体育事业健康发展具有重要的意义。

一、学校体育是基础

在整个体育系统诸要素中，学校体育都处于基础地位，这种基础地位一方面体现在，学校体育面对的是广大的青少年学生，它肩负着为广大青少年学生传授体育基础知识和基本技术，培养学生最基本的体育能力和素养，进而形成最基本的体育素养，养成积极参与体育活动的能力、意识和习惯的基本任务，是整个学校教育的组成部分；另一方面也体现在学校体育自身的发展其实是为进一步推动群众体育、竞技体育以及体育产业发展奠定基础。这是因为，学校体育具有一定的辐射性和迁移性，在学校体育教育过程中获取的体育知识、技术、技能以及形成的更高层次的体育意识、习惯，可以为推动群众体育开展和发展产生积极的推动作用。同时，还可以使社会大众养成积极参与体育健身锻炼，形成多元旺盛的体育消费需求和体育消费，从而推动体育产业的发展。在竞技体育发展方面，学校体育也是教育、培养、选拔竞技体育后备人才的基础性平台和渠道之一，各种类型、各种层次的传统体育项目学校、体育试点校，以及以体教结合为目标的高校高水平运动队，都是学校体育积极参与竞技体育发展的鲜明体现。

二、群众体育是主体

将群众体育视为整个体育的主体，首先是因为，群众体育的参与群体不仅在数量上规模最大，而且在参与群体的结构特征上也最多元复杂。除了学校、军队以及专业运动队等特殊的群体以外，所有参与体育锻炼健身的都可以划归为群众体育。因此在整个体育要素中，群众体育都是无可争议的主体。其次，从学校体育的角度讲，群众体育是学校体育在实施过程中作用时空的延伸，二者是一个互为促进的发展过程。第三，从体育产业的角度看，群众体育的发展也将为体育产业的发展提供巨大的消费市场。通过群众体育的快速发展，可以在社会营造一种良好的体育参与氛围和体育需求，进而形成一个规模庞大的体育参与群体和消费群体，有效刺激体育消费，壮大体育产业。第四，在竞技体育领域，群众体育的发展也将为竞技体育发展产生积极的推动作用。一方面，群众体育是竞技体育发展的重要的基础之一。一个运动项目参加活动的人数越多，越有可能更快地提高参加这个项目的广大群众的技术水平，从而为竞技体育的发展提供充足的人力资源基础。另一方面，竞技体育是群众体育的延伸。群众体育可以给竞技体育的发展创造良好的文化环境，提供为数众多的爱好者和支持者，提供后备人才资源等。竞技体育可以为群众体育的发展提供示范，增强吸引力，探索科学的方法和手段，给予技术性指导和服务。

三、竞技体育是尖端

在整个体育诸多要素中，竞技体育都是最具活力、最具影响力、最具示范效应的一个组成部分，因此在整个体育诸要素中，竞技体育一直都处于最高层次，代表着体育自身发展的尖端水平。因此，竞技体育自身的发展，将为整个体育的发展施加积极而广泛的影响。这种影响主要体现在：首先，高水平的竞技体育，将为学校体育和群众体育的发展产生良好的示范效应和带动作用，吸引学生以及社会大众积极参与体育锻炼。其次，在体育产业发展方面，竞技体育自身就是体育产业的核心组成部分，以竞技体育运动训练竞赛为主体和载体的，包括体育竞赛表演业、体育广告赞助业、体育用品制造业、各种类型的体育服务业等，构成了目前整个体育产业的主体。因此，只有依托竞技体育自身的发展，体育产业才有可能实现快速的发展。第三，竞技体育的发展，历来都代表着人类体育发展的尖端水平，无论是运动技术的革新、训练方法手段的创新以及先进科学技术成果在体育领域的转化使用，无不首先开始于竞技体育，进而扩散延伸到群众体育和学校体育。

四、体育产业是推动力

体育产业是当代世界公认的一个新兴产业。通过体育产业发展，不仅对于促进一个国家产业结构升级调整，优化产业结构具有重要的意义，同时也被视为是拉动国民经济增长的重要引擎。更为重要的是，在体育领域内部，体育产业的兴起和蓬勃发展，也对体育自身的发展带来了革命性的变化。这种变化主要体现在：首先，体育产业化发展从根本上改变了体育自身的发展模式。在市场经济的推动下，体育已经逐步摆脱了传统单纯依靠国家的单一发展模式，围绕市场经济走出了一条全新的发展道路和发展模式，极大地提升了体育自身发展的灵活性、积极性和主动性。其次，体育产业化发展，还极大地改变了体育自身的性质。体育已经由单纯的国民经济、国家资源的“消耗者”变成了国民经济的“创造者”，从而极大地提升了体育在整个社会中的地位和作用，使之日益受到国家和社会的重视。第三，体育产业的形成和发展，使体育自身形成了良好的“造血”功能，为体育自身的发展提供了充足的资源基础。第四，体育产业化发展也使体育与市场、体育与社会、体育与人之间关系日益密切化。体育产业的形成和发展，既离不开市场和社会提供的各种有利条件，也离不开人这一参与主体的积极参与，从而使体育更加贴近大众。

○ 小结

本章主要讨论了体育的分类问题。对纷繁复杂的体育形态进行分类是为了更好地区分不同体育的范畴，以便我们更为有效的学习和掌控体育。由于分类标准的不同，人们对体育的分类还有诸多分歧。因此，我们在理解体育分类的时候，要注意确定好分类的标准，尽可能地使不同类型体育的界限分明。为了便于理解，本章按照体育的实践功能、实际工作领域将体育分为学校体育、群众体育、竞技体育和体育产业四个类型。

学校体育是教育的重要组成部分，它的主要目的是促进学生正常生长发育，增强学生的体质、增进学生的健康，与学校各种教育相配合，培养学生良好的思想品德和意志品质，促使其成为具有德、智、体、美、劳全面发展的人才。

群众体育的对象是全体人民群众，它的目的是不断发展体育人口，提高人口素质，满足人们身体与精神的享受和发展需要，提高国民的体质与健康水平，从而提高人们的生活质量，促进人的全面发展和社会的和谐发展。

竞技体育是指是以体育竞赛为主要特征，以创造优异运动成绩、夺取比赛优胜为主要目的的体育活动。它的目的是不断提高运动员的竞技能力，在竞赛中创造优异的运动成绩；挖掘和表现人类身体、精神的巨大潜力，为国家和民族争取荣誉。

体育产业是指为社会提供体育产品的同一类经济活动的集合以及同类经济部门的综合。体育产业经济性质是商品经济，运行机制靠市场调节，要求以经营为主，在提高社会效益的前提下努力提高经济效益，它的主要目的是谋求获利，更注重经济效益。

○ 思考题

1. 为什么人们对体育分类存在分歧？
2. 按照体育的实际工作领域，我们可以把体育分成几类？
3. 学校体育、群众体育、竞技体育和体育产业之间是什么关系？
4. 谈谈你对体育分类的看法，并试着按照你认为可行的标准对体育进行分类。

○ 相关网站

1. 逻辑中国网：http：//www.logicchina.net/
2. 中国学校体育网：http：//www.schoolsports.com.cn/

3. 中国大众体育网：http：//www.chinasfa.net/
4. 江苏省体育产业网：http：//www.jssi.com.cn/

○ 课后拓展阅读

1. 金岳霖.形式逻辑（第二章 概念）［M］. 北京：人民出版社，1979：8–38.
2. 潘绍伟，于可红.学校体育学［M］. 北京：高等教育出版社，2008.
3. 毛振明.体育教学论［M］. 北京：高等教育出版社，2005.
4. 鲍明晓.体育产业（第一章 众说纷纭的体育产业）［M］. 北京：人民体育出版社，2000：1–9.
5. 丹尼尔·科维尔.体育产业组织管理［M］. 北京：清华大学出版社，2005.
6. 任海.国外大众体育［M］. 北京：北京体育大学出版社，2003.
7. 刘湘溶；李宏斌；龚正伟.质疑传统体育概念和体育分类［J］. 湖南师范大学社会科学学报，2006（6）.
8. 熊斗寅.对体育概念与分类的探讨［J］. 上海体育学院学报，1990（3）.
9. 王光虎.体育的本质、特征及分类［J］. 上海体育学院学报，1990（3）.
10. 贺业全.体育分类新探［J］. 广州体育学院学报，1990（2）.

第五章　体育的手段

○ 内容提要

体育的手段在实践中主要表现为多种形式的身体练习。有规则的身体练习是体育的重要标志，因此，对体育手段的学习有助于我们更加深刻地了解体育。我们可以运用的体育手段有哪些？我们通常说的身体运动、运动项目、运动技术之间是什么关系？我们如何去评定运动技术的优劣？带着这些疑问，本章主要讨论体育手段的概念与特点，身体运动、运动项目、运动技术的构成及其相互关系。

○ 学习目标

学习完本章之后，你应该能够：

1. 理解体育手段的基本概念和特点。
2. 准确区分不同类型的体育手段。
3. 掌握基本体育手段的运用。
4. 掌握身体运动、运动技术的构成要素。

○ 关键术语

体育手段、身体运动、运动项目、运动技术

第一节 体育手段概述

○ 导入

王先生是一名内科医生，今年46岁。由于长期伏案工作，五年前，他患了颈椎病。他偶然听说游泳能治颈椎病。当时，他半信半疑，通过游泳怎么就能治疗颈椎病呢？抱着试试看的态度，他制定了一份进行游泳锻炼的计划：每周游泳3~4次，每次游30~40分钟。半年后，他的颈椎病发作的次数较以前明显地减少了。即使偶尔发作几次，症状也较以前减轻了，没有再出现过恶心、呕吐的现象，这增强了他坚持进行游泳锻炼的信心。他坚持游泳锻炼后，颈椎病疼痛大大减轻了，真正相信了通过体育运动的方式也能治疗疾病。

体育手段的形式有多种多样，祛除疾病只是体育手段的表现形式之一。我们还可以通过体育手段娱乐身心、结交好友、提高运动技术，可见体育手段即形式多样又作用独特。

一、体育手段的概念

《现代汉语词典》将“手段”界定为：为达到某种目的而采取的具体方法。在此基础上，我国体育理论界对体育手段进行了各种界定，以下是一些有代表性的解释。

体育手段是围绕如何增进人的身心健康而采取的各种运动方式或具体方法。[1]

体育手段是人们为了锻炼身体，增强体质，以及提高运动技术水平所采用的多种内容和方法的总称。[2]

体育手段是为实现体育目的而采取的各种身体活动内容和方法的总称。[3]

体育手段是人们为了锻炼身体、增强体质，抗御疾病以及提高运动技术水平所采用的多种内容和方法的总称。[4]

体育手段是人们为了增进健康，增强体质，促进人的身心发展，提高劳动技术水平，实现体育目的、任务所采取的各种内容和方法的总称。[5]

体育手段是根据体育的目的和目标所需要选择的各种内容和方法，它包括人们体育学习与锻炼的相应知识、技能和方法。[6]

我们可以从以下几个方面来理解体育手段。首先，体育手段具有体育方法的特点和功能，它在实际中主要表现为多种形式的身体练习或者是身体活动的方法；其次，体育手段具有多元化的目的和目标，既可以是强身祛病、娱乐身心，也可以是提高运动技术水平等；第

[1] 赵立.体育概论 [M]. 北京：人民体育出版社，2009：19.
[2] 中国体育科学学会等.体育科学词典 [M]. 高等教育出版社，2000：302.
[3] 鲍冠文.体育概论 [M]. 北京：高等教育出版社，1995：96.
[4] 《体育理论》编写组.体育理论 [M]. 北京：人民体育出版社，1981：35.
[5] 王健.体育原理导论 [M]. 武汉：华中师范大学出版社，2002：195.
[6] 杨文轩.体育原理 [M]. 北京：高等教育出版社，2004.

三，体育手段具有广泛性、多样性、灵活性，不同的个体选择和运用的手段可能各不相同。因此，凡是用于体育实践的内容和各种锻炼身体的方法都可以称为体育手段。

探讨体育手段应该转化一下视角，从体育的本质表现形式，即“身体活动性”方面来认识。由此不难发现，体育手段虽然是多样的，但其核心手段是唯一的。体育的核心手段，应该是为实现体育目的最根本手段，即身体活动或身体运动。

严格讲，人体的运动包括有意识的身体运动和无意识的身体运动，有意识的身体运动又可分为运动系统的运动和其他系统的运动。身体运动是体育手段的核心部分，是针对人体运动系统而言的一种有意识的运动。这种身体运动实际上就是我们习惯上所讲的“身体练习”。

二、体育手段的特点

体育手段是从人类各种身体活动的各种动作中脱胎出来的，是随着人类社会的不断发展演变得来的，也是人类在实践过程中通过再创造而形成的一个独立完整的体系，具有如下特点。

（一）体育手段的历史性

体育手段是在社会发展过程中，不断创造和丰富起来的，它是人类为满足自身的需要而创造的具有文化价值的精神财富，体育手段丰富与否是社会文明程度高低的标志之一。体育手段的发展与社会的经济、文化、科技水平有密切的联系，它是随社会的发展和人的需要以及科学技术的进步而不断由低级到高级、由少到多地发展的。因而，不同时代的体育手段总是反映该时代人们的需求水平和社会的进步。如在社会的初级阶段，或者是体育产生的初期，体育手段多是一些人类为了更好地生存而采取的健身防身手段。而到社会发展的高级阶段，体育手段多表现为满足人们精神文化生活需要的健身娱乐手段。例如具有悠久历史传统的龙舟大赛，在古代不同的历史时期，扮演了不同的社会角色，到今天已经演变为一种遍布全世界的体育活动内容。

（二）体育手段的国际性

虽然从起源看，各种体育手段都是起源于世界各个国家、民族和地区。但是由于体育手段本身具有超阶级性（除非人为地对其施加各种影响使其表现出一定的阶级性）特点，因此这就意味着，只要传播和交流的基础条件具备，如一定的经济基础、便利的交通、开放的国际国内环境、一定的受众群体等等，那么体育手段的国际化传播趋势就不可逆转。而且，人类文明发展越高级，科技发展越先进，文化交流越密切，体育的国际化发展程度也就会越高。以现代奥林匹克运动会为例，2012 年伦敦夏季奥运会已有 26 个大项，300 个小项；2014 索契冬奥会有 15 个大项，98 个小项。这些项目都具有国际上统一规定的比赛规则，可以在国与国之间自由开展。

（三）体育手段的民族性

体育手段具有民族性特点。体育手段的产生与采用，总是与一个国家或地区的民族传统文化和习俗有关，目前众多的国际通用的体育手段都是发源于各个不同的民族和国家的。如我国人民喜闻乐见的传统健身手段武术、气功，日本人喜爱的柔道，西班牙人喜欢的斗牛……。即使在同一个国家里各个民族也有自己的传统体育手段，如抢花炮、珍珠球、木球、毽球、摔跤、龙舟、马上项目、射弩、打陀螺、押加、舞龙、划龙舟、爬山、打马桩、坠绳、飞绳、拔腰劲秋千、跳板、蒙古族摔跤、马术等。这些体育运动项目都带有很强的民族色彩。

（四）体育手段的地域性

体育手段总是产生于一定的地理环境、自然条件和一些风俗习惯的基础之上，因此体现出明显的地域性特征。例如处于高寒地带的国家和民族，由于常年气温低，整个自然地理环境为冰雪所覆盖，这就为冰雪运动的产生和发展提供了基础条件，我国的东北地区以及欧洲的俄罗斯、瑞典、瑞士以及北美的加拿大等国就是典型代表；气候炎热以及靠近海边的国家或地区，水上运动项目的普及和发展更好；在以畜牧业为主的草原地带国家和地区中，骑射项目也最为流行和普及。

三、体育手段的类型

分类是人类认识世界的最基本、最常用的方法。体育手段内容多种多样，分类的目的是为了把更多的内容按照一定的特点进行区分和归纳，使之更好地为实现不同的体育目的、目标服务。按发展人的身体素质的目的，体育手段可以分为发展力量类体育手段、发展速度类体育手段、发展耐力类体育手段、发展灵敏类体育手段和恢复功能类体育手段。

（一）力量练习类体育手段

这一类体育手段目的是为了健身、提高专项技能和健美。力量训练大致可分为以下几种。

1. 一般力量练习手段

一般力量练习手段是肌肉基础训练期或高水平运动员准备期和调整时使用的力量训练方法。该方法常用的练习手段有杠铃练习，综合力量练习器练习，等动练习器练习，实心球、橡皮筋、哑铃和滑轮装置练习。

2. 辅助力量训练手段

辅助力量训练手段是指有选择地发展和强化那些在专项运动中承受主要或次要负荷量的肌肉群的各种力量练习。可以采用各类负重练习和阻力练习进行训练。比如蹲杠铃、橡皮筋装置练习。

3. 专项力量练习手段

专项力量练习手段是指发展在比赛中承受主要负荷量的肌肉群的练习法，该类练习要求工作肌在时间——空间特征和用力特点上都要与专项比赛动作非常相似和接近。通常都采用附加阻力进行练习。

4. 克服外部阻力练习手段

该方法主要包括对抗性力量练习，克服弹性物体阻力的练习（如拉力器、橡皮带等），各种克服物体重量的练习（如杠铃、实心球、力量练习器等）和利用外部环境阻力的练习

(如沙滩、深雪地、上坡等自然环境)。

5. 克服自身体重练习手段

克服自身体重练习手段主要是指发展下肢弹跳力和快速力量的各种跳跃练习及支撑和悬垂练习等手段。

（二）速度练习类体育手段

速度练习类体育手段是谋求动作的协调、运动爆发力的提升、运动成绩的提高，这类体育手段的特点一般运动量较大，强度大而激烈，但是持续时间较短，比如百米跑、速滑等运动项目。

（三）耐力练习类体育手段

耐力练习类体育手段目的是为了提高练习者的心肺功能，提高有氧代谢水平增强抵抗疲劳的能力，促进运动后的恢复和提高运动员的专项成绩。耐力是衡量运动员身体素质或运动能力的一项重要指标，这类运动项目一般运动量大，运动强度适中，持续时间较长，例如竞走、游泳、滑冰、长跑等都是耐力练习类体育手段。

（四）灵敏练习类体育手段

灵敏练习类体育手段目的是提高身体协调性、迅速改变体位、转换动作和随机应变的能力，这类体育项目一般比较复杂，灵活多变，要求身体协调能力较高，例如武术、体操、球类、击剑等对抗性项目。

（五）功能恢复类体育手段

功能恢复类体育手段是为了提高健康水平，治疗、康复某些疾病以及恢复高水平的运动能力等。其特点是动作简单。运动负荷小，形式、内容、要求因人而异。比如一些医疗康复可以采用一些散步、慢跑等轻盈的项目。

值得注意的是，任何一种体育的手段都有局限性和个体适应性。我们已经知道，体育手段是指“围绕如何增进身心健康而采取的各种运动方式或具体方法”，但在实际运用体育手段时，一方面需要对体育手段本身的特点、适用对象和使用效果有一个清醒的认识；另一方面需要知道体育手段施加对象的身体条件与需求。只有当两者有机地结合在一起时，体育手段的效果才可能最大化。

第二节 身体运动、运动技术与运动项目

○ 导入

1993年出生的亚当·格米利是英国田坛冉冉升起的一颗新星。他在2012年田径世青赛中以10秒05的成绩获得男子100米冠军，同时打破赛会纪录。在2012年6月的英国奥运选拔赛上，格米利跑出10秒08，获得参加伦敦奥运会的资格。尽管格米利如今的成绩相比博尔特、盖伊这样的超级巨星还有不小的差距，但他的成绩提升速度之快令人惊叹，要知道格米利是从2011年起才开始全身心投入短跑训练的。而在此之前，他的另一个身份是在英格兰低级别联赛混迹的足球运动员。格米利8岁时加入切尔西青训营，在斯坦福桥一呆就是7年。不过在那里并没有使他展现太多的天赋，但是长期的抢球速度训练使他具有了常人所不具有的奔跑速度，2011年起终于在田径场上找到了属于自己的天空。

本案例中亚当·格米利的成功转型看似一件幸运故事，其实并非偶然。他从8岁就加入了切尔西青训营，并在足球队呆了7年的时间。通过这7年的长期系统训练，使他具有了良好的身体素质。最重要的是，足球训练的快速抢球训练机理与短跑基本一致，身体动作与运动技术也基本吻合，这就为他成功地转型创造了前提条件。可见不同的运动项目在身体运动以及运动技术上既具有自己的特性，又有某些相通的地方。

一、身体运动的构成

身体运动的构成要素是指构成身体运动必不可少的因素。构成身体运动的要素一般包括七个：身体姿势、运动轨迹、运动时间、运动速度、运动速率、运动力量、运动节奏。

（一）身体姿势

身体姿势是指身体及身体各部位在不同的运动阶段所处的状态。一个完整的身体运动的技术过程，包括开始姿势、运动过程中的姿势和结束姿势三部分。开始姿势是指运动前身体及身体各部分所处的准备状态，开始姿势要为做后续动作创造有利条件。开始姿势有静力性的，如径赛的起跑姿势、足球守门员的等球姿势、游泳入水姿势等；也有动力性的，如推铅球的滑步、掷标枪或跳高的助跑等。身体在完成运动主要部分的移动状态称为运动过程中的姿势。动作过程中的姿势，一般可分为相对静止的比较稳定的身体姿势和不断变化的身体姿势。在周期性项目运动中，相对静止的稳定的身体姿势表现得较为明显，如速滑运动中身体姿势、游泳的水平姿势、自行车的低骑乘姿势等，可减少外界阻力，提高运动成绩；各种距离的跑，要求身体保持正直姿势，以获得最大的蹬地反作用力。非周期性项目运动过程中的身体姿势则较为复杂和多变，如撑竿跳高的踏跳、支撑引体、倒立转体、过竿落地，三级跳远中的踏跳，以及体操、武术中的各个动作等，这些运动是不断变化的身体姿势，是为完成和提高动作质量服务的。动作结束时，身体及其各部所处的状态称为结束姿势。对动作质量

和效果有重要作用。在连续动作中，前一动作的结束姿势，即为后一动作的开始姿势，间接影响后一动作的完成。结束姿势对于维护身体的平衡和稳定，防止犯规和受伤，提高动作质量和效果，都具有重要意义。

（二）运动轨迹

运动轨迹是指身体的某一部分从开始位置到结束位置所经过的路线而组成的动作的空间特征。运动轨迹由运动方向、运动形态和运动幅度表示出来。

运动轨迹的方向是指身体或身体的某一部分在完成运动动作时所形成的移动方向。运动是在三维空间里进行的。一般情况下，我们可以从身体的矢状面、额状面、垂直面三个平面及上下、左右、前后六个方向对运动轨迹的方向做明确的确定。运动轨迹的方向准确与否对运动成绩好坏有着直接影响，尤其是在铅球、标枪、链球等投掷运动中的影响更加明显。

运动轨迹的形式主要有直线与曲线两种。直线运动即是身体特定的一点在一段时间的运动过程中，其运动方向始终保持不变。由于身体结构的复杂性，当身体在完成一个直线轨迹的运动时，通常会需要一些旋转、弧形等动作作为辅助。如篮球运动中，篮球运动员跳起争球的瞬间身体做直线运动，但是在这之前，身体下肢需要有一个屈膝的动作作为其起跳前的辅助动作。曲线运动时，其方向是不断变化的。转动是曲线运动的一种形式，即是人体的重心点围绕某个固定的转轴或中心点旋转。如单双杠运动，运动员在杠上的旋转便是曲线运动，从旋转轨迹可以看出，其运动方向是始终变化的。除了转动之外，曲线运动还有一种形式是抛物线运动，比较典型的运动项目有跳高和跳远。不同的运动，其抛物线的方向、跨度和形状各不相同。

轨迹的幅度是指运动动作范围大小，用角度来衡量。身体某些部分的幅度是用长度和角度来表示的，身体各部分运动的幅度取决于关节、韧带以及肌肉的灵活性和弹性。不同的练习——平衡练习、技巧练习、跑、跳跃、投掷、艺术体操等对幅度都有不同的要求。如跑的步幅过大，会影响速度。但有些练习，如掷铁饼在出手前，要求投掷臂做出最大幅度。因此，只有按各种项目练习的特点规定出相应的适宜的幅度才是最有效的。

（三）运动时间

时间是指物质运动过程的顺序和持续性。身体运动时间是指人体完成运动动作所必需的时间。体育运动的时间与运动速度和运动节奏是密切联系在一起的。当距离一定的情况下，时间速度和运动节奏越快，则运动时间越短；运动速度和运动节奏越慢，则运动时间相应越长。

运动时间可以分为运动的总时间和运动各部分时间。运动的总时间是指完成一个完整的动作所需的时间，例如完成一个完整的投篮动作所需的时间。运动的各部分时间是指在运动过程中不同运动阶段所需的时间。如跳远时助跑、起跳、腾空、落地各阶段的时间。运动的时间也与人体的生理负荷有着紧密的联系。当一定强度时，持续时间越长，负荷越大；反之，持续时间越短，负荷越小。因此在运动训练和教学中，要注意把握运动时间对身体强度和人体负荷的影响。

（四）运动速度

运动速度就是身体或身体某一部分在单位时间内产生的位移距离。运动速度表现出一个运动动作完成过程中的时间与空间关系，反映出运动时间和空间的综合特征，通常与移动的路线、距离、幅度和时间有密切的关系，常用单位为米/秒。

运动速度对于完成运动动作有重要的作用。首先，运动的速度不仅是完成各种运动动作的重要条件，而且也是影响动作质量的重要因素。不同的运动动作对运动速度的要求不同，有的动作要求速度快，如短跑；有的动作则要求速度慢，如太极拳；有的动作速度直接影响运动成绩，如跳远起跳的速度。有的动作速度会影响动作质量，如投掷出手的速度。因此要根据运动的特点和性质来确定适宜的速度，才能提高动作的质量和效果。其次，运动速度是改变动作强度以及影响负荷的重要因素。一般来说，在达到一定速度阈值情况下，运动速度和人体的负荷成正比。在同一个运动动作中，完成的速度越快，负荷就越大，完成的速度越慢，负荷就相对小一些。比如，在一百米的距离里，我们分别以 13 秒和 39 秒的时间跑完，前者所承受的身体负荷要比后者大得多。因此，调节运动速度是调节身体负荷的重要方法之一。

（五）运动速率

运动的速率是指在单位时间内运动动作重复的次数，也称运动频率。运动速率表现了运动的时间过程，反映了运动的时间特征，在周期性项目中，速率是决定移动速度的基本要素。在一定条件下，动作速率愈大，移动速度就愈快。一般在周期性运动项目中，提高动作速率，可以提高速度。如跑步、游泳、划船等项目中，选手们在单位时间内加快频率就可以提高速度。同时调节运动速率也是调节运动负荷大小的重要方法之一。在规定的一段时间里，运动速率越大，表明该段时间内的练习强度就越大。

（六）运动力量

运动力量是在运动中，身体或身体的一部分在完成运动动作时所表现出来的克服阻力的能力大小。运动力量反映了力的特征，运动力量不仅是人体进行体育运动的基本素质，而且是其他身体素质发展的重要因素，同时还是获得运动技能和取得优异运动成绩的基础。

人体无论在静止状态或运动状态中，都处于多种力的作用下。运动动作是通过内外部力量相互作用、相互影响而产生的结果。内力起决定性作用。内部力量是指人体各部分之间相互作用下产生于身体内部的力，主要包括肌肉的拉力和组织器官的阻力等；外部力量是指客观外界对人体的作用力，主要包括人体重力、支撑反作用力、摩擦力及外界环境的阻力。因此，为了更加合理地利用力量，使它发挥更好的效果，在运动时，要遵循生理学原理，按照技术动作特定的发力方向进行。

运动力量按肌肉收缩的特点可分为静力性力量和动力性力量；按衡量肌肉力量大小，可分为绝对力量和相对力量；按其表现的形式又可分为最大力量、速度力量和力量耐力等。

（七）运动节奏

运动节奏即是运动动作的快慢，用力的大小，肌肉收缩、舒张与时间间隔的长短合理交替的一种综合特征。也就是说，各个运动动作之间按特定的顺序和时间间隔的比例交替进行的时间特征。每一个动作都有特定的节奏。周期性运动其动作节奏表现较为明显，如游泳过程中，手部动作、腿部动作和呼吸三者之间的节奏关系。一些非周期性的动作中也能表现出一定的节奏，如跳高项目中助跑的后三步等。

合理的运动节奏对完成运动动作具有十分重要的意义。首先，按一定的节奏完成的动作，能使身体各运动器官和内脏器官之间工作协调一致，能使身体各部分肌肉紧张与放松、工作与休息合理交替，使动作更加协调省力。其次，有利于正确掌握动作及提高该运动动作的质量，使得动作更加规范、协调。另外，在集体运动项目中，按照一定的节奏便于指挥和协调队伍，使整个队伍更加整齐，动作富有美感。

综上所述，运动的要素是构成一个运动项目或一个运动动作的部件，运动的各个要素之间是相互影响、相互制约，并普遍存在于各个动作之中。如果某一要素发生改变，其他要素也会随之变化。因此，在对运动动作进行系统严格的教学训练时，尤其是对某一运动动作进行技术分析时，我们必须对该运动动作的各个要素进行深入透彻的研究，确保可以正确理解以及合理运用这些运动要素。

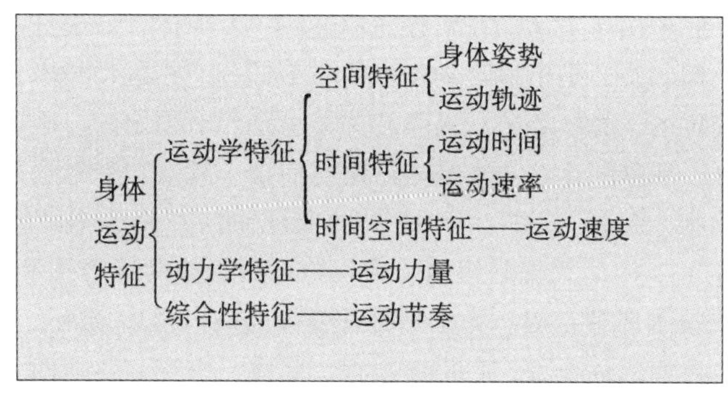

图 5-1 运动学特征和动作要素的对应关系

二、运动技术的构成

（一）运动技术的概念

运动技术是“一个一系列同时或按先后顺序进行的动作专门体系。该体系目标是把内部的及对运动员有影响的外部力量相互作用合理地组织起来，以便充分和有效地利用这些力量夺取良好的运动成绩”。我们也可以将其理解为“符合人体运动科学原理，能充分发挥身体潜在能力，有目的地完成动作的合理方法”，也常常被称为“动作技术”，是确保运动过程的顺利完成以及取得最佳运动成绩的重要基础和保障。在体育运动过程中，每一个运动项目都是由一系列技术动作组成的。如篮球运动就是由传球、接球、运球、投篮等动作技术构成的；体操运动则是由短翻、倒立、手翻、空翻等运动技术组成的。在体育运动中，合理有效的运动技术是相对的。教法的革新，体育设施器材的改进，运动员身体素质的提高，促进了新技术的形成以及旧技术的淘汰，如田径运动中背越式跳高技术的产生以及跨越式、俯卧式跳高技术的淘汰就是如此。

（二）体育运动技术的结构

虽然不同的体育运动项目是由不同运动技术组合的结果，但是在一定的层次上，体育运动技术具有同一性。一个完整的运动技术包括技术基础、技术环节和技术细节三部分。

1. 运动技术基础

技术基础是根据动力学、运动学和节奏性的要求，按照一定的顺序排列起来的各种技术环节的总称。运动技术基础即是对各种运动技术环节之间的相互联系性、规律性的概括性统一，也是一种合理的有机的运动技术的整体概括。运动技术基础具有以下特征：（1）有一定的动作规范并形成一定要求的一个或一系列动作；（2）运动技术是以提高竞技能力、运动成绩和比赛名次为最终目标，并通过人体表现出最佳的体能和技巧；（3）运动技术的动作体系需要人来掌握，它应该符合人体科学原理，符合人的身心发展规律并符合个人特点；（4）运动技术应遵从不同运动项目特点及发展变化的规律。

2. 运动技术环节

技术环节是一个完整的单个运动技术在完成过程中，人体及各部分以不同方式和秩序运动在时空上所处的不同状态，是组成运动技术的各个部分。在运动技术各部分中，人体运动方式和秩序是相对确定的，身体姿势和人体各关节也是相对稳定的。因此，技术环节是运动技术相对稳定的部分。如跑的运动技术是由后蹬与前摆、腾空与着地缓冲等几个技术环节组成；跳高技术是由助跑、起跳、过杆、落地 4 个环节所构成。这些技术环节是构成运动技术的基础，是相对稳定的。因此无论是短跑、中长跑还是长跑的运动技术都是由后蹬与前摆、腾空与着地缓冲四个技术环节组成。无论是哪种姿势的跳高都由助跑、起跳、过杆、落地 4 个技术环节所组成。再如跳远项目，它是由助跑、起跳、腾空和落地四个技术环节组成。这些技术环节只有把它们组合成一个完整的统一体，才能够保证运动技术的顺利完成。

3. 运动技术细节

技术细节是动作的次要特征，也是动作技术构成要素中比较灵活的部分。运动技术细节表现在单个运动技术的各技术环节上，人体及各部分在时空上和生物力学上的特征的具体化。技术细节反映在运动技术过程中，人体及各部分运动产生的动作距离、动作速度、动作力量、动作时间等的运动程度和效果。技术细节一般可以从人体运动的动力学、运动学、静力学去分析。如“跑”的运动技术中，后蹬与前摆环节、后蹬的动作力量、前摆的动作速度等都属于技术细节。但是，不同的人或相同的人在不同的时期和不同的环境中，他的技术细节都是不一样的，会有一定程度的变化。因此，技术细节是运动技术上的微观部分，是相对不稳定的部分。

（三）体育运动技术的评价

对一项运动动作质量和效果的评定，除了对上述技术结构和各个要素分别进行定性和定量的分析之外，还可以从整体上进行综合评定。通常根据以下的标准进行评定。

1. 动作的准确性

对动作准确性的评定应从三个方面进行。

(1) 从技术上看动作是否符合技术规格要求;

(2) 从所要达到的目的上看动作的准确性;

(3) 从动作的形式上看是否准确地完成了规定的动作要求。

2. 动作的协调性

动作协调的标志是动作连贯、节奏合理、各要素配合恰当，身体及身体各个部分在完成动作时配合协调。

3. 动作的力量性

动作有力是运动动作的一个标志，这是由身体练习本身的目标所决定的。身体练习既然是为了实现体育的目的任务，它的动作必须有一定的力量和速度，通过动作对人体产生一定的生理负荷，否则不可能产生“超量恢复”，达到预期的结果。

4. 动作的经济性

所谓动作的经济性就是在动作完成时，以最少的能量消耗而获得最好的效果。它通常是动作的准确性和协调性的综合体现。要把动作做得好而省力，这就必须要动作熟练、准确、协调，没有多余动作，而且力量的分配要恰到好处。

5. 动作的弹性

有弹性的动作能表现出人体的活力。动作的弹性能加强动作的缓冲性，动作的缓冲性是指动作完成时对冲击力的缓冲和控制能力。缓冲件能保证动作的完成和避免受伤，另外，动作的弹性还可以加强动作的美感等。

6. 动作的美感

动作的美感是指动作要符合美学的要求。动作的美感常常以动作造型、动作的弹性、动作的力度、动作的协调、动作的节奏等形式表现出来。

总之，评定动作质量的标准多种多样，随着动作技术的不断完善，评价动作的标准也会随之变化和提高。

三、运动项目

（一）运动项目的概念

一般认为，运动项目是指人类为了强身祛病、娱乐身心及提高运动技术水平所采用的各项活动内容和方法的总称，通常也叫体育项目。究其根源可以发现，运动项目是人类在长期社会实践中逐步形成的各种身体活动的基础上，经过有意识地提炼总结、加工改造后保留下来的那些对身心有益的内容。因此，运动项目是伴随着人类自身的不断发展以及科学技术的不断进步，在不断发生变化。在这一变化过程中，既有新兴项目的不断涌现，也有传统运动项目的保留传承，甚至还会有项目逐步淘汰消亡。

（二）运动项目的类型

目前全世界运动项目种类繁多，其中既有我们熟知的各种国际体育竞赛项目，也有那些广泛流传和分布于世界各国的具有显著民族性、区域性特征的传统体育项目，也有20世纪70年代以来逐步兴起的“新体育项目”等。因此，在项目分类上，很难用一个统一的标准进行分类。只能从实际出发，按照不同标准进行划分。例如，可以按照竞赛将运动项目分为正式竞赛类运动项目和非正式竞赛类运动项目。其中，奥运项目（包括夏季奥运会项目和冬季奥运会项目）就是典型的正式竞赛类运动项目。还可以按照运动方式将运动项目分为体力活动类项目、技巧类项目和智力类项目等。在我国，国家体育总局就将正式开展的体育项目进行分类整理为78个大项（如表5–1所示），数百个小项。但是除此之外还有更多的民族性运动项目不在此列。此外，我们还根据奥运战略的实施，将运动项目划分为奥运项目和非奥项目等。

表5－1　我国正式开展的体育项目统计一览表

奥运项目（33项）	非奥项目（45项）
夏季奥运会项目： 游泳、射箭、田径、羽毛球、皮划艇、棒球、篮球、拳击、自行车、击剑、足球、手球、马术、曲棍球、柔道、现代五项、体操、赛艇、帆船、射击、排球、垒球、乒乓球、跆拳道、网球、铁人三项、举重、摔跤 冬季奥运会项目： 冬季两项、冰壶、冰球、滑冰、滑雪	潜水、划水、摩托艇、救生、健美操、技巧、高尔夫球、保龄球、掷球、台球、藤球、壁球、橄榄球、软式网球、热气球、运动飞机、跳伞、滑翔、航空模型、车辆模型、航海模型、定向、业余无线电、围棋、国际象棋、中国象棋、桥牌、武术、健身气功、登山、汽车、摩托车、轮滑、毽球、门球、舞龙舞狮、龙舟、钓鱼、风筝、信鸽、体育舞蹈、健美、拔河、飞镖、电子竞技

注：本表统计数据来自国家体育总局官方网站，统计时间截止2008年6月20日。

四、三者之间的关系

（一）身体运动以运动项目为依托，以运动技术为规范

身体运动是指构成体育手段的各种具体动作。它是人们为了增强体质、娱乐身心或提高运动技术水平而专门采用的身体活动。它可能是一个动态的过程，也可能是一个静态的动作。只有那些为了实现体育的目的任务而采用的体育手段中的动作才能称为身体运动。而要实现体育的目的任务则必须采用一定的体育手段，这些采用的体育手段就是运动项目。因此，身体运动是以一定的运动项目为基础的，离开了运动项目身体运动便失去了依托，也就无从谈起。而运动技术是指符合人体运动科学原理，能充分发挥身体潜在能力，有目的地完成动作的合理方法。身体运动可以通过不同的运动项目或者是多种运动方法展开，但是有些运动方法可能是无效的、不合理的，甚至是错误的。因此，只有在结合了人体运动科学原理

的运动技术为指导下进行的身体运动才可能是科学规范的身体运动，否则这类身体运动不仅不能达到体育手段的效果，可能还对身体健康有害。

（二）运动技术以身体运动和运动项目为表现形式

运动技术是所有运动项目合理运动方法的总称。每个运动项目的运动技术是有差异的，这种差异性表现为运动项目分类的特殊性上。运动项目分类的标准之一就是每项运动的技术的特殊性。如果运动项目的运动技术没有特殊性，那么，是不可能区分足球、篮球、排球等运动项目的。足球之所以是足球，因为它的运动技术中主要是脚法的展示，篮球之所以是篮球，也是因为它的运动技术中只能是手法的运、传、投的配合。因此，运动技术是以运动项目为表现形式的，运动项目不一样，展现的运动技术也千差万别。同样，运动技术也是以身体运动的形式展现出来的。身体运动的上下、左右、前后移动，肢体的默契配合，构成了运动技术的基础。如跳远的助跑、起跳、腾空、落地等运动技术都是通过身体的运动姿势表现出来的；跳水运动项目的技术难度也是通过运动员在空中的身体运动姿势来确定的。身体运动姿势的复杂多变也充分体现了该项运动技术的魅力。

（三）运动项目是规范化、技术化的身体活动

从人类诞生以来，便有了身体活动。但身体活动并不一定是运动项目。原因在于身体活动是多变的、复杂的，同时也是不稳定的。而只有人类从千变万化的身体活动中，带着一定目的性设计出一套比较稳定的身体活动方法后，才可能说是一项运动项目的形成。比如在篮球运动项目形成过程中，“桃篮摘桃”的劳动类身体活动就不是篮球运动。而只有当这种“桃篮摘桃”经过重新设计、改编，并规范运动的方法后，才能称得上是篮球运动项目。当然，任何一种身体活动的规范化、技术化，都是带有极强的目的性或者任务性的。生产劳动一般也是经过规范化和技术化的人类的身体活动，但它的目的性和任务性比较明显，是为了完成生产任务，获取生产生活资料，或者是解决人类基本生存问题而进行的。如熟练的纺织机上的接线工人，熟练的木匠、石匠，娴熟的收割和插秧的农民等等。这些带有目的性和任务性的身体活动虽然也经过技术化、规范化的改造，但却不是体育运动项目。只有当一项身体活动规范化和技术化的目的或者任务是为强身健体、提高运动技术水平，才能说它能够成为一项运动项目。因此，运动项目是规范化的、技术化的身体活动，而规范化、技术化的身体活动不一定是运动项目。

○ 小结

体育手段是指为了实现一定的体育目的而采用的身体活动或者是身体练习的方法。它具有继承性、国际性、民族性和区域性等特点，按照不同的分类标准，可以对其进行多种分类。一个完整的身体运动是由身体姿势、运动轨迹、运动时间、运动速度、运动速率、运动力量、运动节奏七个要素构成。身体运动、运动技术与运动项目三者之间具有密切的关系：身体运动以运动项目为依托，以运动技术为规范；运动技术以身体运动和运动项目为表现形式；运动项目是规范化、技术化的身体活动。

○ 思考题

1. 什么是体育手段？它有哪些特点？
2. 身体运动、运动项目和动作技术之间是什么关系？
3. 请运用运动技术评价的标准，谈谈你对NBA球星科比·布莱恩特篮球技术的看法。

○ 相关网站

1. 中国运动网：http：//www.sport120.com/
2. 体能训练网：http：//www.tinengwang.com/
3. 运动科学论坛：http：//www.vo2max.com.cn/

○ 课后拓展阅读

1. 周西宽.体育基本理论教程［M］. 北京：人民体育出版社，2004：165－187.
2. 杨文轩，杨霆.体育概论［M］. 北京：高等教育出版社，2005：84－104.
3. 李宗浩，等.关于体育手段的讨论［J］. 山东体育学院学报，2005（2）.
4. 于文谦，等.对竞技运动体育手段化的思考［J］. 体育学刊，2004（4）.
5. 吴忠义，卢考纯.竞技手段和体育手段的共通与分殊——兼论体育手段的运用［J］. 体育学刊，1999（4）.

第六章　体育的方法

○ 内容提要

方法是人类认识自然、改造自然的工具。体育方法是体育实践活动得以顺利实施的工具和基础。因此，学习了解体育方法，既要明确体育方法的概念、特征、分类等体育方法相关基础知识，同时更需要理论联系实际，掌握体育锻炼、体育教学、运动训练以及运动竞赛等四种常见的体育方法，本章的学习需要明确不同体育方法的特征、适用范围、使用原则，以便指导体育实践活动。

○ 学习目标

学习完本章之后，你应该能够：

1. 了解体育方法的概念、特征、分类。
2. 掌握体育锻炼、体育教学、运动训练和体育竞赛四种体育方法的内容。
3. 学会在体育实践中有针对性地选择体育方法。

○ 关键术语

体育方法、体育锻炼、体育教学、运动竞赛

第一节 体育方法概述

○ 导入

从前，有两个穷人遇到了一位“点石成金”的神仙。神仙给两人每人一百两黄金，甲很高兴的接了金子，乙却不要。神仙很奇怪地问乙：“你为什么不要?”乙说：“您给我金子，我很感谢您的帮助。但金子总会花完的，我请求您把‘点金术’传授给我，这是对我最大的帮助。”神仙被乙的好学精神所感动，高兴地把“点金术”传授给了乙。一年后，甲的金子用完了，又成了穷人；而学会了“点金术”的乙则运用“点石成金”术成了一个大富翁。同样，我国古代道家学派著作——《老子》中也有“授人以鱼，不如授之以渔”的讲述，其寓意是传授给人既有知识，不如传授给人学习知识的方法。道理其实很简单，鱼是目的，捕鱼是方法，一条鱼能解一时之饥，却不能解长久之饥，如果想永远有鱼吃，那就要学会捕鱼的方法。

上述两个案例告诉我们，方法是人类认识世界、获取财富、维持生存发展的必不可少有效工具。因此，系统地掌握了某一种方法，不仅一方面能够在认识层面找到认识客观世界的钥匙，同时在实践层面才能更加科学地指导实践活动。因此，从古至今对方法的探求一直都是人类最为重要的活动内容。因此在体育领域，对体育方法的研究也理应成为体育研究的基础性工作之一。

一、方法的一般理解

一直以来我们都将科学的发展、技术的革新视为推动人类文明进步的最强动力。然而，我们往往忽略了另一个问题，那就是方法的进步又是推动科学发展和技术革新的强大因素。在通常意义上，人们总是下意识地认为，是因为我们已经对某一事物有了认识之后才有方法，但事实上，人们往往是借助于一定的方法才对认识对象有了更为清楚和全面的认识。从这个意义上我们可以说：没有方法，人类的认识活动便无从开始。在人类认识世界和改造世界的过程中，始终伴随着一连串诸如“是什么”“为什么”“怎么样”以及“怎么办”等一系列问题，如果说“是什么、为什么”主要是认识层面的问题，那么“怎么办、怎么做”则主要就是方法层面的问题了。

（一）方法的定义

给“方法”一个准确的定义，有助于帮助我们更加准确、全面地理解其本质特征和内在属性。然而，从定义的角度看，越是那些司空见惯、习以为常的名词或术语，要给出一个准确的、具有普遍意义的定义，其难度也越大，甚至会陷入一种“不言而喻”、“只可意会，不可言传”的窘境。爱因斯坦就曾说过：“一个概念愈是普遍，它愈是频繁地进入我们的思维中，它同感觉经验的关系愈间接，我们要了解他的意义也就愈困难。”同样，作为一个司空见惯、使用频繁的名词，对“方法”下一个具有普遍意义的定义也是如此。

从词源学的角度看，“方法”一词起源于古希腊，原意指“沿着某种道路行进”。从现代科学意义上来理解，方法则是指人们在一切活动领域内从实践或者理论上把握现实，为达到目的而采用的途径、手段、工具和方式的总和。[1]换言之，方法就是实现特定目的的手段或途径，是实践主体接近、达到或者改造客体的桥梁或工具。

（二）方法的构成

明确方法的构成要素，是全面理解和把握方法内涵的必要条件。从方法本身分析，构成方法的要素主要可以划分为如下几个。[2]

1. 目的性要素

方法总是服务于一定的目的。虽然这种目的具体表现的形式和类型很多，例如既可以是目标、任务，也可以是要求、需要、意向等。但是不论是哪一种，都表明方法总是有所为、有所指的。目的性要素既是方法运用的自觉状态，也是人的主动性在方法中的体现，是探求、实验并创造出相应方法的基础。

2. 活动性要素

首先，从活动性看，方法总是需要通过特定的操作方式与具体的活动方式体现其价值和效用。其次，从规律性来看，方法必然是有目的、合规律的功能活动。人类活动的有效性，取决于方法的科学性，而方法的科学性，必须符合客观规律。因此，探索、实验和创造方法的过程，其实质就是逐步认识客观规律的过程。

3. 工具性要素

“工欲善其事，必先利其器。”首先，方法本身就是工具。其次，方法的运用也有赖于一定的工具。这里的工具既包括精神的，如语言、逻辑、范式等，也包括物质的，如器械、仪表、设备等。其中，精神性工具是规律性的内化，而物质性工具则是规律性的外化。方法运用过程中使用的工具越多，越能证明其有效性。

4. 对象性要素

方法的对象性要素是指方法具有明确的指向性，而这种指向性并非是一一对应的关系，可以是一对多，或者是多对一的关系。方法不是凭空产生的，总是围绕特定的作用对象产生的。方法的运用与操作必然要作用于特定的对象。这些对象要么是精神的对象，亦或是物质的对象。对象的特点制约着方法的产生、设计和应用。从对象出发、从实际出发，是产生、发展、完善方法的关键。

（三）方法的特征

1. 方法的主体性

方法的主体性特征是揭示方法与人的关系。作为人类向外在世界争取自由的工具、手段和武器，人始终是创造和使用方法的主体。方法发端于人，发端于人类不断变化发展着的目

[1] 吴岱明.科学研究方法学 [M]. 长沙：湖南人民出版社，1987：21.
[2] 刘蔚华.方法学原理 [M]. 济南：山东人民出版社，1989：18-19.

的、需要、利益等。在这个过程中，方法也不断实现从产生、发展到完善的变化过程。

2. 方法的合规律性

方法是人类认识世界、改造世界，从而不断满足自身需求的工具。因此，方法本身必须符合客观世界的本质和规律。方法可以创造，但是客观规律却不能创造、改变，而只能依据客观规律来创造和改进方法。客观规律既是产生方法的依据，同时也是检验方法效果的依据。

3. 方法的中介性

方法是目的的可能性与现实性的中介，是主体与客体的中介，是矛盾双方之间相互转化的中介。人的一切行为都是为了实现某种目的，使自己潜在于头脑之中的主观精神状态的目的，通过方法这一中介转化为外在的客观对象的现实存在。使目的由潜在的可能性转化为客观的现实性。如果没有方法这个中介，就不能实现这种转化。与此同时，在人的实践活动中，主体通过方法实现与客体发生联系，把主体的需要和意志强加于客体，使客体人化、我化，变成合乎于主体的意志的改造物。人类改造客观世界的过程，其实就是实现人的主观世界与客观世界矛盾对立双方的统一过程。而方法，就是矛盾双方之间赖以转化和联系的中介。缺少这个中介，双方就不能建立必要的联系和转化的渠道。因此可以说，方法是一切行为、目的或任务实现的中介或桥梁。

4. 方法的工具性

方法的工具性主要体现在两大方面，其一，从方法与目的的关系来看，方法是服务于目的和实现目的的手段。人们的一切行为方式都是按照一定的方法进行的。人们在设计、创造方法时从来都不是天马行空、凭空臆造的，而是围绕一定的目的而展开的。离开了目的，方法就没有存在的意义。其二，从方法的运用来看，方法的运用中也总是要借助一定的工具。总之方法具有强烈的规范性和约束性。其规范和约束的标准就是实践活动的目标任务或是目的。也就是说，只有严格按照方法的要求，按照方法所规定的程序、方向、路线和协同方式，才能最终实现既定目标。否则，其行为和结果都将收效甚微，甚至一无所获。

5. 方法的多样性

人的活动目标、需求、任务的多样性，决定了方法的多样性，所谓“殊途同归”就是方法多样性的直观体现，不存在包打天下的万能方法。同时，围绕同一个任务、实现同一个目标也会有不同的方法。但是也必须明确，虽然方法具有多样性，但是其中总有一种方法是最佳方法。因此在使用方法时，应该从中选出最优方案。

（三）方法的分类

方法是人类认识世界和改造世界的工具。由于人的活动可以划分为不同的类型和不同的层次，相应的，方法也可以划分为不同的层次和类型。因此，对方法进行分类时，就可以按照不同的标准提出不同的分类结论。

例如，可以按照对人类活动适用领域的不同，将方法分为一般方法、特殊方法和个别方法。所谓一般方法是指带有根本指导原则和普遍调节手段的方法，主要是指哲学方法。特殊方法则是指相对于一般方法而言，在某些具有一定相似性的活动中所采用的方法，如数学方法、逻辑方法。特殊方法通常是指那些认识或改造某个特定对象的方法。

再有可以按照人类活动的根本内容，将方法分为认识方法和实践方法两大类。其中，认识方法是指认识主体对认识对象进行制作、加工的方式、程序和手段。实践方法则是指人类实践活动的程序，它是实践主体、目的需求、工具以及实践环境等要素综合体。

二、体育方法的概念

上文对“方法”的概念、构成要素、特征以及分类等方面知识的探讨，有助于我们对体育方法的理解。与一般意义上的“方法”一样，体育方法也是将体育的本质以及其他的规律性认识转化和运用于体育实践的具体方式。在这种认知基础上，体育方法与其余体育相关问题所探讨的重心就有所不同。如果说，对体育本质的研究是要回答“体育是什么”的问题，对体育目的的研究是为了弄清楚“体育为什么”的问题，那么对体育方法的探讨实际上是要说明“怎样实施体育”的问题。[3] 因此，如果不对体育方法进行深层次的探讨，对其准确把握，体育实践活动就难以真正开展起来。由此可以看出，体育方法在体育学知识体系以及体育发展过程中的重要地位。

关于体育方法概念，不同的学者从不同的角度进行了阐释。以下是几种最具代表性的观点。

体育方法是应用体育运动和各种体育手段来锻炼身体，增强体质的方法，即只要是名副其实的锻炼方法都可以称之为体育方法。包括负荷锻炼、重复锻炼、连续锻炼、间歇锻炼、变换锻炼、综合锻炼、巡回锻炼等一系列人们常用的具体方法。[4]

“体育方法是通过传授和运用体育知识技能，达到锻炼、养护身心、强身育人的办法，主要包括体育教学法、体育锻炼法、体育养护法和体育育人法。”[5]

“体育方法可以理解为实现体育目标而采取的途径、程序，并将体育方法划分为体育教学、运动养育、锻炼以及养护的方法。”[6]

上述几种有关体育方法的定义，反映了不同的时期人们对体育方法的不同认识。而这种认识上的不同，其实质是体育自身的发展以及我们对体育认识不断深化的结果。因此，当前随着体育自身的不断发展，对体育方法的理解应当注意以下几方面的问题。

第一，在讨论体育方法时，应注意理解的层次性，即要区分一般意义上的方法与实际运用中的各种具体的方法。在此我们所探讨的“体育方法”，不是针对体育学科体系中的某一具体分支领域，或者是某种特定的具体的体育活动内容而言的，而是从体育的整体层面来思考。

第二，随着现代体育的不断发展，对体育方法的理解应突破单纯从“身体教育”的角度理解体育方法的定式思维。如果单纯从“身体教育”的角度理解体育方法，那么体育方法就主要是指“体质教育的方法，是应用体育运动以及全部体育手段去增强人民体质的方法，其

[3] 王文生，王若钦，谭兆风等.体育教学论.体育方法学.体育教材教法 [M]. 桂林：广西师大出版社，2002：174.

[4] 校枫.体育方法学与体育教学法 [J]. 体育教学与训练.1980（4）：38.

[5] 宋继新，孙晓春，贡娟.构建体育方法学新体系 [J]. 体育科学.1993（3）：25.

[6] 杨文轩，陈琦.体育原理 [M]. 北京：高等教育出版社.204：121.

目的性非常明确，就是增强人民体质，这是人民体育的性质决定的。”[7] 然而，随着时代的发展和进步以及体育自身的不断发展，不仅体育的功能已经明显泛化，而且体育的活动内容、组织形式、活动方式也发生了重大变化。因此单纯从“身体教育”层面理解体育方法，已经不能完整地呈现体育的价值功能。身体教育、增强体质固然是体育的基本功能之一，但是当代体育的功能却不仅仅局限于此。因此，无论是从体育的目的，还是从体育的具体开展形式来看，体育方法的范畴都已经大大扩展。因此可以概括地说，凡是人们为了实现体育目的所创造的条件、采取的措施、选择的途径、采用的手段方式都属于体育方法。

三、体育方法的特征

体育方法作为方法的一类，它既具有方法的一般特征，同时也有自身的特殊性。体育方法的特殊性，也是体育区别于其他人类实践活动的特征之一。准确把握体育方法的特殊性，是合理选择体育方法的前提和基础。具体来看，体育方法的特殊性主要表现在如下几个方面。

（一）作用对象的特殊性

对象性要素是构成方法的基本要素之一，任何方法都有自己的作用对象。体育作为人类一种有目的、有意识、有组织的实践活动，与其他人类实践活动相比最显著的特点就在于改造对象的特殊性。体育是通过有规则的身体活动（运动）改造人的“自身自然”的社会实践活动，其最显著的表现方式就是身体活动或者是身体运动，因此它作用的对象首先是人的生物体，并通过生物体的积极改造进一步影响人的社会行为、思想观念等等。因此，作为具体的实施手段、方式、途径的体育方法，都必须围绕干预和改造人的生物体这一基本目的入手来进行设计、规范和完善。离开了生物体的人，不仅体育这一实践活动无从谈起，其意义和价值也不复存在。

（二）作用途径的实践性

方法只有应用于实践才能体现其价值，而方法应用于实践必须有赖于一定的途径。不同的方法其实现方式和作用途径也各有差异。例如，有的方法必须通过人的实践活动得以展示，也有的方法不需要通过实践活动，而可以通过理论层面的推理、归纳、演绎等途径来实现。作为以改造人的生物性为主要特征和目的的体育方法，其作用途径绝不能仅仅停留在理论层面的设计，而必须通过具体的体育实践活动——身体运动体现出来。否则，就难以起到积极干预人的生物体的生长发育、增强体质、增进健康的目的。因此可以说，任何体育方法，如果没有用于真正指导体育实践活动，其价值和意义就不能体现出来。

（三）实践效果的直观性

方法总是为了服务和满足主体的特定需求。因此方法的实施效果、满足主体需求的程度

[7] 东北师范大学体育系体育理论教研室.体育方法学 [M]. 长春：东北师范大学，1986:93.

就成为检验、衡量方法本身准确与否的重要依据。检验方法是否有效的途径和方式很多，例如，既可以通过理论假设、推理演绎、归纳总结，也可以通过具体的实践活动来验证其作用效果。而体育方法作为指导体育实践活动的程序和途径，在检验其方法的作用效果时，单纯通过假设推理、归纳演绎不能够体现其价值。而必须通过体育实践活动带来的直观结果来衡量。例如，我们可以通过身高、体重、体形等身体形态指标的改变，通过力量、速度、灵敏等身体机能指标的变化，以及肌肉骨骼系统、心血管系统、神经系统等器官系统功能的变化来衡量其作用效果，也可以通过参与者的心理感受、运动体验、情感宣泄等方面来体现其效果。但是无论是哪一种，其作用效果都可以直观感知。

（四）作用对象的区别性

如果说类似物理方法、数学方法等一般方法，只要满足了方法作用的基本条件，那么无论是针对哪一种作用对象，其差异性基本可以忽略不计。那么，体育方法在作用条件相同的情况下，作用对象也有着显著的对象差异性。这种作用对象的差异性，一方面体现在体育锻炼、体育教学、运动训练和运动竞赛等不同的体育方法，其适用对象有着明显的差异；另一方面，即使是同一种方法，也会因参与者具体情况的不同而存在显著的差异性。以体育教学为例，体育教学虽然有一般的原则和方法，但是当教学对象存在着年龄、性别、体质基础、健康状况等各种差异时，其具体的应用也就不一样。同样，体育锻炼、运动训练、运动竞赛也会出现此种情况。

四、体育方法与体育手段的辨析

如果单从概念界定的角度看，体育方法与体育手段是一对密切相关，甚至在一定条件下是内容相同的范畴，对体育方法的理解和认识必然涉及到体育手段的问题。例如《现代汉语词典》解释，手段是为达到某种目的而采取的具体方法。[8] 相对应的，方法则是指解决思想、说话、行动等问题的门路、程序等。[9] 因此，如果单从概念界定以及约定俗成的认识看，方法与手段几乎是相互包容的同一事物。但是如果仔细深究，体育方法与体育手段之间还是有一定的区别。例如杨文轩教授认为，体育手段是根据体育目的和目标需要选择的各种内容和方法，而体育方法则是连接体育目标与体育手段之间的“中介”。因此可以这样理解：体育手段是相对固定的，而体育方法则是较为具体的、灵活的，体育手段包含了体育方法的内容。[10]

如果借助体育实践过程来理解体育方法与体育手段的关系，我们可以这样认为：体育方法与体育手段之间在不同的层次思考则有不同的关系。例如，从体育整体思考，我们可以这样认为，竞技体育、学校体育、群众体育都是实现不同体育目的的手段，而体育教学、体育锻炼、运动训练、运动竞赛则是最常见的体育方法。基于这样的认识，当我们将体育作为人类特有的一种具有特定作用的活动方法时，那么竞技体育、群众体育、学校体育则是实现体

[8] 现代汉语词典 [M]. 北京：商务印书馆.1985：1058.
[9] 现代汉语词典 [M]. 北京：商务印书馆.1985：306.
[10] 杨文轩，陈琦.体育原理 [M]. 北京：高等教育出版社，204：107.

育目的的手段。当我们将竞技体育、群众体育、学校体育作为一种具体的体育方法来思考时，期间具体实施过程中常用的运动训练、体育锻炼、体育教学等又称为各自的体育手段。

第二节 选择体育方法的依据

○ 导入

近年来，以网络媒体为推手，“中国式造神运动”屡见不鲜，“神医”胡万林、“排毒教父”林光常、“太医后人”刘弘章等“养生明星”一次次演绎着中国式造神闹剧。同样在养生健身领域，这种造神运动也越来越多。虽然其方式方法多种多样，但是结局大都一样。“养生明星”的走红与倒下，一方面显示出社会的发展进步使得大众产生了极为迫切的健身养生需求，另一方面也表明目前我国养生保健行业尚不尽规范，全社会的科学意识还有待提高。正是因为当前社会大众对养生健身的认识存在诸多误区，在选择养生健身方法时只能迷信或者是盲目跟风。因此，选择科学合理的健身养生方法，不仅是体育事业发展的重要使命，也是全社会的一种呼唤。那么，我们应该遵循什么标准选择方法？应该以什么为依据选择方法呢？

一、体育目的

目的是实践主体在活动之前有意识设计的活动结果，是人的主体需要和客观事物发展规律整合后产生并存在于人们观念之中的一种预期结果。[11] 目的作为实践活动的起点，体现了主体活动的意向以及活动的自我驱动机制；作为活动的终点，目的则反映了主体活动的结果，体现了活动主体的自我实现机制。从目的与方法的关系看，方法与目的密切相关。一方面，方法是实现目的的手段或是途径，是服务于目的的。另一方面，目的也是促进方法产生、改进、完善的内在动力以及检验方法是否正确合理的依据。因此，选择和确定体育方法，首先必须明确体育目的。

体育目的，是规定体育活动要实现的结果或者是要达到的标准。体育作为人类实践活动之一，从其产生之日起就有着明确的目的。正是这种目的性，制约着从起点到终点的体育实践活动全过程。从体育目的的特征来看，它既有相对的稳定性，也会随着历史的发展以及时代的变迁发生变化，体现出一定的流变性。从具体表现看，体育目的一般可以具体化、细化为不同的体育需求、体育任务。

但是，不管是体育目的也好，还是体育任务、体育需求也好，其实现总是有赖于一定的体育实践活动和实践过程，因此必然涉及到体育方法的选择和运用。当体育目的不同时，实现目的，或者说完成任务所使用的方法当然不一样。例如在体育运动中，参与者往往会带有不同的参与目的来参加体育活动，有的可能带着学习体育知识、技术，培养运动技能，有的

[11] 杨文轩，杨霆.体育概论 [M]. 北京：高等教育出版社，2005：61.

倾向于健身健美，也有的希望愉悦身心，还有的想通过体育活动交朋结友，等等。这些目的迥异的参与者，肯定会选择最适宜的体育方法。例如学习体育知识技能的可能更倾向于采用体育教学；健身健美、娱乐休闲、交朋结友的，可能常常选用体育锻炼的方法；而对于那些渴望超越自我、超越他人，最大限度挖掘自身运动潜能和身体心理极限，获取优异的运动成绩的运动员、教练员来说，只能通过运动训练和运动竞赛法才能实现。

二、参与主体

方法作为人类认识自然、改造自然的工具，总是服务于人类的需求的。而体育作为人类积极主动地改造自身自然的社会实践活动，在这个实践过程中，人既是体育活动的主体，也是体育活动积极改造的对象和客体。这种主客体一致性的特点决定了选择和使用体育方法，必须考虑体育活动的参与主体的特征。

如果要对体育活动的参与主体进行划分，我们可以提供多种分类标准。例如既可以按照最基本的性别、年龄进行分类，也可以按照身体健康状况、体育运动基础进行分类，还可以按照职业特征、收入水平、教育程度等特征进行分类，等等。但是，无论按照何种标准分类，其目的都是要考虑不同的参与主体的个体差异性，选择最适宜的体育方法，做到因人而异。反之，如果不考虑参与主体的个体差异性，在选择和使用体育方法时，千人一面、千篇一律，不仅难以起到积极的活动锻炼效果，甚至会带来健康等方面的不利影响。

三、体育条件

方法运用于实践必须依据一定的条件和工具，否则再好的方法，也只能是纸上谈兵，难以发挥作用。最理想的状态是：准确适宜的方法，加上由人力、物力、财力以及管理制度等诸多要素构成的完备的外部条件，这样来最大限度发挥方法的效能，更好更快地实现既定目标。因此，基础条件的差异，也是选择方法的一个重要依据。

对于体育实践活动而言。体育方法的应用以及体育实践活动的开展也必须借助于一定的体育条件。从总体上看，体育条件是指由体育场地器材、体育管理制度、体育自然环境、体育社会环境等多种因素构成的综合体。其中，体育自然环境和场地器材设施，是开展体育实践活动的物质基础，也是各种体育方法用于实践活动的物质载体。而体育管理制度，是保证体育实践活动的制度基础。体育社会环境则是推动体育自身发展的社会基础。就一般规律而言，体育条件不断趋向完善和先进，选择体育方法的制约因素就会越少，体育方法也就越容易实施。

第三节　体育的具体方法

○ 导入

方法作为满足需求、实现目标的工具、手段和途径，总是与人类的实践活动密切相关。在人类体育漫长的发展历程中，在不同的历史发展阶段，人类围绕各种体育实践活动，创造出了种类繁多、千姿百态的体育方法。这些体育方法经过历史的沉淀与筛选，构成了今天我们所看到、所运用的各种体育方法。在这些种类繁多、形态各异、功能不同的体育方法中，如何选择最适宜的体育方法就成为影响体育实践活动展开的基础。

我们按照现实体育实践活动的具体开展以及体育方法的具体运用，将体育方法划分为体育锻炼、体育教学、运动训练以及运动竞赛法等几种。这几种不同的体育方法在具体运用中会有不同的要求。

一、体育锻炼

体育锻炼是人类增进健康、增强体质、提高生活质量以及促进社会文明进步发展的重要途径和手段，也是体育社会化、大众化、生活化发展速度、发展程度的直观体现。因此，促进体育锻炼活动的积极开展，提高体育锻炼的大众参与程度，也是世界各国发展体育事业的一项重要工作。

（一）体育锻炼的内涵

对“体育锻炼”概念的界定，有代表性的观点有如下几种。

“体育锻炼是指运用各种身体练习和方法，并结合自然力和卫生因素，以发展身体、增进健康、调节精神、丰富文化生活为目的的身体活动。”[12]

“体育锻炼是指运用各种身体练习和方法，并结合自然因素和卫生措施以发展身体，增进健康，增强体质的一个有目的的锻炼过程。”[13]

“体育锻炼是指人们运用各种体育手段和方法，结合自然力（日光、空气、水等）和卫生措施（营养保健、医疗康复），以发展身体、增进健康、增强体质、调节精神和丰富文化生活为目的的身体活动过程。”[14]

“体育锻炼是人们根据需要自我选择，运用各种体育手段，并结合自然力和卫生措施，以发展身体、增进健康、增强体质、调节精神、丰富文化生活和支配自由时间为目的的体育

[12] 《体育理论》编写组.体育理论 [M]. 北京：人民体育出版社，1981：12.
[13] 高等师范院校体育系科《体育理论》教材编写组.体育理论 [M]. 南京：南京师范学院出版社，1983：101.
[14] 滕子敬.体育原理 [M]. 北京：北京师范大学出版社，1983：228.

活动。”[15]

通过上述对体育锻炼的界定，我们可以归纳出体育锻炼的基本特征：首先，体育锻炼是一个有目的、有意识、积极主动的身体活动过程；其次，通过体育锻炼过程可以对社会个体以及社会群体产生多重的积极影响，例如促进个体身心健康，促进社会文明进步等；第三，体育锻炼产生积极的效用，既需要参与者积极地运动参与，同时还必须有赖于良好的自然环境和必要的卫生措施。

（二）体育锻炼的特点

1. 参与对象的广泛性

从参与对象看，在整个体育实践活动中，体育锻炼的参与对象最广泛、最多样，无论人们的年龄阶段、身体健康状况、体育基础、性别、职业、收入水平差异如何，都可以选择适合自身的锻炼方法、锻炼内容。

2. 锻炼效果的持续性

要获得体育锻炼效果，必须经历一个长期的持续的活动过程。体育锻炼效果获得的持续性，是受到人体体质增强的渐进性规律以及体育锻炼效果不稳定特点制约的。从体质的角度看，人体形态的变化、机能水平的提高要经历一个从量变到质变的渐进过程。从体育锻炼的效果看，如果停止锻炼，那么已经取得的锻炼效果会逐步消退。因此，要获得和保持锻炼效果，必须进行持续不间断的体育锻炼。

3. 评价指标的多样性

对体育锻炼效果进行科学、全面的评价可以有效地激励体育锻炼行为。一般来说，评价体育锻炼效果的指标具有多样性，主要可以概括为：身体健康状况、身体形态、各器官系统机能、身体素质水平（力量、速度、耐力、灵敏、协调等）、运动技能以及心理素质与个性等六大方面。[16] 同时，在评价中应力求选择多种评价指标，制定科学的评价标准进行评价。

（三）体育锻炼的基本原则

所谓“原则”是指行动过程中必须遵循的基本要求，它是行动得以顺利进行以及达成既定目标的前提和基础。因此，体育锻炼原则即是指体育锻炼过程中所必须遵守的基本行动准则和要求。它是人们在长期的体育锻炼实践基础上所积累的各种经验的总结与概括，也是体育锻炼活动基本规律的反映。因此，在体育锻炼过程中，我们必须准确认识、把握、遵循体育锻炼原则。从总体上看，体育锻炼过程中必须遵循的基本原则主要包括自觉主动原则、循序渐进原则、持之以恒原则、全面锻炼原则以及具体针对原则等。

1. 自觉主动原则

自觉主动原则是指在体育锻炼过程中，必须通过多种方式和手段使参与者形成一种内在的、积极的体育锻炼的心理需求，从而产生积极的内在激励机制和外在的行为机制。由于体育锻炼是对人生物体的积极改造，这种改造过程要求人体必须克服自身的惰性，甚至可能在

[15] 周西宽.体育理论基本教程 [M]. 北京：人民体育出版社，2004：150.

[16] 周西宽.体育基本理论教程 [M]. 北京：人民体育出版社，2004：158-159.

特定的时间段产生不良的身体心理体验。因此，积极、主动、自觉的内在心理激励机制就成为确保体育锻炼行为积极开展的心理基础。否则强制性的、被动的参与体育锻炼，虽然也可以对参与者的身体、心理、情感等方面产生积极的影响，但是这种被动的体育锻炼参与行为由于缺少必要的内在的激励机制，必然是暂时的、短期的，难以持久。同时，在这种被动的体育参与过程中，参与者很有可能产生抵触情绪，从而影响锻炼效果。正如毛泽东同志在《体育之研究》一文论述“欲图体育之有效，非动其主观、促其对体育至自觉不可”。[17] 因此，对体育锻炼的参与者来说，只有参与者本身对体育锻炼有着明确而积极的动机，自觉自愿参与体育锻炼，才能使之持久。

2. 循序渐进原则

所谓循序渐进是指“按照一定的步骤深入或提高”。体育锻炼过程应遵循循序渐进原则，一方面是由于我们对体育锻炼相关方法知识的学习掌握本身就是一个由浅入深，由易到难的渐进过程，另一个更重要的方面在于，体育锻炼作用的对象是人的生物体，它有着自身的生长发育规律，同时其生理机能变化发展也有自身的阶段性特征。因此，这就要求我们在体育锻炼过程中，必须依据人体生长发育的基本规律以及生理机能变化发展的阶段性特征，合理地安排锻炼行为和运动负荷，通过科学、合理的锻炼负荷，周期安排，逐步打破人体原有的内在平衡，从而加速人体生长发育进程以及生理机能变化发展速度，使之逐渐积累，逐步实现由量变过渡到质变，最终达到促进人体生长发育，增强体质、增进健康。这个过程必须循序渐进，既不能够急于求成，也不能原地踏步、一成不变。急于求成的体育锻炼行为，不仅难以起到积极的锻炼效果，同时还极有可能对人体造成严重的损害，而原地踏步的锻炼行为，由于难以打破人体已经形成的各种平衡，所以也难以达到健身效果。

3. 持之以恒原则

从古至今，持之以恒都是人类迈向成功的关键所在。对体育锻炼来说，也是一个长时间的日积月累，持之以恒的过程，这个过程既要遵循循序渐进，更需要持续不间断。体育锻炼遵循持之以恒原则，既有助于参与者养成锻炼兴趣，培养健身意识，同时也是人生物体自身发展规律的必然要求。体育锻炼是对人体自身的积极改造，这种改造的效果，不是一朝一夕就能实现的，而是必须通过长期的锻炼才能实现。更为重要的是，人体自身有着天然的惰性，“用进废退”是永恒的自然法则，这就意味着已有的健身效果并非一劳永逸。如果中途间断，那么已经取得锻炼效果就将慢慢消退。例如前苏联学者研究结果表明，如果体育锻炼停止以后，身体机能将以增长所耗用时间的 1/3 逐渐消退，即一个月的锻炼效果在停止锻炼后的 3 个月就将全部消退。此外，日本专家研究结果证实，当锻炼停止时，肌肉力量消退的时间与锻炼频度有关。因此，无论是从锻炼行为、锻炼意识，还是从健身效果的获取与保持来看，持之以恒都是体育锻炼过程必须遵循的基本原则之一。

4. 全面锻炼原则

从哲学层面看，人的构成有三个层面：分别是生物学层面，心理学层面和社会学层面。[18] 因此，对自身自然的改造必然会涉及和影响到心理学层面和社会学层面。即使是从生物学层

[17] 毛泽东.体育之研究 [M]. 北京：人民体育出版社，1979：1.

[18] 杨文轩，陈琦.体育原理 [M]. 北京：高等教育出版社，2004：39.

面看，人体的形态、机能以及各器官系统的功能也是一个相互影响的负载系统。因此，体育锻炼就是要从各方面对人体加以改造。改造对象的多样性必然要求改造方法以及改造过程的全面性。

5. 具体针对原则

所谓具体针对原则主要是指在体育锻炼过程中，我们必须根据综合考虑参与者个体的体质基础、身体机能状况、健康水平、体育文化素养以及所处的自然环境、体育基础条件等多种主客观因素，来合理地选择锻炼方法，安排锻炼内容，确立运动负荷，使体育锻炼做到因人而异、因地制宜。

（三）体育锻炼法的选择和运用

1. 儿　童

儿童时期，由于身体各器官、系统发育尚处在初期阶段，因此体育锻炼应在成人的辅导下开展。在锻炼过程中应注意锻炼的全面性、经常性、适量性。同时锻炼过程以游戏娱乐的方式开展，注意培养体育锻炼兴趣。

2. 青少年学生

青少年时期是人一生中发育最快的时期，也是各项身体素质、身体形态、器官系统功能发育的灵敏期，因此体育锻炼中应注意适量的运动负荷，既不能负荷超量，也不能负荷过小。同时还要注意由于性别意识增强造成的运动情趣变化。

3. 中老年人

进入中老年阶段以后，由于人体机能逐步进入衰退期，尤其是进入老年阶段以后，要特别注意根据老年人骨骼系统、呼吸系统、心血管系统、神经系统等特点，合理安排运动的时间、运动负荷。同时还应将体育锻炼与日常医疗卫生监控、饮食结构调整集合起来，否则极易对身体产生不良影响。

二、体育教学

从古至今，体育都是人类教育活动的组成部分和基本手段。欧洲文艺复兴运动以后，在古代体育向现代体育转型的过程中，体育首先在学校教育过程中取得了合法的地位，因此从学校体育的角度可以说，现代体育最初主要是在学校教育内形成和发展起来的。当前在我国，体育教学不仅是学校体育的中心工作，也是素质教育的重要组成部分，更是国家体育事业的一项重要工作，它肩负着提高青少年学生身体、心理、意志品质、社会适应能力等重要任务，是为国家和社会培养高素质人才的不可或缺的重要途径和手段。

（一）体育教学的概念

体育教学作为人类整个教学活动的组成部分，是伴随着人们对教学理解的深入而不断发展进步的。因此，探讨体育教学的概念，必须首先从“教学”的概念入手。从教育学的视角梳理“教学”定义的变迁，可以将其大致划分为作为与教育、教养并举的教学、作为双边活动的教学以及作为交往、对话或者建构的教学三个大的演变阶段。[19] 然而，万变不离其宗，无论概念变迁如何，“教学”自身内在的特质却是相对固定的：首先，教学是一个活动过程；其次，教学这个过程的参与者主要是教师和学生；第三，教学过程具有内在的目的性，而这种目的性又会随着社会的变化而不断在扩展变迁。但是，传授知识、培养技能、增强体质、塑造品德是其最主要的目标。

体育教学是整个教学活动的组成部分，它必然要遵循一般教学的基本要求，因此在概念的界定上，也不可能跳出“教学”的范畴。从目前有关“体育教学”的代表性概念看，也主要是遵循“教学”概念界定的基本要求。

体育教学是指在教师的指导和学生的参与下，按照教育计划和体育教学大纲，由教师向学生传授体育知识、技术和技能，发展学生身体，增强体质，对学生进行共产主义思想、道德、意志、品质教育的过程。[20]

体育教学是以教师为主导，学生为主体的双边的统一的活动，是按照教学计划和体育教学大纲的要求，向学生传授体育的知识、技术和技能，发展学生身体，增强体质、培养学生的思想道德品质的教育过程。[21]

体育教学是实现学校体育目标的途径之一。它是在体育教师和学生的共同参与下，通过运用适当的方法，指导学生掌握体育和卫生保健知识，基本的运动技术和技能，增强学生体质，培养体育能力和良好的思想品德的一种有组织的教育过程。[22]

体育教学是按照一定计划和大纲进行的有目的和有组织的教育过程。[23]

体育教学是在学生与体育教师的共同参与下，有目的、有计划的体育认知、身体练习、情感和交往活动。

从上述对有关“体育教学”概念的梳理来看，体育教学与一般的教学活动一样首先也是一个有组织的程序化、科学化的教育过程；其次，这个教育活动的全过程也是在教师和学生的共同参与下完成的。与一般的教学活动所不同的是，体育教学不仅仅是传授知识，更为重要的是通过积极的运动参与，实现塑造体质、心理、思想、情感、道德等方面的全面发展。

（二）体育教学的原则

体育教学原则是指体育教学过程中必须遵循的要求和规律。体育教学原则是人们在长期的体育教学实践过程中宝贵经验的总结，它反应了人类对体育教学规律的把握和认识。因此，只有严格遵循体育教学规律，体育教学活动才能沿着正确的路径开展实施，也才能取得最优化的教学效果。

1. 健康第一原则

体育作为一种特殊的育化方式，从古至今都承载着人类追求健康的永恒目标，[24]而这一

[19] 郑金洲.中国教育学60年（1949~2009）[M]. 上海：华东师范大学出版社，2009：9-12.
[20] 《体育理论》编写组.体育理论 [M]. 北京：人民体育出版社，1981：31.
[21] 滕子敬.体育原理 [M]. 北京：北京师范大学出版社，1987：96.
[22] 全国体育学院教材委员会.学校体育学 [M]. 北京：北京师范大学出版社，1983：228.
[23] 周西宽.体育理论基本教程 [M]. 北京：人民体育出版社，2004：127.
[24] 刘湘溶，刘雪丰著.体育伦理——理论视域与价值范导 [M]. 湖南：湖南师范大学出版社，2008：57.

点在体育教学中体现得尤为显著。体育教学主要对象是广大的青少年学生，他们是国家和民族的未来和希望，因此只有具备良好的身体素质和健康的体魄，国家和民族才有希望和未来。对此梁启超曾振聋发聩地呐喊“少年强则国强”。而少年强的一个重要标志就是强健的体魄和良好的健康状况。因此，对健康的追求势必成为体育教学的首要原则。

早在新中国建国初期，毛泽东同志就于1950年和1951年先后两次写信给时任教育部长的马叙伦先生，提出了“健康第一，学习第二”的指示；1953年他又提出了“要使青少年身体好、学习好、工作好”的要求。[25] 当前，我国各级学校的体育教学过程都明确提出了“健康第一”的指导原则。所谓“健康第一”，就是要将学生的身体健康放在一切教育工作的首要位置。通过体育教学和学校体育锻炼，实现学生在身体、心理和社会适应能力方面的全面提高。健康第一原则，凸显了体育的本质功能。

2. 因材施教原则

捷克大教育家夸美纽斯曾将教学定义为“将一切知识教给一切人的一种艺术”。为了实现这一目标，必须遵循因材施教的基本原则。所谓因材施教就是指在整个教育教学过程中，必须根据受教育对象的具体情况实施教学。具体到体育教育领域，就是要根据受教育对象的身体健康状况、体育基础、体育运动兴趣和爱好以及现有体育基础设施等各种因素，确立教学目标、选择教学内容和教学方法并加以具体实施。

3. 身心协调发展原则

身心协调发展是现代社会对教育的基本要求。因此，作为现代教育的一个组成部分，体育教学过程必须坚持贯彻身心协调发展原则，培养德、智、体全面发展的人。所谓身心协调发展是指在体育教学中，教学的重点应不仅仅放在学生身体层面，而是更应当关注学生的心理层面，关注学生的心理发展与完善，同时应帮助学生形成健全的人格以及良好的社会适应能力，以实现现代社会对人才的要求。虽然，体育教学从教学过程以及实施途径看，主要针对的是学生的身体，积极地改造学生的身体，促进学生身体形态的改变和身体机能的提升，从而达到增强体质，增进健康。通过对身体的改造，同时还能够积极地对学生的心理、情感、意志品质等产生良好的正迁移和影响。因此，必须坚持身心协调原则。

4. 知识技能并重原则

教学的基本任务就是知识的传授与技能的形成。体育教学作为一种特殊的教学过程，与一般的智育、美育教学过程相比，最大的特点就在于以学生的直接的身体运动体验来获取体育知识和培养体育技能。因此在这个过程中，我们应当将知识的传授与技能的培养融为一体，即不能忽略体育基础知识的传授和掌握。只有掌握必要的体育基础知识，学生对体育认知才有可能逐步完整，为其积极参与体育锻炼奠定认知基础。但是体育知识的传授绝不能停留在口头上，而是应当将基础知识内化为锻炼身体的良好技能，帮助学生培养终身体育的能力。

5. 终身体育能力原则

自从20世纪60年代法国教育家保罗·朗格朗提出了“终身教育”思想以来，这一思想逐渐成为学校体育的基本指导思想和基本原则之一，由此催生了“终身体育”思想的兴起以及在世界范围内的流行。

[25] 伍绍祖.中华人民共和国体育史（综合卷）[M]. 北京：人民体育出版社，1999：26、38.

所谓终身体育，就是指在人的一生中都要积极从事体育锻炼。在培养终身体育的意识和能力过程中，学校教育是最重要，也是最关键的环节。这是因为在系统的学校体育教学过程中，通过科学化的知识体系、系统化的课程结构、组织化的教学过程、专业化的师资队伍，可以为学生的终身体育的意识和能力奠定扎实的基础。因此，虽然现在学校体育还面临着较为严峻的一种现象，那就是学生一旦跨出校门，就把体育留在学校，但是确立终身体育的原则应是体育教学必须坚持的基本原则。

（三）体育教学的方法

体育教学既是一种体育方法，更是一个具体体育活动过程，在这个过程中必然要涉及一些具体的教学方法。虽然体育教学是一个师生互动的双边活动过程，但是从方法的角度看，可以按照实施主体的不同将其分为教师教的方法以及学生学的方法，二者并不等同，也不是一个方面的方法，而是相互影响，相互制约。换言之，当教师采用某一种方法进行教学时，学生也必须采用一种相应的学的方法，两者既不相同，也不能相互替代，更不能割裂。只有当教法与学法互相协调、配合时，才能保证教学任务与教学目标的顺利完成和实现。

关于体育教学方法的分类，依据体育教学目标的要求，体育教学方法可以分为四类。[26]第一类，体育教学中的教育方法。例如说服法、榜样法、评比法、奖惩法等。第二类，掌握体育知识、技能的教学方法。例如讲解与示范法、完整法与分解法、预判与纠正错误的方法等。第三类，体育教学的身体练习方法。常用的方法包括重复练习法、变换练习法、循环练习法、游戏练习法、比赛练习法等。第四类，体育教学中发展学生个性的方法。如指令式教法、发现式教学法、启发诱导法、激励法、程序教学法等。

三、运动训练

随着现代体育的不断发展，运动训练不仅已经成为当代体育的一个重要组成部分，而且还逐步成为推动现代体育发展的一个重要推动力。运动训练的不断发展，使得训练的手段方法不断更新，训练水平不断提高。因此，对运动训练相关知识的全面了解和把握，对于当前体育事业发展具有重要的意义。

（一）运动训练的概念

根据我国权威的运动训练专家田麦久教授的解释，运动训练是指为提高运动员的竞技能力和运动成绩，在教练员的指导下，专门组织的有计划的体育活动，它是竞技体育的重要组成部分。[27]当然，也有学者从不同的角度阐释了运动训练的定义，例如周西宽教授主编的《体育基本理论教程》就认为，运动训练是指在教练员指导下或实施运动员自我计划的前提下，为全面提高运动员的竞技能力和专项运动成绩而专门组织进行的教育活动或过程。[28]

对比上述两种解释，虽然有细微的差别，但是其核心内容是一致的：首先，运动训练的

[26] 杨文轩.陈琦.体育原理 [M]. 北京：高等教育出版社，2004：123.
[27] 田麦久.运动训练学 [M]. 北京：人民体育出版社，2000：11-12.
[28] 周西宽.体育基本理论教程 [M]. 北京：人民体育出版社，2004：136.

主要参与者是运动员和教练员，而不是一般意义上的体育参与者；其次，运动训练是一个有组织、有计划的活动过程或者是教育过程，而不是一种随意性的活动方式；第三，运动训练的最终目的主要是为了提高训练水平，以便于为最终取得运动成绩奠定基础，其目的具有较强的功利性。

（二）运动训练的特征

1. 适用对象的特殊性

在本书介绍的几种常见的体育方法中，运动训练是一种适用对象相对特殊的体育方法。从一般意义上看，运动训练法适用的对象主要是运动员群体（包括参加基层业余训练的业余运动员和参加专业训练的专业、职业运动员）。从群体特征看，这一群体相比较体育教学、体育健身的参与群体看，从规模上要小很多。从体育能力、素养以及自身运动能力看，又要高出很多，都具有较强的运动能力和扎实的体育技术技能基础。

2. 高强度的运动负荷

所谓运动负荷又指生理负荷，是指人体在运动过程中所承受的生理刺激，运动负荷包括运动量和运动时间两个方面。由于运动训练的最终目的是为了最大限度挖掘和提高人体的运动能力，以获取优异的运动成绩。因此在训练过程中，必须通过高强度、长时间以及大运动量的生理刺激，不断打破人体原有生理机能平衡，在更高的层面达到新的平衡，以提高人体抗负荷能力。

3. 操作手段的专业化

运动训练作为一种特殊的指向性的体育实践活动，其操作手段具有显著的专业化特点，尤其是随着训练水平的不断提升，科学化、专业化的训练方法手段已经成为影响训练效果的最关键要素。

4. 效果评价的直观性

运动训练效果是对运动训练结果的检验和评价。对训练效果的检验一方面可以通过身体形态机能、体能、技战术水平等多个要素来评价，也可以通过竞赛成绩结果来评定。无论是通过哪一种评价方式，评价效果都具有直观性。

（三）运动训练的原则

运动训练原则是依据训练活动的客观规律而确定的组织运动训练所必须遵循的基本准则，是运动训练规律的反映和具体运用，对于运动训练具有普遍的指导意义。运动训练的基本原则主要包括竞技需要与定向发展原则、导向激励与有效控制原则、系统训练与周期安排原则、集群组训与区别对待原则、适宜负荷与实时恢复原则等五对范畴。[29]

1. 竞技需要与定向发展原则

竞技需要与定向发展原则是指在整个运动训练过程中，应围绕提高训练者竞技能力及运动成绩的需要，从实战需要出发，科学安排训练周期，划分训练阶段，选择最适宜的训练内容、方法、手段，合理控制训练负荷。通过贯彻竞技需要原则，可以使运动训练过程更好地

[29] 田麦久.运动训练学 [M]. 北京：高等教育出版社，2006：95.

结合专项特点和竞技比赛需要，提高运动训练过程的专项针对性、实战性和实效性，以获取最佳的训练效果和竞赛成绩。

2. 系统训练与周期安排原则

系统训练与周期训练原则是指根据运动训练结构特点、竞技状态呈现特征和重大赛事安排规律，系统、持续、周期性地组织训练过程。这一原则主要强调训练过程的系统性和竞技状态变化的周期性规律，从竞技能力提高和巩固以及重大赛事的安排上都要根据训练结构中各要素的内在联系，以及人体运动能力发展规律，持续有序地进行训练，周期性地安排训练。

3. 集群组训与区别对待原则

集群组训与区别对待原则是指，运动员以组或者队的形式共同训练，同时依运动项目、个体特征、训练条件、训练阶段等方面的不同而分别作不同训练安排。在这一原则中，集群组训是对运动员社会集群性的认同，区别对待是对运动员个体特征的尊重。合理运用集机群组训原则，认真处理好训练过程中的集群性与运动员个体之间的关系，有助于训练过程的有序开展，从而取得理想的训练效果。

4. 适宜负荷与实时恢复原则

适宜负荷与实时恢复原则是指，根据运动员的现实可能和人体机能训练适应规律，以及提高运动员竞技能力的需要，在训练中给予相应量度的负荷，并在训练后及时消除训练负荷所造成的疲劳，根据生物适应过程，提高机体能力和取得理想训练效果。对于运动训练来讲，只有承受一定强度的训练负荷才能产生相应的训练效果，如果训练负荷过小，就不能产生必要的应激反应。反之，过度的负荷则会产生劣变反应。当训练疲劳达到一定程度时，必须适时安排恢复性训练，使运动员的机体得到迅速的恢复和提高。

5. 导向激励与有效控制原则

导向激励与有效控制原则是指通过多种方法和途径，激发运动员主动从事艰苦训练的动力和行为，并对训练活动和过程积极实施有效控制。由于运动训练是一个对身体、心理、技战术等方面的高强度训练。在这个过程中，不仅会对运动员的身体产生高强度的负荷，同时也会对其心理产生正面或是反面的刺激。因此必须在训练中对其各个环节、各个阶段进行及时和必要的调节。导向激励是运动员参与训练的动力源泉，有效控制是对训练的科学把握。通过积极的导向刺激和科学有效的控制，可以确保训练过程的有序开展和训练效果的有效获得。

（四）运动训练的方法

1. 运动训练方法的结构体系

从总体上看，运动训练方法可以划分为三个层次。第一是指具有宏观指导意义的一般训练方法，主要包括运动训练控制方法以及运动训练基本方法。第二是具有项群指导意义的一般训练法，即群组训练法，它是对同项群内具有共性指导意义的运动训练法。第三是具有针对性的专项训练方法。[30]

---

[30] 田麦久.运动训练学 [M]. 北京：高等教育出版社，2006：129-130.

2. 常见的运动训练方法

（1）运动训练的宏观控制法[31]

运动训练的宏观控制法主要包括模式训练法和程序训练法两种。其中，模式训练法是一种按照具有高度代表性的规范性目标模型去组织和把握运动训练过程的控制性方法，主要由目标模型、检查手段、评定标准以及训练方法四个构件组成。其操作过程是一个封闭的循环系统。首先，教练员通过正向控制通道，运用训练模式、训练手段控制运动员竞技能力的发展方向；其次，通过反馈控制通道，通过评定结果了解运动员现实情况；第三，通过正向控制和反馈控制，修正训练方案，如此反复最终逼近或者达到训练目标。模式训练法具有信息化、定量化的特点。

程序训练法是按照训练过程的时序性和训练内容的系统性特点，将多种训练内容有序地编织成若干步骤，并按照预定程序组织实施训练活动的训练方法。程序训练法一般由训练程序、检查手段、评定标准和训练方法四个构件组成，具有系统化、定型化和程序化特点。

（2）运动训练的具体方法

在运动训练过程中，常见的具体训练方法主要有分解训练法、完整训练法、重复训练法、间歇训练法、持续训练法、变换训练法、循环训练法、比赛训练法等。[32]

四、运动竞赛

随着体育自身的快速发展，运动竞赛已经成为整个人类体育活动中最具影响力、号召力的体育实践活动。运动竞赛的发展已经成为推动体育自身发展的最强有力杠杆和推动力，其发展的程度和水平的高低已经成为衡量体育自身的发展水平的最有利标尺。因此，从体育方法的角度看，如何更好地发挥运动竞赛的杠杆作用，已经成为各国发展体育事业思考的重中之重。

（一）运动竞赛的概念

关于“运动竞赛”的概念，不同的学者给出了不同的界定。

“运动竞赛是指参赛双方或者是多方在特定的场地范围内，在裁判员的主持下，按照统一的规则要求而组织实施的运动员个体或者是运动队集体之间的体力、技艺、智力和心理品质的竞技较量，它是以运动项目为内容，以战胜对手，取得优胜为直接目的。”[33]

“运动竞赛是人类一种特殊的实践活动，有明确的目的性、鲜明的竞技特征、完善的规则、一整套竞赛办法以及决定竞赛胜负的法律依据。”[34]

有研究者认为，随着现代体育竞赛的不断发展，单纯用“运动竞赛”已经难以反映竞赛的全部内涵，因此建议用“体育赛事”来统称，而运动竞赛仅仅是体育赛事中的核心部分。[35]

[31] 田麦久.运动训练学 [M]. 北京：高等教育出版社，2006：131–136.

[32] 田麦久.运动训练学 [M]. 北京：高等教育出版社，2006：136.

[33] 国家体委训练竞赛综合司.运动竞赛学 [M]. 北京：北京体育大学出版社，1994.

[34] 刘建和.运动竞赛学 [M]. 成都：四川教育出版社，1990.

[35] 秦椿林，张瑞林.体育管理学 [M]. 北京：高等教育出版社，2008：203.

“运动竞赛是指参赛各方以各自独有的制胜系统相互对抗和制约，从而力争获得胜利的过程。”[36]

通过上述有关“运动竞赛”概念的梳理，我们可以归纳出运动竞赛的一般构成要素：首先，运动竞赛是一个体育活动过程；其次，这个过程的参与者包括运动员（队）、裁判员；第三，这个体育活动过程与其余体育实践过程相比，其最大的特点就是竞争性，竞争是围绕特定的体育项目，涉及身体、心理、技战术水平、意志品质等多个方面；第四，这个竞赛的最终目的是为了获取优异的竞赛成绩。

（二）运动竞赛的价值

运动竞赛的价值是指运动竞赛对个人或者是社会体现出的积极作用或功能。当前，随着时代的进步、文明的发展以及体育自身发展速度不断加快，运动竞赛的价值功能已经远远超出单纯的体育范畴，成为一个对社会政治、经济、文化等诸多领域产生重大影响的实践活动，从而对人类社会的发展进步产生深远而广泛的影响。

1. 竞技价值

竞争是人类征服自然、改造自然必不可少的内在动力。竞技体育、运动竞赛正是这种内在动力的外在表现形式。运动竞赛过程中所展示出来的竞技价值，既可以体现在竞赛参与者与他人（队）之间的竞争，即超越他人，有时又可以表现为运动员同自我的竞争，即超越自我。无论是超越他人，还是超越自我，其实质都是在努力追求更快、更高、更强，追求超越征服。这种以竞争、超越为核心的竞技价值，一方面推动了体育自身的发展，激励人们不断挖掘自身潜能，勇攀高峰，同时也有力地推动了人类文明的进步。

2. 文化价值

体育是人类文化的组成部分，因此作为体育基本方法手段的运动竞赛，也必然蕴含着丰富的文化内涵。从原始部落神秘的宗教竞技赛会，到现代科学化、组织化的竞技比赛，从最基层的业余竞赛，到最顶级的国际竞赛，这些千姿百态的运动竞赛，都在为人类展示着丰富的竞赛文化内涵。尤其是随着现代各国对文化战略以及对提升文化软实力的重视，运动竞赛更是成为各国展示自身文化特色的重要平台。丰富多彩的民族传统体育项目、各具特色的竞赛组织，美轮美奂的开闭幕式表演，无不展示了运动竞赛独特的文化魅力。

3. 商业价值

运动竞赛是一个涉及环境、体育、交通、通讯、旅游、制造等诸多国民经济领域的体育实践活动。因此，举办运动竞赛不仅仅意味着较高的投入，同时也蕴含着巨大的政治效益、社会效益、文化效应，同时也蕴含着巨大的经济价值，它是实现体育成功转向市场化、商业化、职业化发展的最重要载体和推动力。尤其是在当前，随着市场经济的不断完善，竞赛商业价值的不断被挖掘、开发和扩大，运动竞赛已经成为体育产业的核心。以奥运会、世界杯、世锦赛以及各种职业竞赛、商业竞赛、单项锦标赛为核心，全世界已经形成了一个庞大的竞赛体系，每年可以创造巨大的经济效益。

[36] 周西宽.体育基本理论教程 [M]. 北京：人民体育出版社，2004：141.

知识链接：TOP 计划

“TOP 计划”又名“奥林匹克伙伴计划”，是国际奥委会为保证奥林匹克运动充足和稳定的财源，于 1985 年推出的一个市场开发计划，从全球范围内选择各行业内最著名的大公司作为国际奥委会的正式赞助商。它向整个奥林匹克运动提供资金支持，是目前国际体育市场开发最成功的项目。TOP 计划每 4 年为一个运作周期。加入该计划的企业将获得在全球范围内使用奥林匹克知识产权、开展市场营销等权利及相关的一整套权益回报。更为重要的是 TOP 伙伴享有在全球范围内产品、技术、服务类别的排他权利。这种类别的排他权利通过国际奥委会与各国（地区）奥委会和奥运会组委会签订协议的方式在各国和地区得到保障。

4. 政治价值

竞赛，尤其是大型的国际体育竞赛，由于其影响特别大，因此往往被视为一个宣扬意识形态、展示国家形象、振奋民族精神、凝聚国民认同的重要舞台。因此，运动竞赛场上的胜利，也大都被赋予了极高的政治意义。例如，在百年奥运会发展历程中，就可以看到许多体现竞赛政治意义的事件：1936 年柏林奥运会被希特勒用以宣扬纳粹主义；中美两国围绕台湾问题在奥运会赛场上的争锋相对；1972 年慕尼黑奥运会上，巴勒斯坦与以色列之间的血腥暴力对抗；莫斯科奥运会、洛杉矶奥运会，美苏两国的相互抵制等。客观地说，通过展示政治价值，运动竞赛可以得到更多的政府支持。但是，如果过分地依赖政府，宣扬竞赛的政治价值，也会对竞赛产生消极影响，使之沦为政治的附庸。

5. 教育价值

体育作为人类改造“自身自然”的实践活动，其中蕴含着丰富的教育价值，而作为体育核心表现形式的运动竞赛，其教育价值体现得更为明显。一方面，体育竞赛不断追求更快、更高、更强的竞争超越、勇攀高峰等体育基本精神、价值，对于人类具有典型的教育意义；另一方面，运动竞赛中蕴含的公平竞争、团结协作、克服苦难、磨炼意志等精神，更是塑造、健全人格必不可少的教育素材。因此，人类最高水平的奥林匹克竞赛，其教育理想和宗旨明确提出：通过没有任何歧视、具有奥林匹克精神，以友谊、团结和公平精神，相互了解的体育活动来教育青年，从而为建立一个和平的、美好的世界做出努力。

6. 娱乐价值

娱乐游戏是人类最基本的生活内容和元素，也是人类解放以及文明进步的重要标志。德国著名哲学家席勒在其名著《审美书简》中明确指出“只有自由的人，才能够游戏；只有游戏的人，才是完全的人”。运动竞赛在本质上也是一种娱乐游戏，通过参与、观看欣赏运动竞赛，既可以化解日常生活带来的种种压力，也可以从中体会到与其他娱乐游戏方式不同的心理情感体验和美的元素。运动竞赛种类的丰富性、竞赛过程的不可控性、竞赛结果的不确定性等，更是赋予了运动竞赛无穷的魅力。

（三）运动竞赛的组织

1. 运动竞赛组织的一般程序

任何一个运动竞赛，无论规模大小，其组织实施程序是一致的，大都包括了竞赛申办、竞赛计划、竞赛规程、竞赛组织、赛中监控以及赛后评估等几个主要环节。只要把握好这几个环节，竞赛的组织实施就能够顺利进行。

(1) 运动竞赛的申办。运动竞赛的申办应在科学评估自身实力和条件的基础上，有选择地申办运动竞赛。如果是小型的基层业余运动竞赛，一般有较为固定的申办单位。如果是大型的国际竞赛，则需通过精神申办、购置申办或者是竞争申办等几种方式进行 [37]。

(2) 制定竞赛计划。在竞赛申办成功的基础上，应从时间、人员、基础设施等方面入手，制定周详的竞赛计划，包括出台竞赛规程、编制竞赛秩序册、布置场地器材、安排后勤保障、选择相关技术人员等，为竞赛的实施奠定基础。

(3) 竞赛组织过程的监控。作为竞赛的组织实施者，在竞赛实施过程中应对竞赛进行严密的监控。运动竞赛的监控根据时间的不同可以划分为赛前的预监控以及赛中的实时监控两个环节。其中，赛前的预监控主要是出台预案，而赛中适时监控则是在预案的基础上，及时应对处理现场出现的各种问题，以确保竞赛过程的顺利进行。

(4) 赛事评估。赛事评估是指对整个竞赛组织过程的总体评价。对竞赛的评估不仅可以对整个竞赛过程进行详细的梳理，同时还有利于我们不断总结竞赛组织的经验教训，以便于后续竞赛工作更加顺利。

2. 竞赛组织应注意的主要问题

由于运动竞赛具有时间集中、人员集中、影响巨大等特点，在竞赛组织实施过程中，可能出现的问题也较多。因此在竞赛组织过程中，应周密部署安排，制定详细的应对方案，同时不断总结经验教训，尽可能地规避问题，从大的方面来看，竞赛组织实施应注意的主要问题包括以下几方面。

(1) 赛事安全问题。赛事安全问题是竞赛组织实施过程中面临的最复杂、最重要的问题。由于运动竞赛处在一个时限集中、环境开放、人员集中的复杂环境中，诱发安全隐患的因素很多，尤其是大型的国际综合性赛事，容易受到恐怖主义、民族主义等情节的影响，容易成为政治宣泄和攻击的目标，因此赛事组织者必须周详考虑安全隐患。

(2) 后勤保障工作。完整的后勤保障是确保赛事平稳安全运作的基础。完整的竞赛保障工作主要包括安全保障、财务保障、人员保障、场馆设施保障、通讯保障、交通保障、住宿保障、新闻媒体保障等。

(3) 竞赛财务风险。举办运动竞赛往往需要投入大量的经费。为了确保财务安全，必须在赛前制定详细、严格的财务预算。同时，在竞赛组织实施过程中，应遵循节俭办竞赛的原则，克服攀比心理，严格控制不必要的经费支出，避免铺张浪费。

[37] 秦椿林，张瑞林.体育管理学 [M]. 北京：高等教育出版社，2008：229.

○ 小结

本章从方法的一般性原理入手，分析了体育方法的概念、特征，并讨论了体育方法和体育手段的关系。体育方法是实现体育预期结果的桥梁，我们在选择方法时应该以体育目的、参与主体和体育条件作为选择依据。关于体育的具体方法，我们应该更重视它们的运用，例如，运用科学的体育锻炼方法、按照学生的身心发展特点进行体育教学、系统安排运动训练、有效利用运动竞赛等，最终通过对体育方法的不同选择和使用，实现不同的体育目的和任务。

○ 思考题

1. 体育方法的主要特征有哪些？
2. 体育教学的原则以及应注意的主要问题有哪些？
3. 确定体育方法的主要依据有哪些？

○ 相关网站

1. 中国体育竞赛网：http：//csc400.com/
2. 中国健身网：http：//www.chinajianshen.com/
3. 中国学生体质健康服务网：http：//www.tk878.com/

○ 课后拓展阅读

1. 杨文轩，陈琦.体育原理［M］. 北京：高等教育版社，2004.
2. 刘蔚华.方法学原理［M］. 济南：山东人民出版社，1989.
3. 吴岱明.科学研究方法学［M］. 长沙：湖南人民出版社，1987.
4. 宋继新.竞技教育学（第五章 运动竞赛与育人）［M］. 北京：人民体育出版社，2003：138-178.
5. 王文生，李军.体育方法学研究引论［J］. 首都体育学院学报，2003（4）.
6. 张友龙.体育方法释要［J］. 体育学刊，1999（2）.

第七章　体育的运行

内容提要

本章讨论的主题是体育运行。它的涵义是指体育自身的运动、变化和发展。具体表现为体育各种要素和多层次子系统之间的相互作用以及它们多方面功能的发挥。体育运行是从动态的角度考察体育的存在及其与外界相互作用的过程。我们需要思考的是：在现实中体育是以何种方式运行的？它的运行需要什么条件？体育运行的作用原理是什么？我们如何评价体育运行的好坏？为了解释这些问题，本章的内容主要包括：体育运行概述、体育运行的条件、体育运行的机制和体育运行的评价等。

学习目标

学习完本章之后，你应该能够：

1. 知道体育运行的基本条件。
2. 理解体育运行的机制。
3. 对体育运行进行评价。

关键术语

体育运行、横向运行、纵向运行、运行条件、运行机制

第一节　体育运行概述

○ 导入

结构功能主义理论

结构功能主义认为社会是具有一定结构或组织化手段的系统，社会的各组成部分以有序的方式相互关联，并对社会整体发挥着必要的功能。结构功能主义认为，社会系统为了保证自身的维持和存在，必须满足四种功能条件：①适应。确保系统从环境中获得所需资源，并在系统内加以分配。②目标达成。制定系统的目标和确定各目标的主次关系，并能调动资源和引导社会成员去实现目标。③整合。使系统各部分协调为一个起作用的整体。④潜在模式维系。维持社会共同价值观的基本模式，并使其在系统内保持制度化。在社会系统中，执行这四种功能的子系统分别为经济系统、政治系统、社会共同体系统和文化模式托管系统。这些功能在社会系统中相互联系。社会系统与其他系统之间、社会系统内的各亚系统之间，在社会互动中具有输入——输出的交换关系，而金钱、权力、影响和价值承诺则是一些交换媒介，这样的交换使社会秩序得以结构化。帕森斯认为，社会系统是趋于均衡的，4种功能条件的满足可使系统保持稳定性。

将结构功能主义用于解释体育运行，可以发现，体育也是社会的子系统之一，体育系统的良性运行一方面依赖于社会整个大系统的良性运行，同时体育系统的良性运行又是维持和确保整个社会系统良性运行的基础，两者相互影响。

一、体育运行的概念

自然界的运行有其自身的规律，为了了解、掌握和利用自然界的运行规律，物理学、化学、生物学等各自然科学相应产生和发展。同样，社会科学家认为社会的运行也存在类似于自然界的规律，于是发展出社会学、政治学、经济学等社会科学，也包括近一个世纪以来快速发展的体育学。

作为社会发展的重要组成部分，体育运行与社会运行既有很大的相似性，也有学科本身独特的规律性。体育运行是指体育自身的运动、变化和发展，表现为体育各种要素和多层次子系统之间的相互作用以及它们多方面功能的发挥。其中，体育的各种要素和多层次系统主要指体育内部的结构以及体育与其他社会组成部分之间的关系，并最终决定功能的发挥方式、程度和效果。

二、体育运行的要素

体育运行的基本要素是指任何体育实践模式共有的要素。这些基本要素是：体育运行的目标要素、体育运行的资源要素和体育运行的规范要素。

（一）体育运行的目标要素

所谓目标要素，即行动者希望达到的预期状态。帕森斯曾指出，行动的最基本特征是具有意志性和目标导向性。意志性是行动单位主观选择的体现，导向性是行动单位预期结果的体现。体育运行，即主体朝选定目标的运动。任何行动单位的体育行为，都是具有一定的动机或理由，建立在动机或理由基础上的预期，就构成了行动单位的体育目标。如一个人希望通过参与体育锻炼改善自己的身体状况，这是他参与体育的动机。他的预期可能是增强自己的体能，也可能是减轻自己的体重，或者是提高自己的运动技术，这是对参与结果的预期。这种预期就构成了行动单位的行动目标。因此，体育运行的目标要素具有主体性、意志性、选择性和引导性特征。

首先，任何目标都是一定行动单位确立的，它都有一个运行主体，确立者就是它的行动主体；其次，任何目标都是一定行动单位的主观预期，是行动者决心和意志的体现；第三，任何动机都可能存在多种实现途径，目标的确立是行动单位依据客观实际的选择结果；第四，任何目标的确立，意味着行动方向的选定，行动者一般总是沿着目标确定的方向行动。

（二）体育运行的资源要素

所谓资源要素，即行动者在实现选定目标过程中可供利用的手段、方式和条件的总和。目标是假定的预期结果，需要相应的手段或方式来具体落实，而手段或方式的选择，又取决于行动主体所处的客观环境条件。因此，手段、方式（或路径）和条件等可供利用的资源，决定着行动者实现目标的成败。如上所述，如果一个人确定了以提高自己的运动能力水平为目标的体育选择，首先，他要选择实现这个目标的工具（手段），是通过球类运动？还是田径运动？或者是两项运动都选？其次，他要选择参与运动的方式，是加入专业运动队伍的训练？还是利用业余时间训练？是自己花钱请教练一对一的训练？还是加入一个训练团队一起训练？第三，以上选择取决于行动主体所处的社会环境，若行动者所在社会没有球类活动，或者没有专业或职业的体育运动训练，那么它就不能选择球类运动手段和专业训练途径来实现自己的预期目标。行动者一般只能在存在的资源前提下进行手段、途径等选择。

（三）体育运行的规范要素

所谓规范要素，即行动者在实现其目标时所遵循的社会标准。在社会运行中，无论人们是否意识到，行动者总是要遵从一定的行为规范。也正是这些行为规范与行动目标一道，将社会运行区分为不同的领域，形成不同的行为特征或实践模式。就体育领域而言，竞技体育与群众体育尽管可以采用同一运动项目作为实现手段，但它们的实现形式、行为准则各有自己的标准（规范）。而不同的体育行为主体，也应该具有相应的行动准则，只有这样，体育运行才能够有序地进入良性状态，这就是人们常所说的：没有规矩，不成方圆的道理。同时，体育运行的规范要素，还反映出社会的一定价值取向。如在体育竞赛中，获取胜利是参与者的共同目标，但实现胜利的手段或过程，则存在规范与失范的价值判断。在现代体育竞赛中，依靠精湛技术的发挥和正确战术的运用取得竞赛的胜利，是规范的行为；依靠服用兴奋剂或损伤他人的办法赢取竞赛的胜利，是失范的行为。又如，在中国古代的射礼中，讲究长幼、贵贱的区别，其竞赛规则表现出对身份等级制度的强化倾向；在现代体育竞技中，注重赛程的统一要求和统一标准，其竞赛规则表现出公开、公平、公正的价值选择。因此，体育运行的规范要素，不仅是区分体育不同运行领域和体育运行主体行为的社会标准，也是不同社会的价值取向标准。

总之，体育运行的目标要素规定了体育运行主体的努力方向，体育运行的资源要素决定了体育运行主体行动手段与途径的选择，体育运行的规范要素区别了体育运行不同领域，反映了社会的一定价值取向。正是这三者的相互作用和相互联系，构成了体育运行的过程。

三、体育运行的方式

一般而言，体育运行大体上包括纵向与横向两个方面。

（一）纵向运行

纵向运行也就是体育的变迁与发展。体育系统在其前后相继的纵向运行中表现出如下一些基本关系。

1. 继承关系

继承关系是指当下的体育发展接受了过去文化所留下的遗产，又将影响未来的体育发展状态。体育的继承，不仅包括体育项目、技术方法和训练方式的继承，也包括民众体育习惯和品味的继承，并形成一定区域和民众特有的体育文化。正是存在了继承的关系，今天人类体育才会如此丰富多彩，呈现出各民族和地域独特的体育文化。

以日本的相扑运动为例，相扑运动最早出现于公元前 23 年。日本体育百科全书记载："日本的相扑与中国的角抵和拳法有相互关系。"从 17 世纪起，日本各地兴起职业性相扑，称为"大相扑"。18 世纪开始形成现代的相扑。到 20 世纪初期，相扑作为日本的"国技"广泛开展起来。至今日本的相扑比赛每年都要举行 6 次，分为一月场、三月场、五月场、七月场、九月场和十一月场，成为群众最喜爱的运动项目之一。随着社会的变迁，人们的生活方式和审美理念都发生了很大变化，相扑在各时期所体现的形式、性质及社会文化内涵等也有所不同，但相扑却仍能传承至今。其理由在于，相扑来源于日本神道教的宗教仪式，它讲究程序，注重仪式感，重视礼节，提倡"以礼开始，以礼结束"，相扑运动的程序和礼节符合日本传统文化；相扑反映出日本社会严格的等级制度，对于整个日本民族各方面的影响是非常深远的，也正是这种制度所培养出的独特哲学观，保证了日本人要拥有坚定的毅力和遵守一定的秩序；相扑推崇日本人所追求的诚实、忍耐、高尚的精神境界；相扑尊崇、欣赏强大；相扑期待以小制大、以弱胜强；相扑体现了日本人欣赏的简单美和传统的古典美。因此，日本相扑运动成为一项具有民族特色、深受民众喜爱的体育竞技项目，被誉为"国技"。

2. 变异关系

体育纵向运行虽然继承了过去的东西，但它不是一成不变的照搬，而是随着时代的变化而不断更新，并强烈地打上了本时代的烙印。体育的变异有多种表现，有些是微小的调整，有些是局部的变化，有些是根本的创新与变革。有些是表现形式上的变化，其本质仍与传统一脉相承；有些则表现形式与传统相似，但根基已发生根本性变化；有些则表现形式与根基均发生了显著变化。

仍以日本相扑运动为例。一方面，随着女性地位的提高，近年来相扑运动出现了新的变化，一是日本女子正式加入了这项运动。1997 年 1 月，日本全国首次举行女子相扑锦标赛。近代认为女相扑有失大雅而被禁止，但山形、秋田、长崎、佐贺等县仍保留女子相扑。北海道现在的女子相扑穿 T 恤衫比赛。二是由于体育市场的开发和培育，现在的相扑运动，技巧进一步提高，规则更加严格，而且逐渐转向商业化。日本正在兴起业余相扑运动，业余选手大部分属于学校和公司的相扑俱乐部。此外，相扑运动的服装和仪式也有所调整。业余相扑上台比赛穿衬裤，不撒盐。女子锦标赛在塑料垫子上进行。裁判穿白衫、白裤、打黑色蝴蝶结。现在，体育的全球化和政治、商业利益也正在促使日本人努力争取相扑运动同柔道一样能走向世界，进入奥运会。

3. 中断关系

在体育的纵向运行中，继承关系和变异关系是主流，它们共同形塑了一定区域和民众的体育状态。然而，在历史的发展过程中，随着一种文化或文明的消逝，该文化中的体育文化和技术也有所消逝。这些消逝的体育文化和技术，一部分永久的消失，后人无从考证。但另一部分则因为种种变故，出现了发展的中断，即当下存在的体育状态已经远远不同于以往社会的运行状态。

体育运行状态的中断有多种原因，其中主要的原因在于社会文明和文化的变迁，特别是社会转型。以少数民族传统体育为例，在从传统社会到现代社会转型的过程中，市场经济的冲击使得部分少数民族传统体育项目的发展呈现中断状态。在市场经济条件下，旅游业对少数民族体育文化的作用是相当复杂的。旅游业的发展使现代化的浪潮渗透到世界的各个角落，包括最边远、最不发达的地区，因为越是原始闭塞的地区越具有旅游者感兴趣的原始文化，因而越有旅游开发的价值。毋庸讳言，这些影响既有正面的效应，亦有负面的影响。对于少数民族传统体育的传承而言，急功近利的开发尽管会得到短期的经济效益和体育旅游产品的开发，但由于过度商业化和媚众倾向，将导致原有项目变异过度而出现中断的现象。然而，如果完全拒绝现代社会的变化，少数民族传统体育项目也有可能由于失去传承人而消逝。因此，如何在继承和变异中寻找平衡，成为少数民族传统体育项目在现代社会所面对的核心问题。

（二）横向运行

横向运行是指体育发展的某一阶段上，体育诸要素、诸系统的交互作用。与纵向运行一样，横向运行也出现了一些基本关系。

1. 交叉关系

体育的发展是一个整体，竞技体育、群众体育、学校体育的类别区分往往是相对的。在现实生活中，各个类别和系统往往交织在一起。例如，我国学校体育可以发现具有体育天赋的人才，并通过后期的科学训练将其培养成优秀的运动员。而我国大量运动员退役后也往往选择在体育学校中执教，并把自身的训练、比赛等成长经历反映到实际教学中。由此可见，体育各类别和系统之间呈现交叉与渗透的关系。

2. 制约关系

体育某些要素、子系统的功能的发挥会限制和约束另一些要素与子系统的发挥。一般而言，竞技体育和群众体育是我国体育发展的两个重要系统。在资源有限的情况下，竞技体育和群众体育往往会面临人力、财力、物力等方面的资源争夺并产生制约的关系。曾经在一段时间内，由于我国体育发展的“举国体制”过于强调竞技体育的发展和竞技成绩的提高，在一定程度上造成了群众体育和竞技体育发展的失衡。当前，随着“举国体制”的完善，群众体育的地位日益提高并趋于稳定。因此，如何确定两者合理、科学、有效的资源投入比例，使得竞技体育和群众体育的发展既能彼此促进、又能减少彼此的限制和约束，成为当代体育科学研究的一个重要课题。

3. 促进关系

与制约关系正相反，它指一个系统功能的发挥对另一系统起着推波助澜的作用。例如，竞技体育发展良好，会激发群众参与体育的热情并带动学校体育的发展，而群众体育和学校体育也会为竞技体育提供良好的群众基础以及后备人才储备，体育类别和系统之间呈现相互促进的关系。

4. 转化关系

即一种要素转变为另外一种要素、一个系统的问题转变为另一系统的问题。例如，我国体育领域进行市场化改革之后，特别是开展职业体育联赛之后，一些企业家从体育行政管理部门将专业体育队“购买”下来，在职业体育联赛中进行比赛，“专业队”就转变为了“职业队”，“专业运动员”由此转变为了“职业运动员”。

总之，无论纵向运行还是横向运行，体育诸要素与诸系统都表现出了相互联系、交互影响、交互作用的特点。

第二节　体育运行条件

○ 导入

中国冰壶运动的发展 [1]

1995 年，在世界冰壶联合会的大力推动下，由日本出人、加拿大出技术在中国举办了第一届冰壶培训班。2000 年，中国第一支冰壶队哈尔滨市队艰难成立；2003 年，中国加入世界冰壶联合会并成立冰壶国家队，自此世界冰壶赛场有了中国运动员的身影。中国冰壶用短短几年时间走完了其他国家需要十几年甚至几十年才能走完的路。2006 年中国女队获得世锦赛第五名的好成绩；两年后的世锦赛，中国姑娘两度击败冰壶“梦之队”加拿大队。男队随后也在世锦赛上夺得第四名。中国冰壶为何进步如此神速？国家体育总局冬季运动管理中心冰球部主管冰壶项目的副主任李东岩认为，这是依靠了举国体制的保障，走了一条多出国训练、多与高水平队伍打比赛的发展“捷径”。“没有国家的经费支持，任何一个项目都很难

[1] 《中国冰壶运动的发展》，新华网，2009 年 3 月 30 日.

短时间内有很大提高”。目前，中国队每年约有7个月的时间在加拿大训练。此外，正如中国体育在北京奥运会的成功所证明的那样，从项目发达国家聘请高水平外教也是竞技成绩迅速提高的关键因素之一。

作为一项基础十分薄弱的体育项目，中国冰壶运动与其他许多体育运动项目一样，在很短的时间内实现了从无到有，从弱到强的跨越式发展。因此我们有必要思考，为什么我们的许多项目能够走这样的发展道路？支撑我国体育事业发展运行的基本条件有哪些？为了进一步推动我国体育事业实现良性运行和协调发展，我们应该从哪些方面去努力？

一、人口条件

人口条件是社会存在的基本前提之一，也是体育运行的基本要素。不同类型的人口数量、人口质量、人口结构、人口政策，将直接影响体育运行的基本状况。反之，一个国家的体育运行状况也会影响到该国家的人口质量。

人口数量是指一定地区、一定时间人口的总数。一个社会的人口与人的出生、成长、衰老和死亡密切联系在一起，人口数量可以通过人口的出生率、死亡率和自然增长率得到反映。

人口质量是指人口在质的方面的规定性，包括思想素质、文化素质、身体素质。其中，思想素质是支配人们行为的意识形态，文化素质是人们认识和改造世界的能力，身体素质是人口质量的自然条件和基础。

一般而言，数量适中、质量合格、结构合理的人口是社会良性运行、协调发展的必要条件，也是体育运行的重要条件。以我国的人口现状为例，庞大人口基数的社会现实使得我国的人口政策倡导“优生优育”，其中身体素质的提高本应是“优育”的重要内容，但独生子女的家庭教育往往更注重孩子的安全性和成长的低风险性，部分家长忽视甚至排斥子女正常的体育活动，这使得我国学校体育经常遭遇尴尬的两难境地。

二、环境条件

环境条件是体育存在和运行所依托的空间的、物质的基础。环境有广义的和狭义之分，这里所说的生态环境条件，是指体育运行在一定空间、地域中直接或间接获得生产和生活所必需资源的各种自然条件，也就是自然环境。体育的自然环境，是指体育活动地点所处的地理和气象环境。它在人类社会出现以前就已经存在，这就是我们通常说的大气圈、水圈、土壤圈和地表生物圈。它们是体育运动赖以形成、进行和发展的最基本的物质环境。

自然环境是构成体育运行的最基本物质基础，有什么样的自然环境，就往往产生与该环境相适应的体育项目，进而影响到现今的体育格局和体育文化。以冬季项目为例，该项目的优势国家往往是具有良好冰雪资源的北欧、北美等区域的国家，其冬季生态环境不仅造就了该项目广泛的群众基础，也形成了一整套科学的训练方式。只有适应当地生态环境的体育活动才符合体育运动规律，才能够获得广泛的群众基础和该项目的长远发展。

三、经济条件

物质资料的生产活动是人类最基本的实践活动，是人类社会存在和发展的基础，也是政治、科学、艺术、教育等活动的基础。作为人类精神文明组成部分的体育，是社会物质文明和精神文明发展的产物，它的产生是以社会物质生产的一定发展水平为基础的。体育事业的发展规模和水平取决于社会生产的发展水平，取决于能提供什么样的物质技术条件和多少体育活动经费。同时，也取决于社会经济条件所决定的社会对体育的需求的性质和需求的程度。社会经济的发展，不但为体育的发展创造出更多的物质条件，有可能投入更多的人力、物力、财力，而且也创造出社会对体育新的需求，促使体育事业向前发展，体育的规模才能进一步扩大，体育运动的水平也才能不断提高。

在现代生产的条件下，新的物质手段不断地被运用到体育运动、教学训练、运动竞赛、体育科学研究中来。比如，摩托车、汽车、航空等运动项目都是人们在社会生活中广泛地应用才逐渐发展成为今天的运动项目。现代工业的发展不仅为体育提供了各式各样的运动训练的器械设备，也提供了电视、录像等体育传播工具，以及电子计算机等现代化的检验测试技术。随着科学技术的进步和生产的现代化，劳动者的生活条件进一步改善，劳动时间逐渐缩短，在生存型社会向发展型社会转变的过程中，人们对体育产生了新的需求，同时也为实现这种需求创造了一定的条件，于是娱乐性体育、健身性体育达到了空前的规模。随着经济的发展，体育运行状态将发生重要变化，体育的结构越来越复杂并呈现多元化发展趋势。

四、政治条件

体育与政治存在着复杂、互动的深刻关系。作为人类的具体行为表现，体育不是孤立存在的，它总是和一定社会的政治经济有着密切联系。其一，一个国家政治体制和政治文化会通过体育体制作用到体育的运行状态中；其二，不同国家的政治形态和政治条件将决定着体育若干功能发挥的优先性；其三，不同国家的政治文化和意识形态将通过体育行为进行社会传递；其四，具有强烈象征性的体育行为和体育事件可以间接反映出一定社会的政治环境和政治动向。

尽管体育的过度政治化或体育为政治服务的理论一直饱受质疑，但体育与政治的密切关系却是不容否认的。特别是在全球化和世界政治、经济、文化联系日益密切的今天，体育与政治的关系也随之日益密切与复杂化，国际社会以及各个国家、区域之间政治格局、政治制度、政治环境、政治文化等方面的变化都直接或间接地影响到体育的运行状态。

五、文化条件

文化是体育运行的又一个基本条件。体育既是整个社会文化发展的产物，又是文化的一种表现形式。由于不同的人口条件、自然生态条件、经济条件和政治条件，各个国家和区域形成了不同的文化品味和审美取向，这些文化基因不仅反映在语言、习俗、艺术、宗教、法律、制度以及各种物品上，也反映在体育活动中，进而形成体育文化。

体育文化是人类在体育生活和体育实践中创造出来的，并通过有形的身体形态、动作技能、运动器材、物质以及无形的与社会属性相关的意志、观念、时代精神反映出来，显现了各具特色的存在方式。人类本身需求经过长期孕育发展的体育文化和其他文化一样，反映了一个时代、一个国家或民族的特征，并规范着人们的体育行为，也影响着人们的价值观念。首先，体育文化是整个民族文化、区域文化的重要组成部分，并且总会和一个地域或民族的社会文明、物质文明以及自身的发展产生具有互动发展的关系；其次，体育文化总是与人们的体育生活紧密联系在一起；再次，体育文化反映本民族的、传统的体育特征，这些传统的体育文化规范着本民族的体育行为，也影响着人们不同的体育价值观念；最后，文化条件的变化将带来体育运行状态的重要变化，特别是十八世纪以来以西方化为特征的体育文化扩张，已经并正在改变着整个世界的体育格局。

体育作为社会生活的一个部分，必然受到各种外界环境因素不同程度的影响和制约。一个国家的体育运行状态不是完全主观选择的结果，而是受该国政治体制、经济体制、经济发展水平、文化传统等多因素综合作用的结果。同时，作为社会的有机组成部分，体育的运行和发展不是单纯地受制于社会体制的影响，也会通过自身的运行对社会体制产生反作用，促进社会体制的不断改革、发展和完善。

需要注意的是，以上体育运行的基本条件在针对不同时代、区域的民众或同时代、不同区域的民众，抑或不同时代同区域的民众，其作用的机制是不尽相同的，且重点性和优先性有很大差异，这也造成了各时代、各区域独特的体育运行状态。因此，在分析体育运行状态时，要结合各自的时空环境以及制度背景，从而得到比较全面和科学的判断。

第三节　体育运行机制

○ 导入

新中国成立 60 多年来，我国体育事业取得了举世瞩目的成就。人民群众的体育意识不断增强，经常参加体育锻炼的人数显著增加。体育场地设施不断完善，各类体育场馆已超过 100 万座，社会体育指导员超过 65 万人。北京奥运会中国体育代表团获得 51 枚金牌、21 枚银牌、28 枚铜牌，取得了运动成绩和精神文明的双丰收。体育产业的快速发展，成为经济的新亮点。居民体育消费迅速增长，从业人员不断增加，2008 年全国体育产业从业人员 317 万，实现增加值 1555 亿元，占当年 GDP 的 0.52%。体育对外交往不断扩大，我国国际体育影响力日益提升。

回顾过去，我们不禁要问，中国体育是如何运行的才实现了跨越式的发展，才取得了举世瞩目的成绩？这些成绩取得的背后有没有什么规律或是原理在支配着实践的发展？对这些问题的回答，需要我们对体育运行机制展开讨论。

一、体育运行机制概述

（一）体育运行机制的概念

机制，也称机理，是指一个系统事物内部组织、内部要素之间相互作用的过程和方式。机制对于确立事物的存在以及影响事物发展具有重大的意义。体育运行机制是指影响体育运行各因素的结构、功能及其相互联系，以及这些因素产生影响、发挥功能的作用过程和作用原理。一定体育运行系统内各构成要素之间相互联系和作用的功能，存在于体育运行供需运动的全过程，对体育运行发挥着调节作用。

（二）体育运行机制的分类

从不同的角度考察，体育运行机制有不同的构成体系；按不同的分类方法，可将体育运行机制进行不同的分类。

1. 按体育运行机制的形成过程分类

按照体育运行机制形成的过程，可以将体育运行机制分为自发机制和人为机制两种。

体育的自发机制是指依据一定的体育规律，自然地、历史地形成的体育运行机制。如竞技体育中冠军产生的机制就是一种自发机制，它一定程度上体现了自然规律中的“优胜劣汰”原理，这种自发机制体现了体育运行的规律，其形成过程是自然的，也是漫长的。

人为机制是指人类根据一定的体育目标，通过人们的主观努力而有意识地建立起来的体育运行机制。人为机制虽然是人工设置的，但也体现了体育运行规律。违背了体育运行规律而强行建立的体育运行机制，其结果不是该机制根本无法运作、达不到预定目标，就是妨碍了体育运行，而最终要被废弃。

2. 按体育运行机制的作用领域分类

按体育运行机制的作用领域分类，可分为竞技体育运行机制、群众体育机制、学校体育机制等等。这种分类方法实际上是将体育运行机制看作一个以广义体育活动为载体的庞大体系，构成了体育活动不同领域分别研究的对象。

3. 按体育运行机制的表现形态分类

我国社会学家郑杭生按社会运行机制的表现形态，将社会运行机制分为显机制和隐机制。所谓显机制和隐机制是针对自发机制而言的，人为机制都是显机制。因为人为机制是人为设置的，是人类有意识的产物，其结构与功能、作用原理与作用过程都已经被人们认识到了，并且有意识、有目的地加以利用。如大型体育赛事（如足球赛事）中的社会安全阀机制是一种人为机制，也是一种显机制，是人们为减轻社会内在压力、保障社会运行安全而设置的，其结构与功能、作用原理与作用过程都是清楚的、外显的。

自发机制中就有显机制与隐机制之分，某些自发机制的结构与功能或作用原理与作用过程不为人们所知，但在社会生活中存在并发挥作用的机制就是隐机制。例如存在于当前体育资源分配过程中的“市场机制”，曾经被亚当·斯密称之为“看不见的手”，也就是说，“市场机制”曾经是作为隐机制而存在并发挥作用的。

4. 按体育运行机制的结构层次分类

按体育运行机制的结构进行分类，可将其分为一级体育运行机制，二级体育运行机制，三级体育运行机制，四级体育运行机制，等等。这样，体育运行机制就不再是一个空洞、抽象的概念，而是一个由许许多多具体的机制组成的体系。例如，将体育运行机制作为一级机制，它包含了体育运行动力机制、体育运行整合机制、体育运行激励机制、体育运行控制机制、体育运行保障机制等五个二级机制，每个二级机制里又包含了许多三级机制，如此等等。

按照体育运行机制的层次进行分类，可将体育运行机制分为动力机制、实现机制和调节机制。体育运行的动力机制主要考虑的是体育运行是如何满足人和社会对体育的需要的；体育运行的实现机制主要包括对体育资源的整合方式、对体育运行主体的激励过程；体育运行的调节机制是指体育运行过程中一旦出现目标偏差、环境阻碍时，体育自身的控制与保障过程。

（三）体育运行机制的功能

体育运行动力机制的主要功能是为体育运行提供适度的动力；体育运行实现机制的主要功能是协调体育利益主体，促使参与个体、参与群体组成有机整体，促使社会成员的行为方式和价值观念与社会倡导的趋于一致，激发社会活力；体育运行调节机制的主要功能是维系良好的体育运行秩序，控制体育运行的方向与速度，保障体育参与者的基本权利得到实现，维护体育运行安全。

这些机制在结构上应该是协调的，在功能上应该是耦合的、互相补充的，其协调中心就是体育运行的目标。同样的，体育运行机制与体育运行系统之间也存在反馈，体育运行机制也在不断修正、不断调整之中。在体育运行机制的作用下，体育运行系统具体运行的结果就是使体育运行状态，或良性或中性或恶性。体育运行状态反馈到体育制度，有可能促使社会采取相应措施改善体育运行状态或维持良好的体育运行状态，也有可能促使体育制度的改革以适应体育运行的实际状况，还有可能彻底变革体育制度。此外，我们还要注意的是，对体育运行产生影响的因素不仅来自体育运行系统内部，还来自系统外的扰动。

体育运行机制是客观存在的事物，并不都能促进体育发展，如兴奋剂的产生机制就对体育发展起着阻碍作用，体育与政治关系的作用机制有时就对体育发展起着阻碍作用。即使是促进体育发展的机制，也不一定在实际运作过程中就能发挥预想的功能，关键在于运行机制有特定的运作条件，只有具备了这些特定条件的某种运行机制，才能正常运作并发挥应有的作用。

二、体育运行的动机机制

（一）动力源

人的需要与满足需要的现状的矛盾，是推动体育产生与发展的动力之源，它的机制是基于人和社会需要层次的双重组合。

个人对体育的需要是体育运行的首要动力源。首先，体育可以促进个体体格健壮，提高生理机能水平，提高适应能力，改善和提高中枢神经系统的功能，使人头脑清醒，思维敏捷，精神充沛；能促进机体的生长发育；能调节人的心理；可以防病治病等。体育的这些功能满足了个人的生存需要，这在提供体育运行的动力方面起着不可忽视的作用，是体育的社会运行机制中的动力之源。

其次，体育运动可以丰富人们的社会文化生活，促进个体的社会化。体育运动是人们获得基本活动能力的重要途径。体育运动是一个有章可循的、有约束力的社会活动，是在一定的监督下有组织地进行的社会规范化行为。体育运动是一个社会互动的场所，人们积聚在一起互相交流，满足人们的社会交往的需要。体育的这些功能在一定范围内满足了个人需要。

社会对体育的需要是体育运行的重要动力源。体育发展的社会需要具体体现在政治、经济、文化三方面。竞技体育的发展在政治上可以成为一面旗帜或是一项标志性的、显性的社会工程。群众体育的效果则可以通过居民的生活满意度以及健康状况的改善情况加以衡量和评价。经济的需要来自于体育作为产业的生产性功能，过去在很长一段时间里，我们把体育运行过程认为是单纯的社会消费过程，而忽略了它的经济生产作用，因此，利益关系仅在于消费资源的分配，而忽略了生产资源的利益关系。文化方面，人们也更多地选择其他文化活动方式，如打牌下棋等作为日常的休闲活动，体育休闲尚未成为一种时尚。人们参与体育活动更多地是出于功利需要。

（二）动力结构

1. 外围结构

体育运行的外围动力结构包括动力主体、动力受体以及动力传导媒介三个部分。

动力主体分为三个层次：个人行动者（微观层次）；群体、集团（中观层次）；国家、社会（宏观层次）。三个层次的主体所发生的动力可以通过一定的媒介互相传递。传递既可以在同一层次主体间进行，也可以在不同层次主体间进行。

动力传递媒介是动力从一个动力主体传到另一个动力主体的渠道，也是体育动力积累和递增的主要凭借之一。它能把宏观、中观和微观三个层次的体育运行动力整合为一体，成为体育运行的整体动力。

一般来说，主体的利益是最重要的动力。宏观动力主体（体育行政管理部门、体育社会团体等），最经常地是通过利益这一传导媒介，将自身的体育运行动力化解，传递到中观、微观等层次的动力主体身上。信息也可以作为动力传递媒介。这里指某一动力主体将动力以信息的形式传给另一个动力主体。如广播、电视等的宣传鼓动，将政府的体育政策、体育方针告示于广大民众，使之为该政策服务、效力。经验汇报，文件传达也是信息传导动力的一种形式。信息作为动力传导媒介，可以在政府与政府，个人与个人，集团与集团之间互相传递动力。

动力受体是指人们获得体育需求满足的对象、工具、资源等。满足需求的对象称为满足物，最简单划分是“硬性”满足物与“软性”满足物。任何以物质形式存在的满足物都被称为“硬性”满足物；反之，以非物质形式存在的满足物，如权利、地位、荣誉等，称之为“软性”满足物。需求满足物的硬性和软性之分，是体育运行动力机制采取不同手段的依据。

随着时代的变化，我国体育行政部门对动力受体的选择由侧重于“软性”满足物向“硬性”满足物倾斜，典型表现是奥运冠军的物质奖励逐步增加。

2. 内在结构

社会运行动力机制的内核结构包括动力源、动力方向、动力受体和社会行动四个要素。

动力源是人们的内在需求。由动力源产生的动力是原生性动力。由动力主体之间的动力传导而产生的则是次生性动力。人和社会对体育的需要是体育运行的动力之源。

动力方向指动力与社会运行目标一致或相背。这直接关系到动力主体的动力性质。

动力主体的层次不同，动力贮存体的形式也不一样。就微观体育运行主体而言，其贮存体就是个体行动者的能力；就中观动力主体而言，其动力贮存体就是团体、集体或群体的凝聚力；在宏观动力主体层次，动力贮存体包括现实生产力水平、科学技术水平以及建立在经济基础之上的权力体系。

社会行动是社会动力的直接表达。就社会主义社会的体育而言，其社会之力转化为社会行动，就是要求人们将自身的各种动力转化为社会劳动，创造更为丰富的体育产品，满足日益增长的体育需要；要求人们恪尽职守，积极工作，遵守各自的角色规范，促进体育的良性运行。

（三）动力过程

体育运行动力机制的运作过程是围绕提供适度社会动力展开的。在这个过程的每个环节中，必须采取相应的手段来保证动力机制给社会提供的动力是适度的，从而避免动力不足或动力过度对体育运行造成的障碍。社会运行动力机制由五个环节组成：动力源的开发、动力培育、动力分配、动力转化、动力监控与反馈。

1. 动力源的开发

动力源的开发也就是人们内在需求的开发。人们需要越是强烈，个人参与体育活动的积极性就越高；人们需要越是广泛，人们参与体育活动的可能性就越大。需要注意的是，人的需要要保持在一定限度和范围之内，并具有正确方向，需要应是合理的。合理的体育需要必须保证以下几点：第一，合理需要与整个体育发展的外在环境相一致；第二，合理的体育需要必须适应个人自身的内在情境；第三，合理的体育需要必须是个人需要和社会需要的完整统一。

2. 动力的转化

合理需要严格来说还只能是动力的一种潜在形态。动力转化环节就是要将这种潜在形态的动力转化为现实动力，转化为一种实现需要满足物的社会行动。由需要到社会行动之间，有一个复杂的转换过程，构成“需要——行动”链条。体育的“个人需要——体育行动”链条离不开人自身参与体育的欲望、动机、目标等过渡环节，离不开体育运行主体的目标和决策过程。

3. 动力的培育

个体或群体的体育参与状态由潜在性转化为现实性后，可以推动动力主体去完成体育活动、实现体育目标。如果保证进一步的稳定和发展的前提下仍然拥有动力，就必须有动力的积累、贮存增长与发展。这时，培育动力就成为动力机制运作的必要环节。

4. 动力的分配

动力分配有两方面的含义，其一是指给其它体育运行机制供给动力的过程；其二是指体育运行动力在各体育部门、体育单位、体育领域的供给、调配过程。这个过程也是资源在中央和地方，体育行政管理部门、体育行业协会、职业俱乐部等范围流动的过程。

5. 动力的反馈

反馈环节是指整个动力机制输出的结果对机制运作产生影响的过程。经过动力源开发，动力转化、培育、分配等环节后，要获得一些信息如动力机制是否给社会运行提供了适度动力？每个环节的状态如何？整个动力机制是否良性运转等，只有通过反馈才使得动力主体获取有关信息，从而使动力主体对参与体育的过程作相应的调整。

三、体育运行的实现机制

（一）结构功能的选择

1. 结构的完善

在确立体育目标和完成体育目标之间有很大的自由度，这就为体育运行的实现机制提供了巨大的空间，体育运行结构的选择是实现体育运行的基础性工作。一般认为，体育运行的结构具有稳定性的特点，即有一种维持原来的秩序、组织和比例的趋向。这种稳定性就是体育运行的惯性。在体育运行结构的选择中，通常存在以政府为主导、以社会为主导、以市场为主导的三种结构形式，目前，体育运行结构向着三者互相学习、互相补充、彼此交融的态势发展，例如：中国政府主导型的体育运行结构逐渐融入市场化运作、社会化自治的成分，而西方发达国家现在逐渐加强了政府对体育尤其是竞技体育的宏观管理。

2. 功能的协调

功能作为结构的一种作用和活动，常常是变动不居的，功能上的协调也是经常变化的。例如：在体育社会化、体育大众化的趋势下，曾经以培养体育教育人才为主要功能的高等体育院校，逐步发挥出培养竞技体育人才的功能，并开拓出“教学、训练、科研”三结合的多元局面。如果这种功能的调整同院校自身结构性的调整保持一致，就一定能够在新形势下得到长期的发挥，并获得长期的效果。

3. 结构与功能的统一

一般说来，结构决定功能。不同的结构要素、不同的结构组合会发挥不同的功能。当结构处于协调状态时，功能的协调就比较容易实现。反过来看，功能的协调也可以在一定程度上有助于结构的协调。在体育结构仅有轻微不协调时，人们往往通过功能性调整来进行补偿。通过功能的调整来促进结构性协调的另一种方法是，发挥结构的内在的和潜在的多种功能。我国体育事业产业性功能的发挥就是一个很好的例证：20 世纪 90 年代初，政府指出，体育事业应当坚持产业化的方向，这就突破了原有的“福利性”和“非经济性”的定位。也就是说，社会主义市场经济条件下的中国竞技体育事业既具有公益性，又具有产业性，从而更好地拓展了体育的功能。

（二）体育利益的整合

1. 整合的对象

体育既可以整合人与人在体育活动中的互动关系，也可以整合经济、政治、文化等社会子系统的耦合关系。从深层次看，体育利益整合的基本对象就是围绕体育资源所形成的多方利益和谐群体。

“和谐体育”是各方面利益关系不断得到有效协调的理想状况。正确反映和兼顾不同体育参与群体的利益，积极探索预防和化解矛盾，维护稳定的新机制，是建设“和谐体育”局面的重中之重。近 20 年来，受中国宏观社会改革过程中利益群体分化的影响，体育自身也出现了分化和组合。新的利益群体的出现，也必然会使各阶层在维护自身既得利益和预期利益的过程中产生各种矛盾。这些矛盾如何解决以达到体育自身的和谐，达到体育与社会的和谐，是一个需认真对待的问题。

2. 整合的中心

整合中心是指能对社会个体、社会群体产生吸引力，使之凝聚为社会整体的社会事物。整合中心可以是人，如领袖；可以是物，如旗帜；也可以是“想象的共同体”，如民族、宗教等。

当前，我国体育利益的整合所要依靠的中心具有多重性。在思想中心上，就是要高举邓小平理论和“三个代表”重要思想的伟大旗帜，以科学发展观为统领，让体育为全面建设小康社会和构建社会主义和谐社会服务，为中华民族的伟大复兴做出贡献。在组织中心上，要以各级体育行政管理机关为中心，发挥政府部门的宏观调控、政策指导、利益调配的中心作用，并不断开拓体育社会化、大众化、生活化的新局面。在规范整合中心上，要以《体育法》、《反兴奋剂条例》等专门法为基础，紧紧围绕《宪法》等基本法律开展规范体育运行的工作。

3. 整合的过程

对体育利益的整合过程可分为两种基本类型，一种是自下而上的整合过程，另一种是自上而下的整合过程。自下而上的整合是一种微观社会的整合过程，是建立在社会互动基础之上的整合过程。其过程为：人们在共同的体育交往生活中，不断加深各种社会关系，如家庭关系、邻里关系、朋友关系、师生关系等等，以此为核心向更广阔的社会生活领域推及，结成更为复杂的社会关系。自上而下的整合过程是一种宏观社会的整合过程，其特征是体育行政管理部门制定相关的法律法规，寻求各体育群体对共同目标的认同，在认同过程中加强体育参与者之间的沟通。

（三）体育成员的激励

1. 激励条件

激励机制的运作有三个基本条件。人的需要是第一个基本条件：每个成员都是体育运行中的一分子，为体育的良性运行作出贡献，而社会则根据设定的激励标准将社会资源分配给每一个体育成员，满足他们的需要。激励机制运作的第二个基本条件是一定量的体育资源的存在：以人的体育需要作为内在动力，在体育激励标准的引导下，将体育资源按一定的程序分配给体育成员，促使他们的行为方式和价值观念趋于一致。大多数体育成员认同体育目标是激励机制运作的第三个基本条件：仅仅是体育成员有体育需要，体育拥有一定量的体育资源，激励机制仍然难以运作。如果大多数体育成员不认同体育目标，就会普遍排斥激励，也就不会遵循体育行为方式和价值观念。显然，在这种情况下激励机制是无法运作的。因此，必须得到大多数体育成员的认同。

2. 激励标准

激励标准是对社会成员进行激励机制的方向和强度所做的规定。激励方向是激励质的规定，激励强度是对激励量的规定。我国当前的激励标准在总体上处于适度的局面，对体育事业的人才设立了较高的激励标准，但也存在着竞技体育和群众体育参与人员激励标准不均衡的局面。总体上看，群众体育发展在质和量两方面均缺乏应有的社会激励。

3. 激励手段

激励手段是指为达到激励目的所采用的具体的激励方式。激励手段一般可分为两种类型：一类是功利型，另一类为符号型。相对而言，竞技体育在激励手段上占尽优势。在竞技体育中，我们常常可以看见功利型激励与符号型激励并用的情况。即对运动员和教练员既以实物给予作为激励手段，如金钱、房屋、生活待遇等，又用符号型激励加以社会嘉勉，如授予在竞技体育中优胜者和教练员某种具有象征意义的符号，如荣誉称号、奖状、奖杯等。而在社会体育的运行激励方面，多采用后者，且这方面的符号型激励力度远远弱于前者。

4. 激励过程

激励过程是指激励机制发挥功能的动态。它主要由四个环节组成，即导向环节、检测环节、分配环节、反馈环节。目前，我国对体育成员激励在以下环节存在一定的问题。对于群众体育的重视程度不够，政府对体育的投入高度集中于办大竞技；在分配环节，群众体育明显处于弱势，其分配到的社会资源极为有限；在反馈环节，群众体育工作好坏受到的社会关注均较微弱，反馈机制不灵，社会对此项工作反应不够强烈。

四、体育运行的调节机制

（一）调节对象

1. 微观调节对象

微观层次上的调节对象是体育参与成员的价值观念和社会行为。为避免体育参与成员在互动过程中产生严重的纷争和冲突，人们必须遵从一定的体育价值观念和社会行为规范。如体育道德的培养、体育规则的建立、体育法规的完善都可以调整体育参与者的行为。体育运行调节机制的功能之一，就是为体育成员提供合乎体育目标的体育价值观念和社会行为模式，调适体育活动中的人际关系，制约和指导体育成员的社会行为。

2. 中观调节对象

中观层次上的调节对象是体育利益群体间的关系。不同的角色地位，不同的利益追求，使体育成员组成各自不同的利益群体。为了追求各自的利益，利益群体之间不可避免地要产生利益冲突。适度的冲突有助于体育调节和体育整合。当这种冲突演化为对抗性的大规模冲突时，势必破坏体育秩序，妨碍体育运行。体育运行调节机制的功能之二，就是要规定各利益群体的地位、权利和义务，限制各利益群体利益竞争的一定范围，调整利益群体间的关系，避免产生对抗性的大规模冲突。

3. 宏观调节对象

宏观层次上的调节对象是各体育运行系统的关系。一般地说，体育运行系统包括竞技体育运行系统、群众体育运行系统和学校体育运行系统。体育运行子系统各有其内在的运行机制，彼此间容易产生摩擦，出现不协调。任何一个子系统的运行超前或滞后，都将影响或制约其他子系统的运行。体育运行调节机制的功能之三，就是要协调各体育运行系统，使之功能耦合、相互配套，尽量使各体育运行系统同步运行，调节它们之间的关系，修正它们的运行轨道，调节它们的运行方向和运行速度，促进体育的良性运行和协调发展。

（二）调节手段

较为流行的分类将社会调节手段分为硬性手段和软性手段。前者又称强制调节，是指依赖于社会强制力量而实施的社会调节，包括政权、法律和纪律。后者是相对于硬性调节而言，依赖于社会舆论和社会心理而实施的，主要包括风俗、道德、信仰和信念。参照以上调节手段的性质，并结合体育调节的具体内容，可以将体育调节手段分为以下三种，即组织的、制度的和文化的调节手段。

1. 组织调节手段

组织调节的具体形式有两种，一是组织权威，一是组织规章。组织权威表现为下级服从上级，组织规章表现为按章办事。

组织权威源于组织结构。当前，我国体育组织结构趋于多元化，但是总体上看，体育组织结构一般为金字塔形，金字塔的顶部为组织的最高负责人，底部为一般组织成员，中部为组织各部门负责人。组织与组织之间也是金字塔形，逐级负责，层层调节。组织调节实际上是层级调节，每一个体育个体和体育群体都处在这种层级调节网络之中，调节者往往同时也是被调节者。这种组织同构的形式可以实行统一的调节方式，便于中央集权管理。但实践证明，组织同构是机构臃肿、人浮于事的渊源，条块分割、办事效率低也因此而产生。

2. 制度调节手段

仅有组织调节手段还不够，需要其他调节手段，制度调节手段就是其中之一。“制度”是指具有普遍意义的、比较稳定的、有一定强制性的和正式的规范体系，包括专门的体育制度，也包括相关的社会制度。它们调节体育个体、体育群体的行为和关系。

制度是一个体系，每一项具体的制度都是体系中的一个组成部分。因此要求各项具体的制度彼此间是协调和谐、功能耦合的。改革开放以来，随着国家经济、政治、社会制度的转型，体育制度转型的速率也大大加快，制度间冲突、摩擦的不协调状态也就变得明显和突出。计划经济时代的“举国体制”难以满足社会利益群体的需求，必须进一步坚持和完善它，才能更好地发挥“举国体制”的资源、利益调节功能，更好地实现我国体育事业的总体目标。

3. 文化调节手段

文化是一个人们共同享用和共同学习的风俗、信仰、价值及全部创造的总和。文化既然是人类在长期的共同生活中创造的，其中必然有一些为人类共同遵从的准则和标准，这些准则和标准就是文化调节手段。具体地谈，文化调节手段包含的内容有：舆论、信仰、信念、价值观念、风俗习惯、伦理道德等等。

组织调节手段和制度调节手段都在一定程度上带有强制性。文化调节则不同。首先它具有非刚性的特征，因而使文化调节内的越轨行为更为普遍、更为经常地存在。文化调节手段能够产生作用，主要是靠体育成员的自觉遵守。文化调节手段的另一个特征就是调节范围的广泛性。人类的体育生活丰富多彩，体育行为也是多种多样的，无论何种体育行为都得遵从行为规范。显然，仅有组织调节手段和制度调节手段还不够，而文化调节手段就是有效补充。可以说，文化调节手段的调节范围几乎涵盖人类的一切体育行为。正是由于文化调节手段有上述两个特征，使得文化调节的健全与完善始终得到重视，尤其是伦理道德的维护和建设受到关注。

（三）调节过程

1. 决策环节

决策环节是指处于层级调节顶端的调节者为调节的方向和力度作出具体规定的过程。这个调节者可以是国家体育总局等体育行政机关，也可以是体育社团的领导班子，还可以是职业体育俱乐部的管理者。调节的内容虽不同，但调节过程却是基本相似的。

调节决策是围绕实现体育目标而制定的，决策部门要根据体育目标制定一系列的体育规范，如条令、规章、制度、法律、守则等等，这些规范确定了体育成员的体育行为和价值观念的方向，同时也确定了体育运行的方向。偏离这一方向将会受到调节手段的惩罚。决策环节除了规定调节方向之外，还要规定调节力度。所谓调节力度，是指调节的程度和强度，亦即调节范围的大小和调节力量的强弱。

2. 实施环节

实施环节是指调节手段施加于调节对象的具体过程，也是调节与反调节的过程。一方面，体育运行主体运用多种调节手段作用于调节对象，力图使体育运行朝预定的方向发展。另一方面，调节对象本身充满矛盾和冲突，与调节手段之间也充满矛盾和冲突。调节对象本身的矛盾冲突在调节手段的作用下得到抑制、调整和削弱，体育运行呈现为有序和稳定。调节手段与调节对象之间的矛盾和冲突，则是两种力量的较量——调节与反调节。

由此看来，实施环节的任务不在于消除体育群体的内外冲突，而在于将调节手段有效地施加于调节对象，调节和缓解调节对象本身的矛盾和冲突，将调节手段与调节对象之间的冲突限制在一定的范围之内，使之不致危害体育运行。

3. 监控环节

监控环节是对实施环节和调节对象进行监督、核查和调控的过程。实施环节是否严格按照体育规范对调节对象实施调节，调节对象是否严格遵从体育规范等，都需要进行监督和核查，若有越轨行为则施以惩罚。

我国体育运行的监控环节处于相对规范和稳定的状态。从体育机构自身的监察部门到国家相关的监督、审计、司法部门，再到社会舆论、大众传媒，构成了完整的体育运行监控体系。

4. 反馈环节

反馈环节是指调节过程的输出结果对调节过程产生影响的过程。调节效果如何，决策是否正确，调节过程中产生了哪些问题，调节过程是否良性运转等，这些问题需要反馈环节才能获取有关信息，以便对决策环节、实施环节和监控环节作进一步的调整。

反馈过程实际上就是一个信息沟通过程，这种信息沟通过程的作用是十分重要的。例如，中国足球运动开始职业化改革十余年来，实现了整体运行处于相对稳定，发展方向处于上升势头的态势。与此同时，假球、黑哨、球场暴力等丑恶现象却不断地冲击足球联赛的正常运行，严重地损害了足球事业的健康发展，也损害了我国体育事业的形象。当屡禁不绝而成蔓延之势时，信息及时反馈到中央政府等高层决策机构，于是，公安、检察、司法等部门纷纷介入足球圈，严厉打击足球场内外的违法、违规行为，从而保证了足球事业、体育事业的良性运行。

第四节　体育运行评价

○ 导入

我们一般都期待体育的发展始终处于良性运行和协调发展的状态，但是任何一个国家的体育发展都不是一帆风顺的，都要经历一些曲折的过程。例如，“文革”时期我国的体育事业发展受到严重的影响，体育事业只在局部有限范围内发展，改革开放以后确立了竞技体育优先发展，在体育的实际运行中又出现了群众体育和竞技体育发展不平衡的现象。我们如何看待体育运行中的各种现象？如何评价不同时期的体育运行状态？我们以什么原则和标准对体育运行进行评价？这些都是值得我们深思的问题。

一、体育运行评价的作用

（一）目标定向

体育运行的目标，是指体育运行根据对其发展过程的认识所确定的自身体系发挥功能的要求和期望达到的状态。体育运行树立的为人身体、心灵健康和社会适应服务的基本目标虽然被越来越多的人所接受，但令人遗憾的是，这一中心目标经常由于认识上的片面性和过多的中介环节而出现偏离。

在特定时期，体育为政治服务的目标占据了体育运行目标体系的核心位置，这种目标的偏离，淡化了体育的固有特征——以改善人类自身的机能和形态为目标。体育与政治一体化的激烈演进，容易形成偏执的体育观，即以片面强调竞技运动的政治特征的小体育观和片面夸大体育在显示国家民族和社会制度优越性方面的作用，把体育同国力混合在一起的狭隘民族主义体育观，从而引起国际体坛丑闻和暴力事件层出不穷，造成运动员的片面发展，对体育运行的稳定状态产生了负面的冲击。

通过对体育运行的评价，可以纠正体育运行过程中的目标偏离现象。就以上例证而言，就是要清醒地认识体育的本质目标，正确地理解体育与政治的关系，适当地发挥体育的政治功能；全面了解体育与政治一体化的利弊得失，将其阻碍体育的反向作用降低到最低限度。

（二）激励促进

体育运行过程中，当激励机制与其它运行机制协调和谐时，体育就会处于良性运行、协调发展之中。但是，并非所有的时候，大多数体育成员都会认同体育目标。例如，在20世纪90年代，我国进行体育市场化改革的初期，部分体育资源的既得利益者普遍拒斥体育改革目标，怀疑其权威性、合法性和合理性。这时，已有的体育资源的价值和作用受到蔑视或摒弃，人们会要求改变体育目标、体育激励标准、体育资源的分配程序。一旦新的体育制度在改革中得以建立，激励机制也就会产生与之相应的新内容和新的运作方式。

此外，需要指出的是，体育资源总是具有稀缺性的，既不可能无限量地满足体育成员获取体育资源的欲望，也不可能把体育资源平均地分配给每一个体育成员。因此为了获取更多的体育资源，处在低阶层的体育参与者有一种力图上升到高阶层中去的行为倾向，处在高阶层的体育参与者则有一种力图上升到更高阶层或保持原有状况的行为倾向。在计划经济时代，体育运行主体内部不允许层间的自由流动，只有封闭的层内流动。这样的体育制度安排缺乏活力，压抑了广大体育参与者的积极性和创造性。

市场经济体制下的评价体系，将原有的被压抑的体育成员的积极性和创造性发挥出来，激励和促进整个体育运行向良性的状态转化。

（三）失范矫正

美国社会学家默顿认为失范状态是指这样一种社会状态：社会所规定的目标同决定着达到这些目标的规范不一致。在体育运行的过程中，也存在着失范的现象与状态：旧有的体育价值观念和体育运行模式被普遍否定或遭到严重破坏，逐渐失去对体育参与成员的约束力；新的体育价值观念和体育运行模式尚未形成或未被普遍接受，不具有对体育参与者的有效约束力，使得参与者的行为缺乏明确的规范约束，形成规范的“真空”。

我国目前的体育运行正处于改革的不稳定时期。一方面，由于体育各个子系统是相互关联、相互作用、相互制约的，改革牵一发而动全身，改革滞后的子系统必然会与改革超前的子系统发生矛盾，甚至产生激烈的冲突。另一方面，即使在体育运行结构经过调整或部分更新之后，也不能指望它马上发挥出正常的功能。由于上述两方面的原因，改革时期的失范状态要延续相当长的一段时间。

体育运行的评价可以在一定程度上界定当前的体育运行的失范状态、明确体育运行结构与功能的具体矛盾所在，为及时调控今后体育运行的走向提供依据。

二、体育运行评价的原则

自然界的运行需要符合自然规律，社会的运行需要符合社会发展规律，同样，体育运行也要符合体育规律。在体育各要素、各个部分的交互作用下，体育运行呈现各自发展轨迹，能否符合体育发展规律，成为评价体育运行状态的基本原则。此处进而将评价体育运行状态的原则分为综合性原则、协调性原则、满足需要的原则和可持续发展原则。

（一）综合性原则

综合性原则指衡量体育运行与发展不能只从某一个领域或某几个领域的角度出发，而必须用一种全面的、综合性的标准来评价。这个标准应包括体育发展的各个基本方面。综合性的含义，主要可以从两个角度来把握。

首先，它是对体育运行评价的历史性，即要对多因素、多层级的体育发展做周密全面的考察。不仅从横的方面，也从纵的方面；不仅对它的要素、结构、功能以及关联方式做考察，也要对其历史过程、现实状况和未来趋势做考察。这意味着我们评价某一种体育运行方式，不能仅看某一时间段的客观效果，而应该有一种历史的眼光进行全面的评价和审视。

其次，综合性强调对体育运行评价的空间性。体育运行的状况不能根据某一区域的情况进行评价，而是要通过整体的运行表现出来，局部运行和发展的良性与否必须通过它对整体所发挥的作用才能显示出来。整体效益是衡量体育大系统以及各个子系统运行状态的根本依据。这意味着我们评价某一种体育运行方式，不能仅看某一区域的发展情况，而应该有一种全局性的眼光进行评价和审视。比如，根据我国的现实国情，在评价我国体育运行的情况时，不能仅根据城市体育发展情况进行判断，也要根据农村体育发展进行判断，从而得到较为科学的结论。

（二）协调性原则

所谓体育运行的协调性就是体育多种要素、各部分之间的相互配合。体育运行的协调包括结构性协调、功能性协调、结构与功能之间的协调三个方面。

首先是结构性协调问题。结构是要素的内在联系形式或方式。所谓结构的协调是指体育诸要素之间的联系具有较高的有序性、合理的比例与排列以及严密的组织性。体育结构是体育运行的基础，它对体育运行状态起着根本性制约作用。

一种科学、合理的体育结构能够促进良性的体育运行，而有偏差的体育结构则无法反映体育发展的规律，从而导致体育运行的恶性状态。如果要改变体育运行的恶性状态，使之向中性和良性发展的基本途径就是对体育发展方式进行大规模的结构性调整。需要注意的是，任何一种社会结构一旦存在，就往往具有相当程度的稳定性，即结构具有维持其原有的秩序、组织和比例趋向。体育结构也是一样，表现在运行上，就是体育运行的惯性。良好的惯性固然可见促进体育的自我发展与运行，但在改革过程中，特别是大规模结构性调整的过程中，惯性则会带来较大的阻力。甚至由于路径依赖和利益结构的定型，改革过程异常艰难。

其次是功能性协调。功能性协调是指体育系统在活动和作用上相互配合与相互促进。反之，如果配合不上，则出现功能的失调。由于结构状态的不同，功能上的协调有两种情况。一种是在结构协调基础上的功能协调，这时，功能上的协调有牢固、可靠的基础，是一种比较稳定和持久的协调。另一种则是结构不协调，但由于人们主观上的努力，在结构发挥作用上做了尽可能的调整，这时，功能上也可能实现暂时的协调。功能的协调与否是体育运行状态的直接标志。

再次，结构与功能之间的协调。结构功能主义认为，社会是有一定结构或组织化手段的系统，社会的各组成部分以有序的方式相互关联，并对社会整体发挥着必要的功能。整体是以平衡的状态存在着，任何部分的变化都会趋于新的平衡。一旦系统的功能或需求出现大的调整，那么结构也必然发生变化。同样，如果系统的结构发生变化，整体功能也必然发生变化。结构的协调与功能的协调是相互配合、相互促进的，这就是结构与功能之间的协调。结构与功能之间的协调程度也是衡量体育运行与发展的重要条件。首先，一般来说，结构决定功能。结构协调时，功能协调也比较容易实现。但是，结构协调并不等于功能一定协调，为了实现功能协调，还需要调整好结构与功能之间的关系。其次，功能的协调可以在一定程度上有助于结构的协调，最终有利于体育的良性运行。最后，结构与功能在变化上相互配合，也对体育运行产生重大影响。功能变化是结构变化的前提，社会各领域总是因为功能变化而最终导致了结构变化。而结构一旦发生变化，就会要求新功能与之配合，也促成功能的新变化。仍以 20 世纪 80 年代体育领域的市场化改革为例，体育产业与体育事业结构调整的重要背景在于体育功能的变化，即不仅仅是满足民众对于国家与民族认同的政治需要，也要满足民众的健身、娱乐、社交、审美等方面的需要。同时，体育产业发展的结构性变化也促进了体育功能的全方位实现。

（三）满足需求的原则

经典需求理论（马斯洛需求理论）认为，人的需求具有层次性，将人的需求分成生理需求、安全需求、归属与爱的需求、尊重需求和自我实现需求五类，依次由较低层次到较高层次排列。

第一，这五种需求像阶梯一样从低到高，按层次逐级递升，但这种次序不是完全固定的，可以变化，也有种种例外情况，但需求总归是有层次性的。第二，需求层次理论认为人人都有需求，某层需求获得满足后，另一层需求才出现，并且在多种需求未获满足前，首先满足迫切需求；该需求满足后，后面的需求才显示出其激励作用。第三，一般来说，某一层次的需求相对满足了，就会向高一层次发展，追求更高一层次的需求就成为驱使行为的动力。第四，同一时期，一个人可能有几种需求，但每一时期总有一种需求占支配地位，对行为起决定作用。任何一种需求都不会因为更高层次需求的发展而消失。各层次的需求相互依赖和重叠，高层次的需求发展后，低层次的需求仍然存在，只是对行为影响的程度大大减小。第五，一个国家多数人的需求层次结构，是同这个国家的经济发展水平、科技发展水平、文化和人民受教育的程度直接相关的。在不发达国家，生理需求和安全需求占主导的人数比例较大，而高级需求占主导的人数比例较小；在发达国家，则刚好相反。

就人类社会而言，需求是个人、社会团体和整个社会对于维持和发展其自身活动的条件的各种要求的总和。所谓满足需求的程度是指个人、社会团体与社会实现其生存和发展的条件所达到的水平或状态。人是体育活动的主体，人是体育活动的承担者和体育运行的推动者。在这种意义上，所谓体育运行也就是人类自身的运行。评价体育运行状态最终要用人类自身状态来说明，而人类自身状态的直接标志就是人类体育需求满足的程度。因此，衡量体育运行状态必须与作为主体的人的要求相联系，无论是综合性还是协调性，都只是我们衡量社会运行的手段，而非我们的最终目的。只有民众体育需求的满足，才是评价体育运行的最终目的。

首先，需求是不断变化的，体育运行应该根据民众需要的变化而不断调整。以中国为例，建国以来的中国社会发生若干重要变化，一方面人民的生活水平不断提高，在解决了生存的基本问题基础上，民众具有强烈的发展需要，其中，体育是满足其发展需求的重要内容。另一方面，中国与世界各国的联系日益密切，越来越多的受到全球化影响，同时全球化也不断深化中国的现代化进程，中国民众不仅有基础性的公益性体育需求，也有非公益性体育需求；不仅仅有观看体育赛事的观赏性需求，也有亲自参加体育活动的参与性需求。同时，体育需求的价值取向也呈现明显的多元化特征，有生物学意义的健身需求、审美意义上的健美需求、社会学意义上的交往需求、心理学意义上的刺激体验需求、文化意义上的观赏需求以及政治意义上的民族认同需求等等。综合来看，当今社会的中国民众体育需求呈现明显的多元化特征。满足多元化的体育需求正是良性体育运行的内在动力。

其次，需求具有明显的差异性。总体看来，我国体育发展取得明显成绩，但在群众体育领域，政府提供的公共体育服务尚存不足，体育场地设施建设、组织体系建立、科学健身指导等诸多方面与广大人民群众的需求仍存在较大差距，已经成为我国在建设体育强国过程中的基础性薄弱环节。特别是我国地区之间、城乡之间体育发展不平衡的问题仍较突出。因此，不同经济和社会发展水平的区域，其民众形成的体育兴趣与爱好、具有的体育习惯与技能完全不同，而他们对体育的需求也不尽相同。因此，了解社会发展不同区域民众的体育需求，是对有限体育资源进行分配和调整的重要根据，从而更有针对性地对该地区在政策、资金、人才、项目等方面予以支持，以保障体育运行在整体上的良性状态。

（四）可持续发展原则

“可持续发展”亦称“持续发展”。1987 年联合国世界环境与发展委员会在《我们共同的未来》的报告中，把可持续发展定义为“既满足当代人的需要，又不对后代人满足其需要的能力构成危害的发展”。这一定义得到广泛的接受，并在 1992 年联合国环境与发展大会上取得共识。体育运行的可持续发展原则是指体育的发展需要和社会的整体环境及发展水平相适应，既不能超越社会发展水平，也不能落后于社会发展水平，从而实现体育与其他社会领域的良性互动。

在社会大系统中，体育必须与社会协调发展，即体育与社会环境之间，实现小系统与大系统之间的协调。为了达到体育与社会协调发展必须做到体育与社会发展的目标相一致，体育要充分认识大系统的共同目标，以及此目标带来的共同利益，在实际运作过程中做到局部服从整体。因此，体育这个子系统必须确定与整个社会相协调的正确目标。比如改革开放的初期，特别是 20 世纪 80 年代，中国体育的重要功能之一在于政治动员，竞技运动在经济建设的启动阶段发挥了精神号角的作用，形成了以高水平竞技体育为发展先导的格局。90 年代以后，走向市场经济的中国体育更加务实，变为满足广大人民日益增长的娱乐健身文化需求的舞台。体育从竞技体育的主战场逐步发展到群众体育领域，显示了其角色和重心的转换。90 年代中期，中国体育改革大见成效，特别是推出《体育法》、《全民健身计划纲要》、《发展体育产业计划》、《社会体育指导员等级制度》以后，体育发展步入了良性的运动轨道。

在今天全面建设小康社会的时候，就必须重视社区体育，发展群众体育，直接为人民群众的健康生活方式、休闲娱乐服务。

由于社会是不断变迁的，特别是在面对急剧社会转型的背景下，体育的可持续发展就更需要在动态中不断与其他社会领域相互协调和适应。这就需要体育系统有一个良好的调节、控制和修补机制。作为社会系统的体育运动，必须达到足够的发展资金、专业人员、场地设施、科技力量、大众传播媒介等体育资源，保证这些体育资源的多渠道来源和畅通的流向，才能保证它与社会的协调发展。任何一个资金匮乏、人员短缺、场馆被挤占、不重视科学研究的体育系统，都不可能实现体育的可持续发展。

二、体育运行的评价指标

体育运行的评价指标主要是指从体育运行稳定性的角度进行评价。从体育运行稳定性的角度，并结合社会学对社会运行的状态的描述与探讨，可将体育运行的一般状态分为三种，即稳定状态、亚稳定状态和失稳定状态。

（一）稳定状态

稳态指的是人们的体育行为（体育活动）不仅在总体上能够促进社会的发展，而且体育运行的内部关系具有协调性特征：体育系统各要素和各个层次之间在结构上相互衔接，功能上相互补充，体育运行呈现出相对稳定和持续发展的趋势。它是处于一定历史时期的体育运行和生产关系、经济基础、上层建筑相互适应的体现，是体育运行和发展的良好态势。需要说明的是，稳定状态是一种动态平衡状态，并不是静止不变的，如体育运行的稳定状态同外在的社会环境发生冲突时，就进入了亚稳定状态或者失稳定状态。

（二）亚稳定状态

亚稳态是一种介乎稳态与失稳态之间的一种状态。在这种状态下，体育运行的能力被削弱，但没有完全失控，体育运行呈现一定紊乱性，但仍然有序，只要运行机制仍然运作，运行状态仍能在某种程度上维持，亚稳态就有可能一直存在下去，直到紊乱被消除而进入稳态，或紊乱扩大到陷入失稳态。因此，亚稳态有可能是一种比较长期的体育运行状态。

体育运行具有协调与稳定性特征，但体育运行的行为及其后果却是受制于社会经济、政治、文化环境的。而且，这种“协调”的实现与维持，通常要借助于某些强制性的手段和措施。由于外在环境的变迁使体育关系处于暂时的，有时甚至是较严重的非协调状态，通常表现为体育运行模式的改革。在这种情况下，由于社会的物质生产力、政治文明程度、文化心理成熟发展到一定阶段，便同它们一直在其中活动的体育运行发生矛盾。于是这些关系便成为体育运行的桎梏。那时体育运行方式变革的时代就到来了。当一定社会关系秩序的局限被整个社会的发展所冲破时，原有的“秩序”与“协调”就必然要遭到破坏，取而代之的是体育处于“非协调”运行状态，也就是亚稳定状态。

（三）失稳定状态

失稳定态指体育运行的内部结构陷入紊乱状态，而且功能的发挥也遭到严重的抑制乃至破坏。在这种情况下，体育系统功能和作用没有得到维持体育正常运行所必需的最低限度的体现和发挥，体育要素间的正常联系被打破，协调的行动成为不可能，体育处于有障碍的非协调运行状态。因此，这种“非协调”运行在性质上是恶性的。

○ 小结

体育运行是指体育自身的运动、变化和发展，表现为体育各种要素和多层次子系统之间的相互作用以及它们多方面功能的发挥。体育运行的基本条件包括人口条件、生态环境条件、经济条件、政治条件、文化条件等。这些基本条件的不同组合以及某些条件的重点性、优先性排列顺序不同，造成了各时代、各区域民众不同的体育运行状态以及体育运行的两种基本路径——纵向运行和横向运行。而体育运行的各自发展轨迹能否符合体育发展规律，成为评价体育运行状态的基本原则，这些原则包括综合性原则、协调性原则、满足需要的原则和可持续发展原则。

○ 思考题

1. 体育运行的含义是什么？影响体育运行的条件有哪些？
2. 如何理解体育运行的横向运行与纵向运行？
3. 如何理解体育运行的动力机制？
4. 体育运行状态的评价原则有哪些？

○ 相关网站

1. 社会学视野网：http：//www.sociologyol.org/
2. 中国改革网：http：//www.chinareform.net/
3. 中国心理学家网：http：//www.cnpsy.net/

○ 课后拓展阅读

1. 李强，郑杭生编.社会学概论新修［M］. 北京：中国人民大学出版社，2003.

2. 李艳翎.经济体制转轨时期中国竞技体育运行研究［M］. 长沙：湖南师范大学出版社，2008.

3. 韩丹.概述我国体育运行机制和管理体制的演化［J］. 哈尔滨体育学院学报，1999（1）.

4. 石岩.建立与社会主义市场经济相适应的体育运行机制［J］. 成都体育学院学报，1994（4）.

5. 喻伯海.关于我国社会体育运行的动力机制与激励机制的思考［J］. 南京体育学院学报（社科版），2005（6）.

第八章　体育体制

内容提要

如果说体育运行是从动态的角度讨论体育发展中的规律、原理的话，那么体育体制则是从静态的角度分析体育发展的规律性问题。我们把体育体制理解为体育运行“带有规律性的模式”。本章将重点分析这些“带有规律性的模式”，其主要内容包括：什么是体育体制？世界上有哪些体育体制？不同的体育体制有什么特征、优势和劣势。

学习目标

学习完本章之后，你应该能够：

1. 掌握体育体制的概念及基本构成。
2. 理解体育体制形成的原因。
3. 理解体育体制对体育运行的反作用。
4. 分析体育体制主要类型的特征、优劣势及相关案例。

关键术语

体育体制、政府主导型体育体制、社会主导型体育体制、结合型体育体制

第一节　体育体制概述

○ 导入

2012年中国青年报发表了一篇题为《瓦解举国体制，从打破举国关注开始》，该文认为，中国体育的举国体制，一直深受舆论诟病，但在过去，它有着某种正当性与合理性，它契合着那种发展情境和集体心理。这种举国体制在赢金牌上确实很有效率，也滋养了国民一度渴求的民族荣耀感。但今天，中国体育的举国体制需要变革了。

近些年来，我们每每谈到体育发展中存在的问题时，总会认为问题的根源是“体制”的原因，解决问题的出路就是改变体制。那么，到底什么是体制，我们如何理解体育体制，所有体育问题的根源都是“体制”吗？

一、体育体制的概念

要理解体育体制的概念，我们要先从了解“体制”一词的含义出发。

顾名思义，“体”即结构、体系；“制”即制度、规定。综合起来，“体制”即是相关结构体系及其法规制度的总和与总称。

《辞海》中关于“体制”的定义如下：体制是国家机关、企事业单位在机构设置、领导隶属关系和管理权限划分等方面的体系、制度、方法、形式等的总称。

从管理学角度来说，体制指的是国家机关、企事业单位的机构设置和管理权限划分及其相应关系的制度，如学校体制、领导体制、政治体制等。体制是国家基本制度的重要体现形式，它为基本制度服务。基本制度具有相对稳定性和单一性，而体制则具有多样性和灵活性。体制是管理机构和管理规范的结合体或统一体。不同的管理机构和不同的管理规范相结合就形成了不同的体制。总之，体制是国家机关、企事业单位的机构设置、隶属关系和权力划分等方面的具体体系和组织制度的总称。

就宏观概念而言，体育体制是体育运行机制的简称。体育运行机制是指人类社会在有规律的体育运动过程中，影响体育运动的各组成因素的结构、功能及其相互联系，以及这些因素产生影响、发挥功能的作用过程和作用原理。简要地说，体育体制就是体育运行“带规律性的模式”。

就狭义概念而言，体育体制是国家关于体育事业的机构设置、领导隶属关系和管理权限划分等方面的体系和制度的总称。体育体制是体育工作的组织制度，是实现体育事业目标的组织保证。体育体制的核心是体育的机构设置、权力分配以及运行机制。

体育体制包含两个方面的内容，体育的管理体系与体育管理的制度。从静态意义上说，体育体制是体育系统的组织体系；从动态意义上说，体育体制又可以称为一种不断变化发展的制度及运行体系。因此，体育体制是国家体育工作的组织制度，是实现体育事业目标的组织保证。体育体制涉及体育事业中方方面面的组织与制度问题，它包括体育管理体制、体育训练体制、体育竞赛体制、体育投资体制、体育分配体制等等。其中，体育管理体制是体育体制的核心位置，它从宏观上决定了其他体制的构成和运行。

体育体制模式，按照组织机构设置和权力的归属，可分为政府为主管理型、政府与社会共同管理型和社会组织为主管理型三种。按照国家和地域，可分为若干模式，如美国模式、欧洲模式和亚洲模式等。按照国家的社会制度，又可分为社会主义国家模式、资本主义国家模式和封建社会国家模式。

体育是社会活动的组成部分，国家的基本经济和政治制度对于体育体制有着决定性的影响。一般说来，体育体制与国家的经济体制和政治体制相适应。实行计划经济体制的国家，行政是配置的主要手段，体育被视为国家事业而由政府统一管理。实行市场经济体制的国家，市场是配置资源的基础，国家对体育实行宏观调控，社会组织以社会化和商业化为支柱，自我协调管理。

二、体育体制的构成

从一般意义上讲，体育体制的基本构成可以划分为体育管理的机构设置、体育组织的职能及权力划分、体育的相关制度法规三个部分。这三个部分三位一体，相互影响、相互制约，共同支撑了体育事业的运行和发展。

（一）体育机构设置

体育的机构设置是指由体育专职人员组成的，专门从事体育管理工作的专业部门的设置与安排，它是体育管理活动赖以进行的依托和组织保证。机构设置是任何一项管理体制构成的前提和基础。组织机构是管理活动中各要素、系统之间的“结构”，是联系管理系统诸要素之间的纽带[1]。离开了相关的机构设置，体育体制将成为无本之木、无源之水，管理活动也将无从谈起。同时，机构设置是否科学、合理、精干、高效，将对管理工作的进行产生决定性的影响。

体育机构的设置和变革主要取决于体育运行的基本规律、体育的功能以及所在国家的整体机构设置情况。我国体育主管部门体育总局的机构设置，在 1998 年政府机构改革后，保留了九个内设机构，即办公厅、群众体育司、竞技体育司、体育经济司、政策法规司、人事司、对外联络司、科教司和宣传司。[2] 这些内设机构又分别设有相关的处室。除了体育系统中主管全国体育工作的机构设置外，其他系统也有分管体育的部门，如教育部中设置了体育卫生和艺术教育司。在军队系统中，总参军训部、总政宣传部文体局是主管军队体育工作的具体部门。

[1] 秦椿林，孙汉超. 实用体育管理学 [M]. 北京：人民体育出版社，2004：62.

[2] 1998 年之后，国家体育总局的机构设置有所调整，目前包括办公厅、政法司、竞体司、群体司、青少司、经济司、人事司、外联司、科教司、宣传司、机关党委、监察局、离退干局等机构。

（二）体育管理的职能、权限

从一般意义上讲，职能是指特定的管理主体依照一定的法律和规则对某一社会事务进行管理所承担的相应职责和具有的功能。管理职能的界定既明确了管理主体所拥有的权力，同时也明确限制了管理主体实施权力的领域，使得不同管理主体之间的管理活动能够正常、有序地进行。因此，管理职能的明确界定是体育体制良性运行和体育事业协调发展的必要条件。

在社会发展的不同阶段，体育发展的重点不断调整，这使得体育管理的职能发生相应的改革和调整。1998 年政府机构改革后，国家体育总局的职能发生了变化，取消和划出了原国家体委机构设置中的部分职能。这次改革中，国家体育总局划出的职能是：将协助地方加强体育队伍的思想政治工作职能交由地方人民政府承担；将研究和指导优秀运动队队伍建设和运动训练工作职能交由所属事业单位承担；将指导全国性体育竞赛工作职能交由所属事业单位承担。转变的职能包括：取消指导和检查地方各级人民政府体育工作的职能；取消组织和指导体育宣传出版工作的职能；取消指导和配合各部门、各行业、各社会团体开展体育活动，做好学校、企业、机关、部队和农村体育工作的职能。[3]

（三）体育的管理制度

“不以规矩，不成方圆”，规章制度的建设是体育体制良性运行的制度保证。现代社会，无论是组织，还是个体，其活动都要受到一定规章制度的规范和约束，这不仅是目标达成的需要，更是社会各系统之间保持相对稳定，从而使社会在总体上能够相对稳定地运行的需要。因此，在构成体育体制的诸多要素中，制度建设必不可少。体育体制中的组织结构及其职能，都要通过各项包括法规和规章的制度加以形成和履行。

在体育领域，面对不同的社会、文化、人口、环境、法律、技术等因素以及由此产生的不同的制度背景，世界各国均根据自身的国情设定相应的体育管理制度，并及时作出调整，以应对体育的不同发展阶段以及国家大环境的要求和变化。我国体育管理制度完善的过程也正是我国体育法律法规从无到有、逐渐丰富的过程。随着我国社会主义市场经济体制的确定和体育立法工作的加强，特别是 1995 年《体育法》的颁布实施，我国体育发展和法制建设迈出了新的步伐，体育管理制度也日趋完善。

[3] 宋德福. 中国政府管理与改革 [M]. 北京：中国法制出版社，2001：203.

第二节　影响体育体制形成的因素

○ 导入

俄罗斯体育复兴之路任重道远[4]

从悉尼奥运会的32枚到雅典奥运会的27枚再到北京奥运会的23枚，俄罗斯夺金数量一直下降，金牌覆盖面也从14个大项下降到11个再降至10个。为了扭转俄罗斯在体育赛事中的颓势，最近几年俄政府对体育的重视扶持力度大大加强。俄奥委会、体育部及各体育协会均制定了短期、中期和长期发展战略，对俄罗斯体育整体的发展做出了规划。此外，政府也积极向各大企业求助，天然气工业、俄罗斯石油、俄罗斯铁路等企业都赞助了不少俄罗斯体育协会和俱乐部。俄总统普京也表示，如果俄罗斯要想在今后的体育比赛中成绩超过美国、中国，当前的体制必须做出改变。也许在不久的将来，我们就能在各大赛事中看见一个重新崛起的俄罗斯。作为传统体育强国的俄罗斯，近年来在国际体坛的地位和竞赛成绩大幅下滑。其中的原因是多方面的，但是正如俄总统普京所言，体制也必须做出相应的改变。由此我们必须思考，是哪些因素在影响着一个国家或者是一个时期的体育体制？这些因素在哪些层面对体制施加影响？对于当前我国的体育体制改革而言，我们应该怎样把握时代发展的脉搏，从而对现有体育体制进行必要的改革，甚至是重构？

一、经济体制对体育体制的影响

所谓经济体制，是指一定社会生产关系的具体组织形式和管理的制度，其核心的问题是社会资源的配置方式。经济体制对体育体制的建构、选择、发展和运行有着决定性的影响。

（一）资源配置方式决定体育的投入机制

在计划经济体制下，社会资源的配置，主要是通过国家计划分配，体育的投入主要来自国家的计划；在市场经济体制下，市场是社会资源配置的基本形式，体育的投入来自对社会、政府资源的整合。因此，不同的资源配置方式，会形成不同的体育投入机制。

（二）经济运行方式决定体育的组织模式

在计划经济体制下，经济和社会运行，是政府依靠各级、各类行政单位，通过指令性计划实现的；在市场经济体制下，经济和社会运行，是依靠市场这只“看不见的手”和政府这只“看得见的手”共同作用下实现的。因此，不同的经济运行方式，会形成不同的体育组织模式。

[4]《俄罗斯体育复兴之路任重道远》，载于人民网，2012年8月4日。

（三）经济生产性质决定体育的运行模式

在计划经济体制下，经济生产性质属于国家计划的“产品经济”，满足人们生活、发展需求的方式是按照不同层次差别形成的“供给制”，体育在总体上是政府提供的公共福利；在市场经济体制下，经济生产性质属于按市场需要的“商品经济”，满足人们生活、发展需求的方式总体上是以社会消费形式实现的，提供体育服务的主体多元化，形成了体育消费多元化的行为模式。因此，经济生产性质的不同要求体育的运行模式有所区别。

二、政治体制对体育体制的影响

所谓政治体制，是指统治阶级为行使国家权力所确立的国家机关的组织体系。与经济体制相比，政治体制对体育体制的影响更为直接和具体，它直接决定体育体制的类型和运行方式。

（一）不同的政治体制，决定不同的体育运行权力结构

政治体制一般表现为政治统治形式或国家政权的组织形式。不同的组织形式，形成了不同的行政权力结构。在前苏联和大多数社会主义国家，为适应计划经济的运行要求，构建了高度集中的行政组织体系，形成了层级分明的一元化行政权力结构，自上而下地实施行政管理。体育行政属于政府行政的一部分，同样构建了集中统一的行政组织体系，实施一元化的行政管理体制，承担体育事业发展的无限责任。在市场经济条件下构建的行政组织体系，一般都采取分权制的行政权力结构，政府组织、市场组织（企业）和社会组织，各有不同的分工和承担有限的责任。体育运行的权力分配，也体现出政府职能、市场职能和社会职能的区别。因此，体育运行的权力结构，取决于政治体制的权力结构。

（二）不同的政治体制，决定不同的体育运行机制

政治体制不仅影响和决定体育运行的权力结构，同时也影响和决定体育运行的机制选择。首先，决策主体的选择，如一元决策主体或者多元决策主体。其次，信息传递方式的选择，如纵向信息传递方式、横向信息传递方式或多元信息传递方式。第三，调节方式的选择，如政府调控为主或者市场调控为主；政府直接调控方式或者间接调控方式。不同运行机制的选择与组合，便会有不同的体育体制。

三、文化体制对体育体制的影响

所谓文化体制，是指一定政治制度下文化事业发展的组织形式和管理制度。作为社会文化事业的一个组成部分，体育体制实际上也是文化体制的构成部分，因此，文化体制决定了体育体制的具体组织形式。

（一）文化事业的发展目标，决定体育发展方向的选择

发展目标是文化体制中的核心问题，即为谁服务的问题。因此，一个国家文化事业发展

目标，将决定整个文化事业的发展方向，也将决定体育事业发展的方向。体育体制和发展目标之间是一对相互影响、相互制约的范畴；体育体制发展目标以及围绕目标实现而选定的体育发展战略，为体育体制的建构提出了要求和确立了方向，而体育体制则是在坚持这一方向的前提下，为了保证目标的实现而采取的各种措施的综合。

（二）文化事业的发展战略，决定体育发展任务的选择

一个国家的文化事业发展战略，不仅确定了文化事业的发展目标，也确定不同文化事业在社会发展中的作用和任务。体育必须按照自身的特点与社会的分工，选择自己的任务，在服务整个文化事业或社会发展中，发挥自己的作用，从而实现自己的发展。

（三）文化事业的发展思路，决定体育事业发展的途径

在不同经济体制和政治体制影响下，文化事业的发展思路存在着较大的差异。改革开放以前，我国文化事业发展思路遵循坚持公有制、坚持公益性、坚持政府推动、坚持计划管理，这样一个发展思路。2007 年中共中央、国务院发布了《关于深化文化体制改革的若干意见》，提出的文化体制改革发展思路是“一个目标，两个轮子，三个关系，四个关键”[5]。社会文化体制的改革要求，必然要求对体育事业发展途径做出相应的调整。事实上，我国体育改革重新设计了体育事业的发展途径，已经从计划经济体制下的“一元化”路径，改变为“多元化”路径，以适应新时期我国文化事业发展的要求。

四、体育体制对体育运行状态具有反作用

一个国家的体育体制，是决定体育运行状态的基本方向、发展规模与速度的重要前提。纵观世界各国不同的体育体制，无论是哪种体育体制都会对一个国家的体育事业发展产生重要的影响，进而影响到体育的实际运行状态。一般而言，良性体育体制是指符合体育运行规律、符合特定国情和特殊历史阶段的体育体制，反之则为非良性体育体制。良性体育体制对体育运行状态具有促进作用，而非良性体育体制则对体育运行状态起到抑制作用。

就宏观层面而言，体育体制对体育运行状态的作用，大致可以归纳为以下几点。

（一）体育体制对整个体育运行状态起到组织性作用

体育体制不但是体育工作的组织制度，而且还是实现体育运行状态目标的组织保证。虽然，受到不同国家经济体制、政治体制以及文化体制的影响，不同的国家采取了不同类型的体育体制，但是无论哪种体制都具有领导和指挥体育运行状态的作用。这种领导和指挥作用具体表现为体育组织机构的设置、各级机构的职能分配以及体育事业具体运行等方方面面。

[5] 坚持一个目标是指最大限度地满足人民群众日益增长的精神文化需求；转动“两个轮子”是指大力发展公益性文化事业，大力发展经营性文化产业；促进“三个统一”是指社会主义市场经济规律要求和社会主义精神文明建设要求相统一，社会效益和经济效益相统一，宏观管理和微观搞活相统一；抓住四个关键是指重塑文化市场主体、完善市场体系、改善宏观调控、转变政府职能。

（二）体育体制对体育组织机构的权力做出了制度安排

体育体制对各个体育组织机构的权力和职能做出了明确的划分和界定，并制定相应的规则，有利于各管理主体明确自身责、权、利，从而在管理实践中对管理对象、目标有了清楚的认识，有利于具体管理活动的开展和进行。在我国，社会主义市场经济的飞速发展，决定了体育体制必然随之进行相应的改革，即体育管理由高度集中的行政管理转变为适应市场经济体制的分权管理，体育行政部门将不应由政府行使的职能转移给事业单位、体育社会组织，实现政事分开、管办分离。只有明确了权力和职能的划分，才能使各个部门各司其职，共同为体育事业的平衡发展做出贡献。

（三）体育体制确立体育资源的分配原则

体育体制对于组织机构职能的规定，对于权力分配及运行机制等方面的界定与划分，都使得国家和地方的体育资源得到更加优化有效的整合与统筹，避免了体育行业一盘散沙的局面，其职能分配更是避免了管理越位与管理缺位的现象。这有利于对国家体育资源的统筹、协调，有利于提高体育资源的利用效率，减少体育资源的浪费。

（四）体育体制对体育运行状态的发展路径做出了选择

体育运行状态的任务、目标，需要通过一定的途径才能落实而变为现实，虽然目标、任务是设计或选择发展路径的前提，但一个好的发展路径，不仅有利于各项任务的落实和各个目标的实现，也有助于体育运行的内部协调，形成合力，提高体育事业的综合实力。

正是由于上述四方面原因，要想实现健康的体育运行状态，必须选择符合体育运行规律、符合本国国情、符合当下历史阶段的良性体育体制。随着体育事业的不断发展，在不同的历史时期，各国体育体制需要在实践中不断地调整，甚至改革。

第三节　体育体制的类型

○ 导入

文汇报：不同体育体制长短优劣[6]摘录

A学者：在学界研究中，世界上的体育制度大概可以分为三大类。一是国家办体育，如中国、前苏联等国家采用这种模式。二是社会办体育，如美国、英国。三是国家和社会联合办，这种体制以韩国、日本为代表。

B学者：我们谈体育体制，必须搞清一个概念，这是竞技体育的体育体制。这一体育体制与国家体制、社会体制是匹配的。我认为，（体育体制）各有长短，不存在哪个更好的问题。现阶段进行改革，需要保留优点，然后结合社会体育主导的优势，逐渐形成自己的风格。

[6] 赵博，《不同体育体制长短优劣》，刊于《文汇报》，2012年9月19日。

C 学者：前苏联采用的是举国体制，共获得了奥运会金牌榜五届第一、四届第二。放弃举国体制后，俄罗斯的竞技体育出现了大的滑坡，伦敦奥运会俄罗斯获得第四。不同国家的体育体制各有利弊。

D 学者：举国体制到底好不好？如果放在过去的单一价值观，仅以获得金牌为唯一目标和诉求，其作用和意义不容忽视，但随着价值观的日益多元，衡量标准也发生了转移。

A 学者：体制的问题，不是哪里好或者哪里不好，而是一种有效性和恰当性，另外还要看它与国家体制是否匹配。

通过上述讨论，我们深深地体会到不同体育体制对于不同国家体育发展的重要性。那么，我们就更应该思考如下问题：目前我们采用的是一种什么样的体育体制？这种体制有哪些优劣势？我们能不能找到一种更为合理的体育体制？如果要对体育体制进行改革，又应该从哪些方面入手呢？

一、政府主导型体育体制

（一）政府主导型体育体制的特征

在计划经济占支配地位的大部分社会主义国家，体育被视为国家战略的重要组成部分之一而被纳入国家整体发展规划之中，由政府统一管理，因此这种体育管理体制又被称为政府主导型体育体制。

计划经济体制下的政府主导型体育体制的特点是：由政府自上而下设立结构严密的专门管理体育事业的行政机构对体育事业进行全面管理，管理权限高度集中在这些行政部门手中；管理的方式主要是通过行政命令的方式，上传下达，自上而下对体育事业进行从宏观层面到微观层次的全面管理，从而使整个管理过程高度一致、统一，虽然也设有各种社会体育组织，但是这些社会体育组织大部分形同虚设，只是名义上的组织，同构于政府机构中，不具备管理体育具体事务的实质功能。

（二）政府主导型体育体制的优劣势

政府主导型体育体制的最大优势在于它能够利用国家行政权力，强制性地对现有全部体育资源进行集中调配，从而有利于集中有限的社会资源发展体育事业，在较短的时间内、在体育基础较为薄弱的情况下实现预期目标。其缺点是在行政权力的干预下，国家对体育事业管得过宽、统得过死，严重抑制了社会力量对体育事业的积极参与和支持，使得体育事业发展的后劲和活力严重不足。同时，管理的效益也较为低下，易造成资源的浪费，最终限制体育事业的健康发展。

政府主导型体育体制，主要存在于一些社会主义国家，如前东欧各国及古巴、朝鲜等国家，其中最有代表性的是前苏联的体育体制。前苏联的体育体制是共产主义教育制度的一个重要组成部分，国家体委作为一个设有 33 个司局的庞大政府体育行政机构，主要负责制定体育方针政策及发展规划，制定体育发展战略，编制体育事业的中长期发展规划，协调区域性体育发展，建立竞技体育及群众体育体系，建设体育设施，培养运动员、教练员及其他体育专门人才，举办各级各种水平的运动会，事无巨细，几乎包揽了体育的一切事物。在改革开放之前，我国的体育管理体制也是仿照前苏联体育管理体制的模式建立起来的，因此也是较为典型的政府主导型体育体制。

二、社会主导型体育体制

（一）社会主导型体育体制的特征

社会主导型体育体制的主要特点是：体育事务主要由各种社会体育组织进行管理，政府一般不设立专门的体育管理机构，行政权力一般不介入体育事务，政府不直接干预体育，而是通过法律手段、经济手段宏观管理和调控；体育管理权力分散于不同的社会体育组织之中。

（二）社会主导型体育体制的优劣势

一般来说，实行社会主导型体育体制的国家其社会经济发展程度较高，市场经济也发展的较为完善，社会体育组织也比较健全和成熟，在体育的组织管理方面有着较强的自主性和独立性。社会主导型体育体制的最大优点便是能够充分调动社会各方面的积极性，共同参与体育事业的发展和管理，而且管理手段灵活多样，便于应对不同的管理需要。但是，其最大的缺点就是由于管理权限的过度分散，使得在全局的控制上缺乏有效的协调和统一。

美国是较为典型的实施社会主导型体育体制的国家。美国宪法规定：“社会组织的自由经营和自我管理具有无上权威。”因此，美国政府没有设立专门的体育主管行政部门，也没有单一、垂直的行政权威机构来负责全面的体育行政管理及协调工作，多个专门的社会组织和私人企业在体育运动的发展中扮演了重要的角色，这也是美国体育体制最显著的特点之一。但是有一点必须指出，虽然美国政府部门基本上不动用行政权力来直接管理体育，但是联邦政府仍然通过法律手段和经济手段对体育事务进行宏观管理和调控。美国政府对体育的经济资助，一般情况下不直接提供由上至下的财政拨款，而是通过彩票、捐款和销售体育用品等间接方式给与支持。

在美国，管理体育事务的组织大致可以分为业余体育组织和职业体育组织两大类。其中，职业体育项目管理的最高管理机构是相对应的职业体育联盟（职业体育联合会）。例如，我们熟知的美国四大职业联盟（NBA、NHL、MLB、NFL）的领导方式即为如此。职业联盟管理着该联盟体育赛事的方方面面，从比赛规则的制定到球队分布的地点和数量，从劳资关系的确立到设施标准的设定，从运动员的选拔、分配到运动员的交流，以及电视转播权、门票的收入分成等全方位对职业体育赛事实施控制和管理。

对业余体育的管理主要是通过各种业余体育组织来实现的，这些组织之间、组织与政府之间都保持着很强的独立性和自治性。这些组织大致可以分成以下几类。

一类是按照不同级别设立的学校体育管理系统。在中学体育管理组织中包括全国中学体育联合会、地方体育协会以及州级中学体育联合会，分别组织开展区域内的体育管理活动。

全国中学体育联合会则负责总体协调。大学体育与中学体育相似，也建立了地方级、地区级和全国性的大学体育组织。

第二类是社会体育组织。其中，美国奥委会是最重要的业余体育协调机构，该组织包括41个全国单项运动协会、9个附属体育组织、10个以社区为基础的综合体育组织、4个学校体育组织、7个伤残人体育组织和1个军队体育组织，其管理权限远远超出了奥林匹克运动的范畴。目前，美国奥委会是美国业余体育管理机构中最具权威的组织。然而，除了选拔组织奥运会代表团外，美国奥委会对其他体育组织不具有支配控制的权力。此外，拥有100多年历史的美国健康、体育、娱乐和舞蹈联盟也是一个非常重要的社会体育组织，在美国的业余体育中发挥着重要的作用。另外，美国还有约200个以上的单项运动协会和行业体育协会，这些体育组织在各自权限范围内开展管理活动。

三、政府社会结合型体育体制

（一）结合型体育体制的特征

所谓结合性体育体制也就是指由政府部门和社会组织共同参与体育事务的管理和体育事业的发展。这种体育体制的主要特点为：政府体育部门和社会体育组织共同管理体育事业；政府对体育实行宏观管理，发挥协调、监督的功能，即贯彻国家的方针政策、研究制定体育行业政策和发展规划、依法加强行业管理和提供政策服务；社会体育组织在政府的宏观调控之下，负责体育具体业务管理，例如制定具体体育项目的发展规划，组织、安排各类训练、竞赛活动的具体开展及大众体育活动的开展等。

（二）结合型体育体制的优劣势

政府社会结合型体育体制的最大优势在于既有效地激发了社会力量的积极性，充分利用丰富的社会资源支持体育事业的发展，同时又能够通过政府的宏观调控使体育事业朝着既定的发展目标，按照正常的发展速度，顺着健康的发展轨道良性运行。但是，结合型体育体制也有自身难以克服的缺陷，由于管理主体的多元化，造成在管理过程中权力和利益划分的困难，常常使得划分不清或是划分不均，造成不同利益主体之间权力纠纷，影响了管理的正常进行。因此，明确界定不同主体之间的权力和利益是结合型体育体制面临的最大问题。

目前，世界上大多数国家都是采用社会与政府相结合的体育体制，如法国、英国、加拿大等国家。其中，法国是最典型的政府控制和民间组织自主管理相结合的政府社会结合型体育体制。法国实行的是国家和社会共同合作办体育的方式，至今，法国没有一个单一的、独立的履行体育行政管理职能的政府机构。法国国家行政机关有两个部门管理体育，一个是青年与体育部，另外一个是国民教育、高等教育和研究部。

青年与体育部负责管理高水平竞技体育和体育运动的普及工作，协商国家对体育团体的资助，制定并监督实施有关职业体育和体育普及的规定。国民教育部是负责身体和运动教育的教学，管理中小学和大学的体育组织。青年与体育部长参与这些体育组织工作目标的制定和实施。法国的大区和省级政府设有与青年与体育部相对应的体育机构，执行其政策。

法国的社会体育组织主要有法国国家奥林匹克与体育运动委员会、各类学校或青少年体育协会、全国综合性运动协会和单项运动协会等等。这些社会体育组织接受政府的管理，负责选拔和推荐优秀运动员参与国外高水平比赛，组织教练员和运动员培训，保障运动员就业和配合国家的社会就业政策。社会体育拥有独立性和自主性，政府不干预其日常具体体育工作。

值得注意的是，随着近年来各国体育事业的不断发展与壮大，体育体制在类型和形态上都有一个由两级向中间发展的趋势，即无论是实行政府主导型体育体制、社会主导型体育体制还是政府社会结合型体育体制的国家，都对体育体制进行调整，一方面是加大政府对体育事业的支持与管理力度，如一些过去单纯依靠市场和社会管理体育的国家，像加拿大、韩国等，随着体育事业的发展，其政府也逐渐参与到体育事业的管理上来；另一方面是减少政府对体育具体事务的干预，如一些过去实行政府主导体育体制的国家，像俄罗斯、中国等都积极鼓励社会组织参与体育的发展，与国家体育行政机关共同管理体育事务。

○ 小结

在不同的国家里，由于社会环境、文化传统、人口素质、自然环境、法律法规、体育发展水平等各方面的差异，特别是受到各国不同的经济体制、政治体制、文化体制的影响，其体育体制的模式各不相同。同时，由于一个国家的体育目的总是反映了某些集团或民众的利益，因此，体育体制实际上既是这些社会集团在体育领域中权力和利益的分配结果，也是他们在体育领域各自权力和利益的保障。因此，权力和利益的归属的不同也决定了体育体制类型的多样性。按照体育权力和利益的归属不同，体育体制可划分为政府主导型体育体制、社会主导型体育体制和政府社会结合型体育体制。体育体制一旦形成会具有很强的稳定性，但并非一成不变，而是要根据各国的国情和发展阶段不断做出调整，从而促进体育运行状态的良性发展。

○ 思考题

1. 什么是体育体制？
2. 体育体制的基本构成主要包括哪些方面？
3. 体育运行状态与体育体制的关系是什么？
4. 体育体制的类型有哪几种？各种类型的优劣势是什么？

○ 相关网站

1. 国家体育总局网：http：//www.sport.gov.cn/
2. 中国改革论坛网：http：//www.chinareform.org.cn/
3. 中国经济网：http：//www.ce.cn/

○ 课后拓展阅读

1. 梁晓龙，鲍明晓，张林.举国体制［M］. 北京：人民体育出版社，2006.

2. 熊晓正，夏思永，唐炎.我国竞技体育发展模式的研究(第三章 当前我国竞技体育发展模式的结构及存在的问题)［M］. 北京：人民体育出版社，2008：108-151.

3. 易剑东.中国体育体制改革的逻辑基点与价值取向［J］. 体育学刊，2011（1）.

4. 胡小明.中国体育改革的突破口——打开转变发展方式的制度性瓶颈［J］. 体育与科学，2013（1）.

5. 熊斗寅.欧共体 12 国体育体制比较［J］. 天津体育学院学报，1992（4）.

6. 卢元镇.以时代精神考量中国竞技体育体制改革［J］. 体育与科学，2013（1）.

第九章 中国体育的发展与改革

○ 内容提要

本章的主题是“中国体育的发展与改革”，是对我国体育发展的概括性介绍。新中国成立60年来，我国的体育事业取得了举世瞩目的成绩，回首过去走过的体育道路，我们如何看待这些成绩，又如何认识和解决体育发展中存在的问题。这都需要我们从理论层面做出回答。为此，本章要讨论的内容主要包括：我国体育的目的、我国体育的发展方式、我国体育的组织制度、我国体育的改革等。

○ 学习目标

学习完本章之后，你应该能够：

1. 知道我国为什么发展体育。
2. 掌握我国有哪些体育发展方式。
3. 掌握我国有哪些体育组织机构和制度安排。
4. 分析为什么要进行体育改革。

○ 关键术语

体育目的、体育发展方式、体育改革、体育组织机构、体育制度安排、体育强国

第一节 我国体育的目的

○ 导入

金牌是唯一标准？体育的目的是什么？

在伦敦奥运会上，中国羽毛球国家队的两名运动员因消极比赛被世界羽联取消了比赛资格。事后，中国羽毛球国家队某教练在接受中央电视台《看见》节目采访时说，世界羽联的处罚“太草率了”，“竞技场上金牌是唯一标准”。

我们不禁要问，那些奉行“金牌是唯一标准”的体育官员、教练员、运动员，你们获取金牌的目的究竟是什么？这个金牌，给群众带来了什么？给学生带来了什么？学校里学生还有多少运动空间？城市里还有多少运动场地？我们国家发展体育运动的目的是仅仅为了获得金牌吗？

一、体育目的的概念

从内涵上看，体育目的的概念有广义和狭义之分。广义的体育目的是体育主体在进行实践活动之前有意识地设计的预期结果。这种体育目的存在于人的观念之中，是对体育参与者的一种期望和要求。从这个意义上讲，无论你是否是体育从业者，只要对人的体育实践活动怀着某种期望和要求，都是体育目的的表现。因此，体育目的可以存在于任何与体育有关系的主体的头脑和观念中，这些主体包括：体育管理者、体育教师、运动员、教练员、学生、家长、社会人士、普通百姓，等等。这种形式的体育目的往往对体育实践主体的行为影响更直接、更有力，因此它具有更多的功利性和现实性。例如，职业运动员的体育目的主要表现为运动成绩的追求；体育教师的体育目的主要表现为对学生身心全面发展的追求；公园老年健身者的体育目的主要表现为对健康和长寿的追求。这样的体育目的又由于体育主体需求的不同，从事体育实践的条件不同，往往表现为多样性和广泛性。也正由于这样的体育的目的存在多样性、广泛性、不稳定性，我们称之为广义的体育目的。

狭义的体育目的是指由国家提出的，宏观性的，总体性的目的，这种体育目的是对体育整体，或者是各类体育发展所做出的期望与要求。这类体育目的往往是由政府部门提出，以政策文件为载体，通过官方政策话语表达出来。由于它由政府提出，并反映一定时期的社会发展需求，因此，这类体育目的核心内容在一定时期内保持相对明确和稳定，它对体育的整体发展和各种体育活动的开展具有重要的指导和规范作用。例如，1995 年颁布的《中华人民共和国体育法》第二条规定“国家发展体育事业，开展群众性的体育活动，提高全民族身体素质。”这就是国家从法律层面提出的我国的体育目的，它是我们开展各项体育活动的根本质量规定和最终追求。

无论是广义的体育目的，还是狭义的体育目的，它们都是活动主体在体育实践之前对预

皮埃尔·德·顾拜旦（1863~1937），是法国著名教育家、国际体育活动家、教育学家和历史学家，是现代奥林匹克运动的发起人。由于他对奥林匹克不朽的功绩，被国际上誉为“奥林匹克之父”。

期结果的一种期望和要求，也就是说，在内涵上两者是统一的。但是，广义的体育目的往往表现为体育参与者或与体育有直接联系的人在自己的体育行为中所实际追求的东西，这样的体育目的是正在被实践，正在被应用的，这样的体育目的更表现为“实际要怎么样”，它更具有实践性，或者说是“实然的体育目的”。狭义的体育目的一般是人们根据现存的社会、政治、经济条件和有关体育目的的基本理论所提出的具有某种倾向性的预期要求，它往往表达的是某个社会、某个阶级对参与体育活动和从事体育事务的人一种主观期望和根本要求，这样的体育目的更表现为“应该要怎么样”，它更具有理想性，或者说是“应然的体育目的”。例如：“顾拜旦创办现代奥运会的主要目的是通过体育活动来教育青年，为建设更美好的世界做贡献。”[1]这属于是狭义的体育目的，是理想化的，是“应然”的，而在实践中，个别国家举办奥运会的目的则是为了体现国家制度或者是种族的优越性，其举办奥运会具有非常强烈的政治期望（比较典型的如1936年柏林奥运会），这样的体育目的属于一种广义的体育目的，是现实性的，是“实然”的。我们所要讨论的主要是狭义的体育目的，应然的体育目的，尤其是新中国成立以后，我们国家在宏观层面、总体层面发展体育的目的。

二、我国的体育目的

新中国成立以后，在确立体育目的方面，1949年10月全国体育总会第一届代表大会上提出了“为了人民的健康、新民主主义的建设和人民的国防而发展体育”[2]的口号。1952年毛泽东在中华全国体育总会第二次会议上为新中国体育工作题写了“发展体育运动，增强人民体质”十二个大字，这些口号和题词都指明了新中国发展体育的根本目的。

此后，新中国发展体育的目的又不断地被丰富和明确。1953年《关于加强人民体育运动工作的报告》中提出“为了使人民能更好地实现党和国家的总路线和总任务，就必须按照毛主席‘发展体育运动，增强人民体质’的指示，广泛地开展人民体育运动，使之为人民的健康、经济建设和国防建设服务。”[3] 1958年，党中央对国家体委党组《关于体育运动十年规划报告》的批示中，再一次明确指出：“体育运动的根本任务是增强人民体质，为劳动生产和国防建设服务。”[4]在上述目的指导下，我国体育事业在建国之初的十余年获得了较快的

[1] 熊晓正，李辉.图说奥林匹克运动 [M]. 北京：人民体育出版社，2002：29.
[2] 冯文彬.新民主主义的国民体育 [R]. 体育运动文件选编（1949-1981），人民体育出版社，1982：163.
[3] 中央体委党组关于加强人民体育运动工作的报告 [R]. 体育运动文件选编（1949-1981）. 北京：人民体育出版社，1982：5.
[4] 中央转批国家体委党组关于体育运动十年规划报告 [R]. 体育运动文件选编（1949-1981）. 北京：人民体育出版社，1982：33.

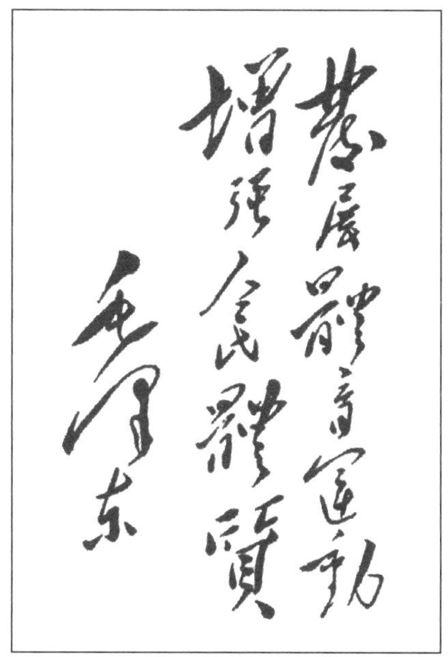

1952 年，毛泽东为新中国体育工作题写了“发展体育运动，增强人民体质”十二个大字。这一题词，是毛泽东为中华全国体育总会成立大会所作。

发展，群众性体育活动广泛普及，运动技术水平不断提高。然而，在“文革”时期，受“以阶级斗争为纲”和“无产阶级专政下继续革命”思想的影响，体育的目的也部分转变为“为无产阶级斗争服务”、“为革命攀登技术高峰”，体育事业发展也因此受到了影响，甚至偏离了正常的轨道。

改革开放以后，党和政府根据国内外发展形势的变化，围绕社会主义建设需要，又对体育目的不断地进行了调整。1983 年《国家体委关于进一步开创体育新局面的请示》中明确提出：“新时期体育工作的总任务是：普及增强人民体质，努力提高运动技术水平，积极建设精神文明，为社会主义服务”[5]，这里的总任务实际上指的就是体育目的，和五六十年代的体育目的相比，它不仅强调了增强人民体质和提高运动技术水平，还特别强调了体育在建设精神文明中的重要价值。1995 年《中华人民共和国体育法》中明确规定：“国家发展体育事业，开展群众性的体育活动，提高全民族素质。体育工作坚持以开展全民健身活动为基础，实行普及和提高相结合，促进各类体育协调发展”[6]，这一规定不仅强调体育对人发展的要求，还特别强调了体育事业要协调发展的问题。2002 年《中共中央国务院关于进一步加强和改进新时期体育工作的意见》中提出：“新时期发展体育事业以满足广大人民群众日益增长的体育文化需求为出发点，把增强体质、提高全民族整体素质作为根本目标，积极开创体育工作新局面，为实现新世纪我国经济、社会发展的战略目标和中华民族的伟大复兴做出应有的贡献”[7]，这一体育目的主要强调两个方面：一是体育对个人发展的作用和要求；二是体育对国家、民族复兴的作用和要求。2008 年胡锦涛同志在北京奥运会残奥会表彰大会上的讲话指出：“我们要坚持以增强人民体质、提高全民族身体素质和生活质量为目标，高度重视并充分发挥体育在促进人的全面发展、促进经济社会发展中的重要作用，实现竞技体育和群众体育协调发展，进一步推动我国由体育大国向体育强国迈进。”2011 年《体育事业发展“十二五”规划》中提出：“根据国家‘十二五’总体部署和建设体育强国的任务要求，进一步夯实体育发展的社会基础，深化改革，加快发展，提升中国体育发展的水平和效益，改善发展结构和质量，促进体育事业又好又快发展，为体育强国建设奠定坚实基础。”

上述体育目的在表述上虽几经变化，但是其核心思想基本是一致的，反映了一个总的思

[5] 国家体委关于进一步开创体育新局面的请示 [R]. 体育运动文件选编（1982–1986）. 北京：人民体育出版社，1987：5.

[6] 中华人民共和国体育法 [R]. 中华人民共和国体育法规汇编（1993–1996）. 北京：新华出版社，1997：4.

[7] 中共中央 国务院关于进一步加强和改进新时期体育工作的意见 [R]. 中华人民共和国体育法规汇编（2000–2002）. 北京：中国法制出版社，2003：3.

想，即体育要提高人民的健康水平，服务于国家建设。这一总的思想主要包括以下三个层面的要义。

（一）体育要为人民服务

所谓“体育要为人民服务”指的是新中国发展体育事业的主要受益对象是全体的、广大的人民，或者说发展体育所产生的预期结果要体现在人民的身上，真正让人民受益。新中国成立伊始，国家领导者就对“体育为人民服务”这一规定有着明确的认识。1949 年 10 月，中共中央副主席、中华人民共和国副主席朱德在成立中华全国体育总会筹备大会上的讲话强调说：“过去的体育是和广大人民群众脱离的，现在我们的体育事业，一定要为人民服务，要为国防和国民健康服务。”[8] 青年团中央书记冯文彬在大会上也特别指出：“体育应当为人民服务，并逐渐使体育成为人民自己的；要改变少数人的运动成为国民的普及的运动。”[9] 从这些内容可以看出，我国作为社会主义国家，人民的是国家的主人，“体育为人民服务”的规定就是要改变旧中国体育为少数人服务，与广大人民群众生产、生活脱离的状况，让人民普遍拥有体育参与的权利，使体育事业真正成为普及的、广泛的、人民大众的体育。随着时代的发展，“体育为人民服务”这一要求在用词上不断地发生着变化，例如，上文列举的体育目的中所使用的全民族、全民、大众来指代“人民”，但是其基本精神是一以贯之的，都是以体育的发展要让大多数人受益为根本宗旨的。

（二）体育要增强人民体质

所谓“增强人民体质”指的是新中国体育事业所发挥的作用应该落实到人民的体质是否得到了增强，人民健康水平是否得到了提高上面。体质作为人类个体在形态结构和功能活动方面所固有的、相对稳定的特性，它的强弱不仅关系到个人的健康问题，更关系到国家的强盛和中华民族的伟大复兴。把“体育要增强人民体质”作为我国体育目的要义之一，首先与党和国家领导人对体育功能的认识有关。1952 年，毛泽东同志提出的“发展体育运动，增强人民体质”的题词；1954 年中共中央转批中央体委党组关于加强人民体育运动工作报告的指示中提出的：“改善人民的健康状况，增强人民体质，是党的一项重要政治任务。……，开展体育运动确是一种最积极的有效的方法”[10]，这些都隐含性地或是明确地指出了体育在增强人民体质方面的重要作用，这不仅让新中国第一批体育工作者明确了自己的职责，而且成为了新中国 60 年体育事业发展的主攻方向。其次，把“体育要增强人民体质”作为我国体育目的要义之一与长期以来人民健康的现实需要有关。新中国成立之初，由于旧中国社会政治、经济、文化的落后，人民的体质和健康状况一般都很不好。改革开放以后，我国青少年体质持续下降，这些现实情况都为发展体育事业始终要把增强人民体质作为宗旨提供了现实基础。

[8] 朱德.朱德副主席在成立中华全国体育总会筹备大会上的讲话 [R]. 新体育，1950（1）：7.

[9] 冯文彬.新民主主义的国民体育 [R]. 新体育，1950（1）：6.

[10] 中共中央转批中央体委党组关于加强人民体育运动工作报告的指示 [R]. 体育运动文件选编（1949–1981）. 北京：人民体育出版社，1982：3.

体育要增强人民体质作为我国发展体育的基本宗旨对于提高体育的地位，发展体育事业有着重要的意义。但是今天我们在理解这一宗旨的时候需要注意体质强弱的多因素性。体质的强弱是遗传因素和后天因素综合作用的结果，除了受体育锻炼的影响之外，还要受医疗卫生条件、营养条件、生活环境等多方面的影响。因此，“体育要增强人民体质”关键是要发挥体育对人的功能和作用，而不是把体育理解成增强体质的唯一因素。尤其是在思考青少年体质下降问题时，除了注意分析学校体育工作是否做好之外，还要注意青少年体质下降是个社会问题，还需要从多方面找原因、找对策。

（三）体育要为国家发展需要服务

所谓“体育要为国家发展需要服务”主要是指体育的发展要为我国的国防、政治、经济、文化等关系到国家安全、国家地位、国计民生的领域起到促进作用，体育的发展始终要围绕、兼顾、服务于这些重点领域的发展目标。我国体育目的的这一要义是与国家发展任务和战略的重点有着密切的关系的。1840 年鸦片战争以后，中国逐渐沦为半殖民地半封建国家，国际地位一落千丈。新中国成立以后，实现国家的富强昌盛，重塑民族形象，实现中华民族的伟大复兴成为了国家发展的奋斗目标。为了实现这一目标，党和政府在不同的历史发展阶段，根据国家发展需要选择了重点的发展领域，确定了重点发展的任务，并要求体育的发展服务于这些重点领域。例如，在新中国成立之初，巩固新中国政权，加强国防建设、经济建设成为这一时期的国家发展重点。在体育目的的表述中要求体育的发展要为国防建设服务、要为劳动生产服务、要为经济建设服务。改革开放以后，国家整体发展战略调整为改革开放，既要加强物质文明建设，又要加强精神文明建设，体育目的的表述中也新增加了积极建设精神文明的要求。进入 21 世纪以后，随着中国国际地位的提升，中国和平崛起的逐步实现，中华民族复兴步伐也随之加快，体育目的的表述中又专门强调体育为实现新世纪我国经济、社会发展的战略目标和中华民族的伟大复兴做出应有的贡献。通过上述分析，我们可以看出，虽然不同时期体育服务于国家发展的需要不尽相同，但是体育目的始终是在围绕国家发展需要不断地进行调整的，体育要为国家发展需要服务这一要求也是始终没有改变过的。

我国体育目的作为一种远景的美好期望，它的实现是一个长期的过程，任重而道远，需要切实地把各类体育发展措施落到实处，尤其要坚持协调发展、科学发展，需要几代人持续不断的努力才能实现。

第二节　我国体育的发展方式

○ 导入

经济发展方式转变

2007 年党的十七大报告提出要在全面把握我国经济发展规律的基础上，从当前的发展实际出发，全面“转变经济发展方式”，此后 2010 年国家十二五发展规划以及 2012 年党的十八大也进一步明确，转变经济社会发展方式。由此，我国全面进入以科学发展为主题，以转变发展方式为主线的新一轮社会转型。当前，加快转变经济发展方式被认为是关系国民经济全局紧迫而重大的战略任务。转变经济发展方式意味着我们必须抛弃以往单纯追求数量和规模的增量发展，走协调可持续发展道路。

马克思主义理论认为，经济基础决定上层建筑。因此，体育作为上层建筑的组成部分，在当前国家转变发展方式的时代背景下也必须思考发展方式的转型问题。由此，我们必须厘清建国 60 多年来我国体育事业发展方式的历史演变，探索总结改革开放 30 多年来体育改革的经验教训，为顺利实现体育发展方式转型提供历史基础。

一、体育发展方式的概念

体育发展方式是一种比较新的说法，体育理论界对它的概念还在积极的探讨之中，对它的解释还没有形成统一的表述，其中有代表性的说法包括：“体育发展方式是指确保满足社会体育需求的这一过程得以持续的方法与机制”[11]，这一说法把体育发展方式定位为一种方法和机制；“所谓体育发展方式，是指实现体育发展的目的、方法、手段和模式，其中不仅包含体育发展中的增长方式，而且包括体育结构、发展质量、发展效益、体育利益分配、体育现代化进程等诸多方面的内容”[12]，这一概念把体育发展方式定义为目的、方法、手段和模式；“体育发展方式主要是指在体育发展中对体育演化与进步起重要作用的各种要素的不同组合”[13]，这一概念把体育发展方式定义为要素的不同组合。由于人们看待问题的角度不同，对体育发展方式理解的不一致也是正常的，但是这并不影响我们理解什么是体育发展方式。我们可以通过对人们对体育发展方式理解所提出的一些共同特征。

从上述对体育发展方式概念的定义可以看出，对体育发展方式的理解具有以下四个特征：第一，体育发展方式这一术语是对体育怎样发展、变化的一种整体性的、宏观性的、抽象性的概括；第二，体育发展方式的外延十分宽泛，其外延几乎包括体育发展的所有方面；第三，体育发展方式内涵的核心是“体育是怎样发展的”；第四，体育发展方式应该是在一

[11] 杨桦，任海. 转变体育发展方式由“赶超型”走向“可持续发展型” [J]. 北京体育大学学报，2013（1）：2.

[12] 刘玉，丁亚兰. 转变体育发展方式基本理论架构与分析 [J]. 上海体育学院学报，2012（4）：27.

[13] 丁亚兰.体育发展方式转变中的政府行为分析 [J]. 西安体育学院学报，2012（3）：272.

定的时期内是相对稳定的。基于这四个特征，我们可以把体育发展方式理解成：人们对于一定的时期内，体育是如何发展的，而进行的概括和提炼。

二、我国体育的发展方式

（一）普及型发展方式

所谓普及型的体育发展方式主要是指体育事业的发展要遵循从量变到质变的规律，要通过数量、规模的扩大来实现质量和水平的提高，这种发展方式是新中国成立之初我国体育发展的主要方式。它的主要特征如下。

1. 体育发展的指导思想是“普及和提高相结合”

1959年周恩来总理在第二届全国人民代表大会第一次会议上提出“在体育工作中，应当贯彻执行普及和提高相结合的方针，广泛开展群众性的体育运动，逐步提高我国的体育水平。”所谓“普及和提高相结合”是指开展群众性的体育活动和提高运动技术水平相结合。

2. 体育发展的主要任务与措施

体育发展的主要任务是开展群众性体育活动，它主要是指体育活动的参与主体是广大的人民群众，为了提高广大人民群众的健康水平要开展多种多样的，易于被人民学习和接受的体育活动。这一任务的具体工作主要包括：加强体育运动的宣传、大力培养训练体育工作干部、开展各工厂、学校、机关等基层单位的运动竞赛、加强运动训练工作、研究和整理民族形式的体育。为了完成开展群众性体育活动的任务我们主要采取的措施：（1）实行“准备劳动与卫国”体育制度（简称劳卫制）。劳卫制是我国50年代学习和借鉴前苏联经验，针对广大人民群众，在学校、部队和机关等推广的一套体育锻炼制度。劳卫制共分为三个等级，分别是劳卫制预备级、劳卫制一级和劳卫制二级。劳卫制测试的主要内容包括力量、速度、耐力、灵敏等身体素质。（2）开展广播体操、工间操。在各类学校开展广播体操，在机关、工厂开展工间操。由于广播体操的动作难度不大，不受参与者年龄、性别、健康水平的限制，又不需要特殊的场地设备，任何人随时随地都可以做，非常易于普及。（3）实行运动员等级制度。为了提高运动技术水平，鼓励运动员训练，颁布实施了运动员技术等级制度。运动员技术等级称号分为：国际运动健将、运动健将、一级运动员、二级运动员、三级运动员、少年级运动员。

3. 体育发展的主体以政府部门为主

建国初期，我国的社会性组织还不多见，还不具备独立进行开展的能力，社会各项工作主要由政府部门进行管理和开展，体育事业也不例外。普及型体育发展方式下，体育发展的主体包括中央体育运动委员会、全国体育总会、国防体育俱乐部，中央教育委员会，卫生部等各级政府部门。体育管理的特征表现为分工负责。这种分工负责主要是指中央体育运动委员会是全国管理体育的最高部门，主要起到协调管理的作用。全国体育总会及各地分会、国防体育俱乐部及各地下属俱乐部主要负责体育活动的开展。各级政府部门一般有专门性的体育组织负责自己本系统的体育活动开展。

（二）优先型发展方式

所谓优先型体育发展方式主要是指体育事业的发展不再追求全面的、平均的发展，而是选择体育中的某一领域作为重点发展领域，把有限的人力、物力、财力等资源应用到这一重点领域，实现重点领域发展目标的优先实现。我国在20世纪60年代初和80年代初曾经实行这种体育发展方式

1. 体育发展的指导思想是“缩短战线，保证重点”和“以重点带动一般”

“缩短战线，保证重点”的含义是压缩体育发展的规模，缩短体育发展的时间，保证重点领域的优先发展。例如，1961年全国体育工作会议纪要中专门指出：“体育减下来，是为了农业生产和必要的工业上去。体育内部进行调整，是为了保证重点”，“在当前形势下，体育工作的重点，应该放在运动训练上”，“对群众体育活动的规模、运动量、运动竞赛的次数，仍应根据不同情况分别加以适当控制”。改革开放以后，体育走向国际的要求与实际竞技体育发展水平存在巨大差距，体育的发展强调“在普及和提高相结合的前提下，侧重抓提高”，1980年全国体育工作会议上对这一指导思想专门做了解释：“普及和提高是对立统一的辩证关系，既相互矛盾，相互区别，各有一定的独立性；又相互依存，相互渗透，两者之间没有不可逾越的鸿沟。但是，在不同时期，不同地区、单位，在工作上可以并且应当有所侧重，不能平均使用力量，没有重点就没有政策。普及是基础，但亦不总是矛盾的主要方面。现在我们进入了奥委会，提高的任务尤为当务之急。……我们提出侧重抓提高，是在普及和提高相结合的前提下和在省以上体委的范围内。各项工作还有个全面的安排，统筹兼顾，并不是光要重点不要一般，而是以重点带动一般。”“以重点带动一般”主要是指以竞技体育发展为重点领域，优先领域，带动体育事业的全面发展

2. 体育发展的主要任务与措施

按照“缩短战线，保证重点”的指导思想，在20世纪60年代初体育发展的重点领域是竞技体育，发展的主要任务迅速提高运动技术水平。为此，我们主要开展了以下工作：一是大力加强运动训练工作，国家体委和省级体委设立优秀运动队；二是努力办好体育院校，不断提高教学质量；三是群众体育坚持自愿和可能的原则，开展小型多样的体育活动。进入80年代以后，体育发展的重点领域仍然是竞技体育，但是在具体发展的措施上，我们分别进行了项目协会实体化改革、训练体制改革、竞赛体制改革、群众体育改革和体育市场化改革。

3. 体育发展的主体

在20世纪60年代优先型体育发展方式下，体育的发展主体主要是体育政府部门，其他的政府部门以及社会部门在体育发展中处于弱势地位。20世纪80年代体育改革以后。体育发展的主体除了政府部门之外，社会性组织、企事业单位也逐渐成为发展的主体之一，只是体育政府部门在体育发展中处于主导地位。

（三）协调型发展方式

所谓协调型发展方式主要是指体育内部各要素要协同发展，体育的发展要处理好体育与社会发展的关系，体育作用于社会的整体效应，取决于各类体育功能的协同程度。协调型发展方式是20世纪90年代以后我们国家逐渐形成的体育发展方式。

1. 体育发展的指导思想是“各类体育协调发展”

1987 年国家体委提出“以青少年为重点的全民健身战略和以奥运会为最高层次的竞技战略协调发展”，为了统一思想，1989 年全国体育工作会议上重申“体育工作中，要坚持群众体育和竞技体育协调发展”，1995 年《体育法》正式提出：“体育工作坚持开展全民健身活动为基础，实行普及与提高相结合，促进各类体育协调发展”。此后，“各类体育协调发展”成为我国体育发展的主要指导思想。

2. 体育发展的重点领域与主要措施

协调型发展方式的重点领域是群众体育领域的全民健身和竞技体育的奥运争光。为此，我们主要制定了“全民健身计划”和“奥运争光计划”来开展体育。全民健身计划以全国人民为实施对象，以青少年和儿童为重点。其发展目标是努力实现体育与国民经济和社会事业的协调发展，全面提高中华民族的体质与健康水平，基本建成具有中国特色的全民健身体系。主要措施是：把推行全民健身计划纳入国民经济和社会发展的总体规划；加强宣传，增强全民体育健身意识；加强群众体育的法制建设，逐步完善群众体育运动竞赛制度；充分发挥各群众组织和社会团体的重要作用，逐步形成社会化的全民健身组织网络；逐步增加群众体育事业费在预算中的支出比重；实施体质测定制度，制定体质测定标准；实施《社会体育指导员技术等级制度》，加强社会体育骨干队伍建设；推广简便易行的适合不同年龄、性别、职业特点与体质状况的体育健身方法；加强人民体质与健康的科学研究和技术开发，增加投入，加快科技成果向全民体育健身实践的转化；加强人民体质与健康的科学研究和技术开发；加强对体育设施的规划、管理。任何单位和个人不得侵占体育设施，各种国有体育设施都要向社会开放。

奥运争光计划的发展目标是竞技体育高效、快速、健康发展，夺取更大成绩，赢得更大荣誉。其主要措施是：调整奥林匹克运动项目发展的总体布局；建立集中与分散相结合、多强对抗的国家队体制；加强科学训练，向管理和科技要成绩；培养、造就一支高水平的教练员队伍；实施后备人才工程；建立效益投资体系；积极改革完善竞赛体制，保证竞赛向社会化、制度化、多样化方向发展；扩大开放，加强国际交往；普及和宣传奥林匹克精神，扩大竞技体育的社会影响。

3. 体育发展的主体

协调型体育发展方式下，体育发展的主体打破了体育政府部门独家办体育的局面，体育的社会化程度逐渐加强，社会力量参与体育的积极性大大提高，出现了社会性组织、企业、行业协会、个人办体育的局面。

需要注意的是，对体育发展方式理解切入点的不同可能会导致在理论上抽象概括的差异。例如，有研究认为新中国成立以后到现在，我国体育发展方式概括为“赶超型”[14] 的发展方式。这一观点提出，主要是基于体育发展赶超世界的动因提出的。本节内容所提出普及型、优先型、协调型主要是依据发展的主导思想提出的。因此，我们在体育发展方式理解的过程中要注意切入点的选择。另外，各类体育发展方式在实践中也存在这样那样的问题，在理解的过程中不要从“完美”的角度思考，例如，协调型体育发展方式在实践中也存在不

[14] 杨桦，任海. 转变体育发展方式由“赶超型”走向“可持续发展型” [J]. 北京体育大学学报，2013（1）：2.

协调的、不均衡发展的个别现象。因此，需要我们辩证的理解和看待普及型、优先型、协调型这三种体育发展方式。

三、我国体育发展方式的转变

当前体育发展中还面临诸多问题，体育协调发展还面临许多挑战，国家的经济、社会、文化的发展方式的整体转变也要求体育发展方式进行转变。因此，我们需要进一步转变体育发展方式。体育发展方式的转变主要表现在以下几个方面。

（一）转变发展观念

进一步确立科学的体育发展观。科学的体育发展其核心内容是“以人为本”，要求不断在实现发展成果由人民共享、促进人的全面发展上取得新成效。在体育工作中努力践行以人为本为核心立场的科学发展观，改革创新，不断探索完善有中国特色的社会主义体育事业发展道路，广泛开展群众体育运动，促进群众体育、竞技体育、体育产业等各项体育工作全面协调和可持续发展，让体育在全面建成小康社会的伟大进程中发挥更积极更重要的作用。

（二）转变发展目标

过去我们在发展目标上侧重强调成绩、业绩，尤其是竞技体育。新时期体育发展方式的转变，需要把发展目标落实到人的身上，强调以人为本。在群众体育方面，要积极推进公共体育服务体系建设，使体育发展的成果惠及全体大众，切实为老百姓的民生服务。在竞技体育方面，要重视发挥竞技体育的多种功能，在完成为国争光的前提下，要提升竞技体育在文化生活、经济增长等方面的价值和地位。在学校体育方面，要切实落实两操、体育课、课余体育活动的开展，积极推进阳光体育运动，有效提高青少年的身体素质。

（三）转变发展路径

在群众体育方面，要以完善公共体育服务为基本发展路径，保障公民参加体育健身活动的合法权益，丰富人民群众精神文化生活，形成健康文明的生活方式，提高全民族身体素质、健康水平和生活质量，促进人的全面发展。在竞技体育方面，要以运动员培养方式院校化改革为发展路径。改变过去专业化的培养方式，使运动训练与文化学习有效地结合。进一步完善项目布局，有效提高足、篮、排三大球的发展效率。在青少年体育方面，要建立和完善学校、社区、家庭相结合的青少年体育网络和联动机制，切实提高青少年的身体素质。

（四）转变发展方式的关键是深化体育改革，实现体制和机制创新

任何发展方式都是一种动力机制的塑造和利益分配体制的安排。好的体制机制，就会有好的发展方式；反过来，体制机制不顺，发展方式也很难合理。要协同推进各领域的体育改革，找准改革的突破口，不失时机深化重要领域改革，坚决破除一切妨碍科学发展的体制机制障碍，加快形成有利于经济发展方式转变的制度安排和利益导向。

第三节　我国体育的组织制度

○ 导入

无与伦比的北京奥运会

2008 年北京奥运会的巨大成功获得了无与伦比的赞誉，不仅国内民众骄傲自豪，国外媒体也尽显溢美之词，并被总结为外媒最具特色的八句话。

美联社：在很大程度上，这个新兴的超级大国获得了曾热切希望从这届期盼已久的奥运会中得到的东西。

法新社：北京奥运是现代中国的“精彩广告”！

路透社：北京奥运绿色规划，助力城市长远发展，并给北京市民留下环境改善的遗产。

德新社：北京奥运会的闭幕就像刚刚开始一样，中国充分利用最后一个机会向世界的观众展示自我。

法国《费加罗报》：中国刚刚证明自己有能力组织一场带有“西方和现代”性质的盛大赛事。

美国《基督教科学箴言报》：中国因为成功举办奥运会而赢得了国际尊重，在这种背景下，中国领导人和人民更愿意信任世界其他国家。

日本《每日新闻》：北京奥运的开幕式中出现了一个“和”字，中国走向与大国相称的“和谐社会”之际，就是国际社会消除“中国威胁论”之时。

新加坡《联合早报》：北京奥运是中国更加开放的历史起点，一个在开放的道路上继续行走的中国，虽然并不完美，但却很真实。

2008 年北京奥运会，中国给了全体华人一份欣喜，更给了全世界一份惊奇。一个发展中的大国，一个曾被称作“东亚病夫”的贫穷落后的中国，向世界呈现了一届“无与伦比”的奥运会。欣喜与惊讶之余，我们更应该思考，60 年来，中国体育是在一条什么样的道路指引下取得今天的成绩，60 年来我国体育是如何开展的，有哪些机构来管理和组织，在哪些制度的安排和规范下实现了体育的跨越式发展？这些历史的经验值得今天认真的总结和沿袭。

一、我国体育的组织架构

新中国体育发展的组织架构主要是指在体育发展过程中，对具体的体育事务进行管理、组织，使这些具体的体育事务运行起来的各种机构、系统的总称。其内容主要包括：竞技体育举国体制、政府各部门管理机构、社团性体育组织。

（一）竞技体育举国体制的架构

所谓竞技体育举国体制是指“我国为了在以奥运会为最高层次的国际竞技比赛中取得优

异运动成绩，在发展竞技体育过程中采取的一种发展方式，一种制度设计。”[15] 具体而言，它是在社会主义初级阶段基本国情的条件下，国家集中配置相对有限的人力、物力、财力，最大限度地调动国家和社会等方面的积极性，使竞技体育领域在全国上下形成合力，努力在以奥运会为最高层次的各类国际竞技体育比赛中获得优异成绩，为国争光。其基本构成主要包括：从中央到地方的各级体育行政部门、专业和业余的训练系统、各级各类竞赛系统等。

1. 体育行政组织领导体系

按照行政级别来划分，我国的体育行政领导部门主要为国家体育总局、省市体育局、地市体育局和县市体育行政部门。其中县市体育行政领导部门的主要形式有独立的县市体育局和整合的县市文广局。这是一种自上而下的垂直型体育行政领导机构，这种形式可以保证竞技体育举国体制的各项政策措施得以有效地、迅速地贯彻和落实。这些体育行政领导部门中的工作人员纳入国家行政系统和公务员序列，对我国竞技体育工作起到领导、监督、规划、组织和协调作用。

从这些机构的内部设置来看，我国省以上的体育行政部门都设有专门负责竞技体育工作的机构，例如竞技体育处。此外，各个省市体育局的直属事业单位基本都设有与国家体育总局下属的运动项目管理中心相对接的运动项目管理中心，专门负责管理本项目业务范围内的竞技体育工作。能够保证各项体育政策和措施得以贯彻和落实的主要手段是以官方文件的行政命令，上传下达。国家体育总局的主要召开全国体育局长会议的形式贯彻党中央、国务院发布的体育发展政策和方针。国家体育总局各运动项目管理中心主要通过召开该管理项目的全国训练工作会议传达政策，布置竞技体育发展任务。

我国以国家体育行政部门为主导的竞技体育举国体制的组织领导体系，保证了较高的社会动员力，能有效地调动和集中全国有限的人力、物力和财力，合理地配置有限的竞技体育资源，为实现在国际大赛上为国争光目标服务。

2. 一条龙的运动员训练体系

运动训练体系是竞技体育的基础，在当前激烈的国际竞技体育竞争中要想取得优异成绩，夺取金牌，没有科学的运动训练体系作支撑是不可能的。我国运动训练体系主要包括运动员的培养方式和科学的训练原则与手段。

在运动员培养方式上，我们国家主要形成了以国家队为龙头，以省市专业运动队为中坚力量，以重点业余体校为后备军，以一般业余体校为基础的体育系统独立的、一条龙的专业化训练方式。根据运动项目的不同情况，国家队主要分为集中型、分散型、集中与分散相结合型三种形式。省市专业运动队是过去对隶属于国家、省一级的优秀运动队的一种称呼，现在一般改称为某省体育运动职业技术学院。省市专业运动队的教练员和管理人员都被纳入国家事业单位的正式编制，并享受工资和运动员津贴等待遇。业余体校一般分为一集中（只负责训练）、二集中（负责训练和食宿）和三集中（负责训练、食宿和文化学习）几种情况。

在训练原则和手段上，我国长期坚持“三从一大”，即从严、从难、从实战出发，大运动量训练的科学训练原则。除了采取常规的训练手段之外，我国还形成了一些特殊而有效的训练手段，例如陪练手段，特别是男运动员给女运动员当陪练；大级别运动员给小级别运动

[15] 梁晓龙.举国体制 [M]. 北京：人民体育出版社，2006：1.

员当陪练；不同技术风格的运动员陪练一个运动员等。

3. 以全运会为核心的竞赛体系

我国的竞技体育竞赛已经形成了一个相对完整的体系。主要有：全国运动会、全国城市运动会、全国冬季运动会，各个单项运动协会定期举办的全国锦标赛、冠军赛、联赛等，以及为了培养高水平运动后备人才的青年、少年运动会和青少年单项锦标赛。

全国运动会是国内水平最高、规模最大的综合性、高水平竞技体育比赛，每 4 年举办一次，目前举办时间是在奥运会举办的后一年。参与全运会的代表队主要是各省的代表队和各行业体协的代表队（大学生体育协会目前不允许组队参加比赛）。目前，全运会比赛项目的设置除武术外基本与奥运会相同，其本意是为国家的奥运战略锻炼新人、选拔人才。全运会不仅是各个省、市竞赛的焦点，也是我国竞技体育实施举国体制的杠杆和平台。

全国城市运动会是全运会的有效补充，它是由原全国青年运动会演变而来的，每 4 年举办一届。城运会的项目设置主要有游泳（跳水）、射箭、田径、羽毛球、篮球、拳击、皮划艇、自行车、击剑、足球、体操（蹦床）、女子手球、女子曲棍球、柔道、赛艇、帆板、射击、垒球、乒乓球、跆拳道、网球、排球、举重、国际式摔跤、武术（套路、散打）。国家对参加全国城市运动的运动员年龄有着严格限制，明确规定参赛年龄在 18 周岁以下；参赛的形式主要由地市级的城市单独组队参加比赛。城运会在竞技体育举国体制中具有特殊的意义。其特殊的意义在于举办全国城市运动会的目的是为了发现和培养奥运会重点项目的竞技后备人才。

在奥运争光目标下，为了使国内的竞赛与国际接轨，我国每 4 年举办一次全国冬季运动会。比赛主要设置了包括短道速滑、速度滑冰、花样滑冰、冰球、冰壶、越野滑雪等在内的 12 大项、105 小项比赛项目，它的参赛形式主要是以地市为单位参加。由于受地域、气候、体育传统等因素的影响，因此，目前冬季运动会的规模还比较小，我国开展冬季运动项目的地区主要集中在吉林、黑龙江两省，但是它是我国竞技体育举国体制竞赛体系中不可或缺的一个组成部分。

除了上述全国综合性运动会之外，竞技体育举国体制的竞赛体系还包括各类全国单项运动锦标赛。在我国正式开展的奥运比赛项目的单项锦标赛一般每年都有两次成人运动员全国性的比赛。一次是全国锦标赛，另一次是全国冠军赛。同时还举办全国青年和少年比赛。这些全国性的单项运动竞赛起到了检验训练成果、交流训练体会、积累比赛经验、培养锻炼年轻运动员和丰富社会文化生活的作用。

4. 以政府投入为主的经费保障体系

我国竞技体育经费保障的基本方式是国家投入为主，积极鼓励社会投入。其保障体系主要有以下三个方面：

（1）国家财政拨款。这是支撑我国竞技体育发展的主要渠道。按照分级负责制的原则，中央财政负责国家队，省区市财政负责省级运动队，地市级财政负责市级运动队。各级财政拨款主要由三个部分组成：一是日常经费，包括日常训练、工资、津贴、生活和参加竞赛的必要开支；二是专项费用，包括用于参加国内外综合性运动会；三是基础设施建设费用，主要用于竞技体育场馆、装备、器材的修建、购买和维修。

（2）体育彩票公益金。国家规定体育彩票公益金收益的 40%用于发展竞技体育事业。各级体育行政部门对体育彩票公益金的使用分配比例基本如此。

(3) 企业赞助。企业赞助一般分为平时对运动队的赞助和大型综合运动会前对中国体育代表团的赞助。企业赞助具有数额的不额定性。一般来说，运动成绩优异的运动队、运动员，广大人民群众喜爱的，社会影响力较大的足、篮、排等集体球类项目。参加奥运会、亚运会等世界级的比赛容易得到较多的企业赞助。

从目前的实际情况看，虽然经费保障呈现了多样化的趋势，但是我国竞技体育以国家投入为主的情况并没有得到根本性的改变，中央和各级人民政府的财政投入仍然是发展竞技体育的主要经费来源。

（二）政府其他部门的体育管理机构

除了国家体育行政部门管理体育事务外，政府的其他部门也有一些专门负责本系统内部体育管理的机构，其中有代表性的主要有：教育部的体育卫生与艺术教育司；军队系统的体育运动指导委员会。

体育卫生与艺术教育司是教育部的下属机构，其内部设置有综合处、体育处、卫生与健康教育处、艺术教育处。它的主要职责是指导大中小学体育、卫生与健康教育、艺术教育、国防教育工作；拟订相关政策和教育教学指导性文件；规划、指导相关专业的教材建设以及师资培养、培训工作；协调大中学生参加国际体育竞赛和艺术交流活动。

全军的体育业务工作分别由总参体育训练局和总政文化体育局组织实施。总参体育训练局负责部队的军事体育训练和军体项目的竞技体育，下设 11 个体育单位，开展 25 个运动项目。其中夏季奥运会比赛项目 14 个，冬季奥运会比赛项目 5 个，国际军体特有比赛项目 3 个，其他项目 3 个。各大军区、军兵种以及所属军、师、团的体育工作，凡属正课体育训练，则由各大单位以及所属军、师、团的司令部有关部门设专职或兼职体育干部分管。其主

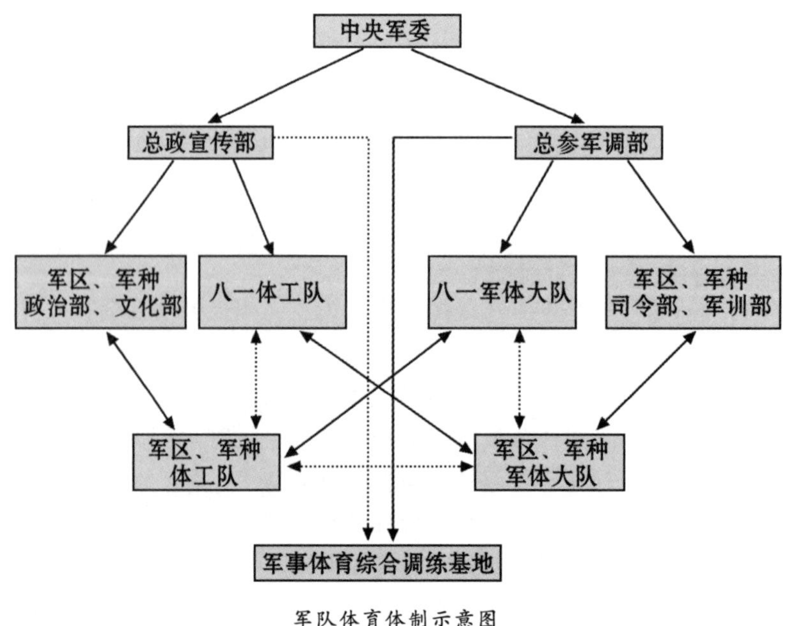

军队体育体制示意图

要职责是：根据总参军训和兵种部制订的正课体育训练大纲以及训练指示、规定，逐级负责组织实施，逐级检查、考核和验收，并将情况逐级上报。总政文化体育局负责部队业余群众性体育活动，各大单位以及所属军、师、团的政治部有关部门设专职或兼职体育干事，其主要职责是：根据总政文体局制订的业余群众性体育计划，结合本单位的具体情况，逐级负责组织实施，逐级检查、考核和验收，并将情况逐级上报。

（三）社团性体育组织

1998 年新的《社会团体登记管理条例》中，对社团有了明确的定义："社会团体是指中国公民自愿组成，为实现会员共同意愿，按照其章程开展活动的非营利性社会组织。"基于此，我们可以把体育社团界定为：以体育运动为目的或活动内容的社会团体，它具有民间性、非营利性和互益性的特点。目前，我国的体育社团与国外的社团性质还有一定差别，这种差别主要表现为中国体育社团的"官民二重性"。

1. 中华全国体育总会

中华全国体育总会成立于 1952 年。它是中华人民共和国全国群众性的体育组织，是依法成立的非营利性的社团法人。其宗旨是：联系、团结运动员和体育工作者，努力发展体育事业，普及群众体育运动，提高全民族的身体素质；不断提高运动技术水平，攀登世界体育高峰；促进社会主义物质文明和精神文明建设，为建设有中国特色的社会主义服务。为实现祖国和平统一与增进世界人民的友谊服务。中华全国体育总会及其活动，接受其业务主管单位国家体育总局及社团登记管理机关中华人民共和国民政部的业务指导和监督管理。

中华全国体育总会实行的是会员制，其团体会员包括省、自治区、直辖市体育总会；全国单项体育运动协会。例如中国足球协会、中国排球协会、中国篮球协会等；行业系统基层的体育协会，例如铁路系统的火车头体育协会、公安系统的前卫体育协会等。

2. 中国奥林匹克委员会

中国奥林匹克委员会（Chinese Olympic Committee，简称中国奥委会）是以推动奥林匹克运动和发展体育运动为宗旨的全国性体育组织。中国奥委会的任务和职能是：促进奥林匹克项目在中国广泛开展；组织中国奥委会代表团，参加国际奥委会主办的夏季、冬季奥运会，并提供必要的经费和运动器材；协助其它全国性体育组织举办体育竞赛和运动会。中国奥委会成立于 1910 年，1922 年即为国际奥委会所承认，第一任主席是王正廷。

新中国成立后，1954 年 5 月在雅典举行的国际奥委会第 49 届会议上通过决议，中国奥委会被继续承认。但在 1956 年第 16 届奥运会时，由于国际奥委会某些负责人制造"两个中国"，允许台湾当局也派队参加奥运会，对此中华全国体育总会提出抗议，中国奥委会于 1958 年 8 月宣布与国际奥委会断绝关系。1979 年 11 月 26 日，经国际奥委会全体委员表决，又恢复了中国奥委会在国际奥委会中的合法地位。

3. 中国体育科学学会

中国体育科学学会（China Sport Science Society，缩写为 CSSS）由全国热心体育科学技术的科技工作者和有关单位自愿组成，是依法登记的全国性、非营利性的学术性群众团体。其宗旨是团结和组织广大科技工作者，倡导献身、创新、求实、协作的科学精神，在严格遵守国家宪法、法律和社会道德风尚下，广泛开展体育科技活动，促进体育科技事业的发展和体育科技人才的成长，为增强人民体质、提高运动技术水平服务。

目前，中国体育科学学会设有 18 个分会和 2 个编委会，包括：体育社会科学分会、运动训练学分会、运动医学分会、运动生物力学分会、运动心理学分会、体质研究分会、体育信息分会、体育仪器器材分会、体育建筑分会、体育统计分会、体育计算机应用分会、学校体育分会、体育史分会、武术分会、体育产业分会、体育管理分会、体育新闻传播分会、运动生理生化分会、《体育科学》编委会和《中国运动医学杂志》编委会。全国 27 个省（区、市）和 6 个计划单列市建立了地方体育科学学会。

4. 各行业体育协会

“行业体育协会是领导职工体育活动的群众性组织，是体育社会化的一个重要方面”。其任务是组织本系统或本单位的广大职工，经常参加体育锻炼，增强体质；组织小型多样的比赛活动，丰富业余文化生活；组织较高水平的运动队伍，开展训练、竞赛和参加上一级的重大竞赛活动。我国的行业体育协会主要有火车头体协、煤矿体协、金融（银鹰）体协、电力（动力）体协、冶金体协、前卫体协、水利（丰收）体协、通信（邮电）体协、林业体协、石油体协、中建体协、地质体协、电子体协、石化体协、汽车体协、化工体协、中科院体协、兵器体协、船舶体协、航空体协、航天体协、建设体协。

二、我国体育的制度安排

所谓体育的制度安排，是指在体育领域约束人们行为，为从事体育实践活动提供依据而设计一套规则。

（一）群众体育的制度安排

1. 国民体质监测制度

国民体质监测是指国家为了系统掌握国民体质状况，以抽样调查的方式，按照国家颁布的国民体质监测指标，在全国范围内定期对监测对象统一进行测试和对监测数据进行分析、研究。它的主要任务是：对监测对象进行体质测试；建立国民体质数据库；统计与分析监测数据；公布监测结果，为相关工作决策和研究提供服务。从 2000 年开始，每 5 年进行一次全国国民体质监测工作，其组织实施具有一定的广泛性。国民体质监测对象为 3 至 69 周岁的中国公民。按年龄分为幼儿、儿童青少年（学生）、成年和老年等四组人群。

国民体质监测工作的主管部门是国务院体育行政部门。国务院体育、教育、卫生、计划、科技、民族、民政、财政、农业、统计等有关部门和全国总工会共同建立国民体质监测工作领导机构，在各自职责范围内协同开展国民体质监测工作。国务院教育行政部门负责儿童青少年（学生）的体质监测工作。开展国民体质监测工作的各级地方人民政府体育行政部门会同有关部门，建立相应的领导机构，负责本地区的国民体质监测工作。

2. 社会体育指导员制度

社会体育指导员是指在竞技体育、学校体育、部队体育以外的群众性体育活动中从事技能传授、锻炼指导和组织管理工作的人员。社会体育指导员是发展我国体育事业，增进公民身心健康，提高生活质量，建设社会主义精神文明的一支重要力量。我国自 1993 年推行社会体育指导员技术等级制度。凡符合条件，履行社会体育指导员职责者，均可根据规定，申请并获得社会体育指导员技术等级称号。社会体育指导员技术等级称号分为：三级社会体育指导员、二级社会体育指导员、一级社会体育指导员、国家级社会体育指导员。三级社会体育指导员由县、区体育行政部门批准授予；二级社会体育指导员由地、市体育行政部门批准授予；一级社会体育指导员由省、自治区、直辖市体育行政部门批准授予；国家级社会体育指导员由国家体育总局批准授予。

（二）竞技体育的制度安排

1. 运动员技术等级制度

运动员技术等级制度是为了鼓励运动员勤学苦练，迅速提高运动技术水平而制定的。1956 年颁布的《中华人民共和国运动员等级制度条例》（草案）只涉及田径、游泳等 16 个单项运动员等级标准，此后项目数量逐渐增加，到 2009 年《运动员技术等级管理办法》出台后，有等级标准的项目总数已经增加到 69 个。运动员技术等级称号分为：国际级运动健将、运动健将、一级运动员、二级运动员、三级运动员。国际级运动健将和运动健将由国家体育总局审批。一级、二级、三级运动员由各省（自治区、直辖市）体育局、新疆生产建设兵团体育局、总参军训和兵种部体育训练局、总政宣传部文化体育局审批。

2. 裁判员技术等级制度

裁判员队伍是体育战线的一支重要力量。裁判员技术等级制度是为了鼓励裁判员钻研业务，努力提高裁判水平，做好运动竞赛裁判工作，促进体育事业的发展而制定。我国于 1956 年由原国家体委颁布施行，几经修改，现行制度于 1999 年由国家体育总局颁布实施，其指导性文件是《体育竞赛裁判员管理办法（试行）》。裁判员的技术等级分为国际级、国家级、一级、二级、三级，另设荣誉裁判员。国际级裁判员，由国际单项体育协会审批。国家级裁判由国家体育总局审批。一级裁判由各省级体育行政部门审批。二级裁判由地市级体育行政部门审批。三级裁判由县级体育行政部门审批。在全国性比赛及国际比赛中未出现明显错判，至少十次在全国性比赛中任裁判员，年龄在 50 岁以上，可以由省级体育行政部门推荐，全国性单项体育协会裁委会评议，报国务院体育行政部门批准，授予荣誉裁判员称号。

（三）学校体育的制度安排

1. 体育与健康课程标准

体育与健康课程标准是国家教育行政主管部门制定的，它是中小学体育教材编写、教学、评估和考试命题的依据，是管理和评价体育课程的指导性文件。它规定了体育课程的性质、目标及内容标准，并提出了教学与评价的建议。它体现了国家对不同学段学生在体育与健康知识、运动技能、身体健康、心理健康、社会适应能力等方面的基本要求。现行体育与健康课程标准的全称是《义务教育阶段体育与健康课程标准》，是于 2011 年由教育部颁布实施的。

2. 学生体质健康标准

学生体质健康标准是《国家体育锻炼标准》的有机组成部分，是《国家体育锻炼标准》在学校的具体实施，是国家对学生体质健康方面的基本要求，适用于全日制小学，初中，普通高中，中等职业学校和普通高等学校的在校学生。制定学生体质健康标准主要是为了为贯彻落实健康第一的指导思想，切实加强学校体育工作，促进学生积极参加体育锻炼，养成良好的锻炼习惯，提高体质健康水平。

学校每学年对学生进行一次体质测试。学生体质健康标准从身体形态、身体机能、身体素质和运动能力等方面综合评定学生的体质健康水平，是促进学生体质健康发展，激励学生积极进行身体锻炼的教育手段，是学生体质健康的个体评价标准。学生体质健康标准将测试对象划分为以下组别：小学一、二年级为一组，三、四年级为一组，五、六年级为一组，初、高中每年级各为一组，大学为一组。小学一、二年级组和三、四年级组测试项日分为三类，身高、体重为必测项目，其他二类测试项目各选测一项，小学五、六年级组，初、高中各组，大学组测试项目均为五类，身高、体重、肺活量为必测项目，其他三类测试项目各选测一项。

第四节　我国体育的改革

○ 导入

足球再成体育改革的突破口

2009 年初，公安部根据国际刑警组织新加坡国家中心局发出的红色通缉令和有关请求，部署辽宁省公安机关协助调查王鑫在新加坡非法操纵足球比赛一案。专案组于同年 4 月在沈阳将王鑫抓获，就此拉开中国足球反腐的大幕。

为了促进中国足球良性发展，2012 年中国足球协会出台了《中国足球职业联赛管办分离改革方案》，其目标是改变由中国足协既办赛又监管的现状，逐步建立与社会主义市场经济体制相适应，符合当代足球职业联赛运作模式，管办分开，职能明确，能充分调动参与各方积极性，有中国特色的职业足球管理体制和运行机制。足协领导表示，国家体育总局同意，把足球再次作为体育改革突破口。未来的中国足球朝着社会化、市场化、职业化和国际化方向发展。

20 多年前，史称足球改革“遵义会议”的“红山口会议”召开，拉开了中国足球迈向职业化进程的大幕。由此，中国足球实现了从专业足球向职业足球的大转型。足球职业化改革，不仅承载着几代足球人振兴足球的梦想，同时也肩负着为中国体育体制改革“破冰”的重要角色。时隔 20 年，当中国体育事业迎来新一轮战略转型时，处于争议漩涡的足球再次成为了体育改革的突破口。因此，透过 20 余年的足球职业化改革，可以看到一幅中国体育改革的画卷徐徐打开……

一、我国体育改革的背景与目标

所谓体育改革是指对我国旧有体育体制进行的改良和革新。如果以颁布的体育改革重要文件为依据，我国体育改革主要发生过两次。第一次是 1986 年启动的体育体制改革，标志性文件是 1986 年颁布的《国家体委关于体育体制改革的决定》；第二次是 1993 年启动的深化体育改革，标志性文件是 1993 年颁布的《国家体委关于深化体育改革的意见》。这两次改革的背景与目标是不同的。

从内部环境看，20 世纪 80 年代我国体育发展面临的主要问题是办体育的路子不宽、体育领导体制和训练及竞赛体制等还存在一些弊端。主要表现为：群众体育活动还不够广泛，农村体育相当薄弱；多数项目还处于世界中下游水平，特别是田径、游泳、足球、自行车、船艇、冰雪项目比较落后，不少项目后备力量缺乏；运动队作风和赛场风气还没有根本好转；体育科学化尤其是运行训练科学化进展较慢，高水平体育人才太少；各级体育部门对体育工作的领导、协调、监督作用不够。这些内部问题为体育改革提出了要求。

从外部环境看，此时正值我国社会经济发展进入第七个“五年计划”，国家对社会经济改革提出了要求。为了使体育工作能够与国家社会经济整体改革的精神保持一致，更好地促进体育事业的发展，国家体委在 1986 年颁布的《国家体委关于体育体制改革的决定》，标志体育改革的正式启动。

1986 年颁布的《国家体委关于体育体制改革的决定》中没有直接指出体育改革的目标是什么，而是要求“我国社会主义体育事业既要发挥统一领导的优势，又要适应体育运动全民性的特点”，并认为“现行领导体制基本上是可行的，但仍然有与工作不适应的一面，主要是过分集中体委系统办体育，没有放手发动全社会来办”，这些内容反映出，1986 年启动的体育改革，其改革目标是不明确的，改革的基本方向是发动全社会来办体育。

1993 年我们又启动了深化体育体制改革。20 世纪 90 年代体育发展面临的问题，一方面仍然需要解决 20 世纪 80 年代未能完全解决的，增加投入满足需求的问题。另一方面，依据建立社会主义市场经济体制目标的改革实践进程，现行体育体制赖以存在的经济基础必将逐渐消失。因此，要使体育事业走上持续、快速的发展道路，关键是解决好正在变化的经济基础与现行体育体制的矛盾。深化体育体制改革就是如何按照新的经济基础，即社会主义市场经济体制的基本要求，设计新的体育事业发展模式。

1993 年全国体委主任会议正式通过了《国家体委关于深化体育改革的意见》，这份文件成为体育界深化改革的纲领性文件。与《意见》同时颁布的还有 5 个配套文件：即《关于运动项目管理实施协会制的若干意见》、《关于训练体制改革方案》、《关于竞赛体制改革方案》、《关于群众体育改革方案》、《关于培育体育市场，加速体育产业化过程的意见》。

通过上述改革文件的出台，进一步明确了深化体育改革的发展方向，提出了我国体育体制改革的总目标：“改变原来计划经济体制下，过分依赖国家和主要依靠行政手段办体育高度集中的体育体制，建立与社会主义市场经济体制相适应，符合现代体育运动规律，国家调控，依托社会，自我发展，充满生机与活力的体育体制和良性循环的运行机制，形成国家办与社会办相结合的格局。力争在本世纪初步建立具有中国特色的社会主义体育新体制。”

通过上述分析表明，1986 年的体育体制改革目标是不明确的，改革并未想触及计划经济体制下的体育体制需要转变的根本性问题。1993 年的深化体育体制改革目标相对明确，就是要建立与社会主义市场经济体制相适应体育体制。

二、我国体育改革的内容与措施

（一）1986 年体育体制改革的内容与措施

1. 体育领导体制的改革

体育领导体制改革的内容和措施包括：改变过分集中于体委系统办体育；恢复已撤销、合并的县体委；充分发挥体育总会和各种体育协会、运动协会的作用，有些协会可试办成半权力半咨询机构。

2. 训练体制的改革

训练体制改革的内容和措施包括：坚持“全国一盘棋”思想，落实奥运战略，解决好全局和局部的关系；改变过分集中于省以上体委办优秀运动队的状况，把训练的路子拓宽；在不降低原有运动水平的前提下，积极鼓励有条件的城市和行业、厂矿企业、大专院校设立高水平运动队；通过若干年改革后，高水平运动队（首先是集体项目运动队）大部分寓于城市、行业、企业和院校之中。发展多形式、多渠道、多层次的业余训练；业余训练逐步向综合协调和专项管理相结合过渡；加强专业训练与业余训练的衔接，更好地实现“一条龙”。

3. 竞赛体制的改革

竞赛体制改革的内容和措施包括：通过竞赛的杠杆作用，调动各方面办体育的积极性，促进多形式、多渠道、多层次造就大批优秀运动人才。要求竞赛向社会化、多样化、制度化方向发展；在竞赛项目设置方面，全运会以奥运会项目为重点，兼顾一般，青运会只进行奥运会项目比赛；在参赛对象方面，青运会对行业系统开门，允许有条件的行业系统报名参加；在竞赛举办方面，竞赛地点和经费继续实行计划分配与招标相结合的办法，以推动竞赛社会化，调节供求矛盾；试行由体育场馆承担竞赛的全部或大部分组织工作任务。

4. 国家队建制的改革

国家队的建制主要采取三种形式：一是奥运项目设常年制国家队；二是临时集训制的国家队；三是以全国冠军队为国家队。国家队一般只设一队，个别项目设二队，少数项目设青年队；对个别有条件的集体项目冠军队，试行国家队原则上不抽调其尖子队员等办法。

5. 群众体育体制改革

群众体育改革的内容和措施主要包括：大力提倡、积极扶持各部门各行业以及集体、个人自办体育，包括自建活动场所，举办各类竞赛、开展运动训练、传授体育技术等。在增强青少年体质的同时，积极开展学校和厂矿企业的运动训练。采取政策措施，鼓励、支持学校和厂矿企业办高水平运动队，使之逐步形成培养运动人才的基地。建立学校体育业余训练体制，行业系统也要逐步形成训练体系。以乡镇为中心发展农村体育。加强群众体育骨干和积极分子的培养，充分发挥他们的组织、指导作用。

（二）1993 年体育体制改革的内容与措施

1. 体育行政管理的改革

体育行政体制改革的重点内容是：简政放权与机制转换。“简政放权”主要通过对层级管理职能的划分，压缩行政管理机构与编制，将具体管理事务转移到事业单位或社会团体。“机制转换”主要是调整行政管理的办法，由单纯计划管理与行政指令的管理模式向计划与资源配置和政策调节相结合的管理模式转变，通过资源和政策来整合不同利益主体参与体育事业的发展。具体措施是：首先，调整职能配置；协调解决部门间职能交叉、重复的问题，通过明确职责权限进行合理分工，精简行政机构人员编制。其次，将体育运动项目发展管理的职能，从行政机关中剥离出来，交由事业单位承担，为此成立了若干体育运动项目管理中心负责不同运动项目的管理工作。第三，加强中华全国体育总会自身组织机构的建设，推动体育运动项目协会实体化，采取分类、分步到位的改革步骤。

2. 竞技体育的改革

竞技体育的改革是一个全方位的改革，改革内容主要包括：改革项目管理机制、改革训练体制、改革竞赛制度。

项目管理机制的改革主要是改变运动项目直接由行政管理的局面，实行运动项目由行政直接管理向间接管理转变，让一些项目由综合管理与协会专项管理相结合。这一转变的目的是使多数项目依托现有基地，集中到若干训练单位，如训练局、国奥中心、首都馆和射击场等，实行综合管理与专项管理相结合的管理方式，国家体委逐步将训练竞赛业务部门直接管理的运动项目转为协会管理，国家体委的主要职能是统一领导，加强综合服务。

训练体制改革主要表现为运动训练开始向有偿训练型转变，对有一定群众基础的项目，如足球、篮球、网球等实行了初级层次的有偿训练。初步建立符合运动队特点的文化教育体制，主要有：一是由地方体育部门与普通高校联合办学，即联办二级学院、体育系或运动训练专业。其中联办二级学院的均设中专部（包括义务教育）。二是由地方政府统筹，将体育学院（包括总局划转地方的体院）、运动技术学院、运动队、体育科研所等单位合并，成为教育、训练、科研三结合基地。有的已开始对运动员管理体制进行全面改革，实行运动员“身份学生化、管理学籍化”。三是由普通高校招收现役优秀运动员或与省市体委联合办队（即某些项目的运动队成建制进入高校），一方面运动员可以接受高等教育，另一方面可代表高校参加比赛。四是在后备力量培养方面，一些地方开始试行“体教结合、以教为主”的体制，依靠教育，依托教育来培养后备人才。

竞赛体制改革是为了促进竞技体育发展，建立与社会主义市场经济相适应的竞赛体制，推动体育竞赛的社会化、制度化、多样化。竞赛体制改革将着眼点主要放在充分调动国家、社会的积极性方面。竞赛体制改革的内容主要有：一是改革全运会，通过改变举办时间、调整项目设置和改革记分办法，使全运会更好地与奥运会接轨。二是改革城运会，从1995年的第三届城市运动会开始，取消了原参赛城市仅限于计划单列市、省会城市和特区城市、沿海开放城市的规定；直辖市不参加集体项目的比赛，但可以以区为单位参加其他比赛；取消特邀城市和特邀大军区比赛。三是推动职业联赛的发展，1994年4月，万宝路全国足球甲级联赛揭幕。

3. 群众体育的改革

群众体育改革的内容主要有以下几个方面。

(1) 推进了各行各业办体育，调动了教委、农业部、民委、工会、共青团、妇联、残联等各部门办体育的积极性，推进体育社会化；

(2) 学校体育和以争创体育先进县为龙头的农村体育改革；

(3) 群众体育工作的管理逐步制度化、规范化。群众体育改革的主要思路与措施，可以概括为以下几个方面：①在体育行政部门的领导、协调、监督下，群众体育实行国家办和社会办相结合并以社会化为突破口，调动全社会多渠道、多层次、多形式办体育的积极性。各行业、系统、部门的体育工作，由其主管部门负责。提倡、支持社会团体、集体或个人办群众体育。②建立、健全群众体育各项法规、制度。把体育行政部门领导、协调、监督的职能纳入法制化轨道，以“法”对全社会体育实行管理。③群众体育协会在重视社会效益的前提下，亦要重视经济效益，积累资金，逐步走自我发展的道路。按项目划分协会，逐步向实体化过渡，组成一个事业性的协会实体化进行综合管理。④推行全民健身计划、实施《社会体育指导员等级制度》和《国民体质监测制度》。

4. 体育的产业化改革

1978 年党的十一届三中全会在北京召开，发出以经济建设为中心和进行经济体制改革号召，拉开了以市场为取向、涉及社会生活各个层面的经济体制改革的序幕，彻底打破了把商品和市场排斥在社会主义之外的传统观念，各行各业都在自己的领域内重新审视商品和市场的作用。中国体育正是在这样的改革大潮中，对计划经济体制下自身发展模式的弊端进行了深刻的反思之后，逐渐走上了产业化的改革之旅。

我国体育产业发展的总指导思想是坚持改革开放，坚持国家办与社会办相结合，坚持“以体为本”的原则，探索一条符合中国国情的体育产业发展道路。总的目标是：争取在 15 年左右的时间，逐步建成适合社会主义市场经济体制，符合现代体育运动规律，门类齐全，结构合理，规范发展的体育产业体系。体育产业的工作重点是把发展体育本体产业，切实把场馆、协会、俱乐部、基金会、各类建身俱乐部和体育中介机构作为产业化重点来抓。加快体育市场体系建立，重点培育体育竞赛市场、体育健身市场，促进体育人才、技术、信息和用品等要素市场的发展。

三、我国体育改革的方式与成就

我国体育改革主要采取了渐进式改革的方式。所谓渐进式改革是指利用已有的体育组织资源推进改革，在基本不触动既得利益格局的前提下实行增量改革。我国体育改革采取渐进式的改革方式主要表现为以下几个特点。

第一，在改革的路径上采取了由上至下，先易后难的路径。由上至下主要体现在体育组织机构的改革都是从中央体育行政部门的改革开始，然后是地方体育行政部门的改革。例如，1998 年国家体育运动委员会改成国家体育总局，体育部门在国务院地位由组成部门变成直属机构，然后是各省、自治区直辖市的体育行政部门改革，最后是地市、县一级的体育行政部门改革。同时我国体育改革也是从先易后难开始的，例如，项目协会实体化改革就是从非奥项目实体化开始逐渐过渡到奥运项目协会实体化改革。

第二，在改革的进程上采取了先试点，后推广的方式。先试点，后推广是我国经济、政治、文化等重大领域改革的一条成功经验，体育改革也是如此。例如，在体育职业化改革中，我们首先选择足球项目作为试点，选择足球作为改革试点的原因有两方面：一是足球的群众基础比较好，老百姓都很喜欢、很关注，有较大的消费人群和市场；二是20世纪90年代初，与国际比较，我国的足球水平比较低，足球成绩比较差，选择足球进行改革风险比较小。当球足球改革取得一定的成绩和经验以后，再推广到篮球、乒乓球、围棋等其他项目的职业化改革。

第三，在改革的利益分享结构上，采取了先改革增量，然后以增量改革带动存量改革的激励办法。建国以后，我国计划经济体制所构建的体育资源配置和利益分配，已经从上到下形成了极强的刚性结构，很难依靠一时一项改革迅速打破这种僵化的体制结构。于是，保持原有利益分享基本不变，同时增加产生新的资源投入，在保持存量部分不变，通过增量改革鼓励和带动整体改革。这样做的主要目的是为了保证体育事业发展的稳定性，尽量减少改革的波动性。例如，训练体制改革。在保持原有运动员专业化培养方式不变的前提下，积极鼓励学校、厂矿、企业等社会力量参与运动员的培养，并通过全运会的竞赛制度，把竞技体育人才资源统领在奥运争光计划之下。

经过一系列逐步推进的改革，体育发展的组织结构、运行机制、发展路径和资源配置，都出现了一些积极的变化。一个遵循体育发展规律、符合社会主义市场经济体制要求、适应中国国情的体育发展模式，正日益清晰地浮现在我们眼前。其成就主要表现为以下几方面。

第一，在组织架构上推动了“管办分离”进程，迈出了政事分开、管办分离的第一步。初步形成了国家体育总局等行政部门宏观管理，各个项目管理中心和相关社团具体实施的管理架构。

第二，形成了体育行政部门集中领导下的“双轨制”。呈现出以“奥运争光”为核心的竞技体育，以国家办为主；大型综合性国内国际大赛，以国家办为主；大型与公共性体育设施建设，以国家办为主。群众性体育活动、非奥体育运动项目发展、职业化体育、商业化体育等，由社会办为主。初步形成了国家办与社会办的分工，呈现了“国家办社会办”相结合的发展态势。

第三，初步建构了以“俱乐部”为单位的职业联赛制度，推动了相关体育项目的职业化发展，带动了一批新兴体育职业者的涌现（如体育经纪人等），激活了体育竞赛市场、体育人才市场，以及体育资本市场，推动了体育产业化发展。

第四，形成了以体育本体产业为主的体育健身娱乐业、体育竞赛、体育信息咨询、体育广播电视、体育服装器材等为主体的体育市场，与此同时，体育无形资产也得到了进一步开发。突破了原来计划经济体制下国家单一投资模式，形成了国家投资、社会赞助、经营创收等多种投资模式。

中国的体育改革取得了丰硕的成果，推进了体育事业的全面发展，但应清醒地看到，改革仅仅是一个开端，有些改革措施尚需逐步落实，改革中还存在着诸多问题。从发展的角度讲，还需要进一步坚持把体育的发展目的落实在提高人们的生活质量上；坚持各类体育协调和可持续发展；坚持把体育事业从原来建筑在计划经济基础之上，全面转变到适应社会主义市场经济的轨道上来；坚持体育走以法治体的法制化轨道。

第五节　迈向体育强国与中国体育的未来

○ 导入

2008 年 9 月 29 日，胡锦涛同志在北京奥运会、残奥会总结表彰大会上发表了重要讲话。在讲话中明确指出："体育是社会发展和人类文明进步的重要标志，是综合国力和社会文明程度的重要体现。成功举办北京奥运会、残奥会，极大激发了亿万人民的体育热情，极大推动了我国体育事业发展。我们要坚持以增强人民体质、提高全民族身体素质和生活质量为目标，高度重视并充分发挥体育在促进人的全面发展、促进经济社会发展中的重要作用，实现竞技体育和群众体育协调发展，进一步推动我国由体育大国向体育强国迈进。"

国运兴则体育兴，建设一个现代化的体育强国，是建设一个富强、民主、文明的现代化国家，实现中华民族的伟大崛起的重要推动力。胡锦涛同志的讲话以后，实现体育强国目标成为体育发展的最强音，我们应该如何实现体育强国目标，体育强国对中国体育未来发展提出了哪些要求？体育在实践中又需要如何回应呢？这些问题，是当代中国体育事业发展必须思考的重要问题，也是我国体育事业实际发展过程中必须着力推进的重点工作。

一、体育强国目标的由来与涵义

在 1983 年，国家体委《关于进一步开创体育新局面的请示》中，除第一次明确提出了要在本世纪末把我国建设成为"世界体育强国"的目标外，还提出了几个主要指标，即：(1) 全国半数左右的人经常参加体育活动。青年一代的身体形态、素质、机能有明显提高；(2) 在奥林匹克运动会上名列前茅，大多数项目达到和接近世界水平；(3) 建成可以举办亚运会和奥运会的场地；(4) 彻底改善体育队伍的结构，干部实现"四化"。由此可见，最初的"体育强国"的涵义是指在奥运会上名列前茅的国家，或者说具体指的是竞技体育强国。

2008 年胡锦涛总书记《在北京奥运会、残奥会总结表彰大会上的讲话》中指出："进一步推动我国由体育大国向体育强国迈进"，并强调"我们要坚持以增强人民体质、提高全民族身体素质和生活质量为目标，高度重视并充分发挥体育在促进人的全面发展、促进经济社会发展中的重要作用，实现竞技体育和群众体育协调发展"。由此不难看出，要"进一步推动我国由体育大国向体育强国迈进"，必须要真正做到"竞技体育和群众体育协调发展"，而且在理论认识和工作实践中，要把"发展群众体育事业"放在首位，其次才是"提高体育运动技术水平"。这种理念赋予了"体育强国"新的涵义，即：体育强国不仅是竞技体育在世界上处于领先地位，群众体育事业的发展水平，也是"体育强国"的主要的、重要的标志。

二、实现体育强国的内容与要求

全面建设体育强国的奋斗目标，就是到2020年基本建成体育强国的工作体系和业务构架，初步实现中国体育的现代化。为此我们应该完成以下几个方面的工作。

一是建立覆盖城乡的全民健身服务体系，不断提高公民基本体育需求的水平，在群众体育的政府投入、群众体育的组织化水平、经常参加体育活动的人口比例、人均占有体育场地面积、社会体育指导员（自愿者队伍）的数量和质量等各项指标达到或超过中等发达国家水平，体育活动成为国民首选的健身休闲方式。

二是坚持改革和完善竞技体育的举国体制，利用国际国内两种资源、两个市场，进一步拓展和夯实竞技体育的项目基础和人才基础；保持优势项目、强化潜优势项目、重点发展以田径和游泳为代表的基础大项和以篮足排球为代表的集体球类项目；在夏季奥运会上保持领先水平，金牌、奖牌、总分稳定在前3名，在冬季奥运会上持续突破，整体水平进入先进行列，金牌、奖牌、总分进入前6名；足球运动技术水平大幅提升，能持续、稳定地获得世界杯和奥运会的参赛权，篮球和排球的竞技水平达到世界先进水平（世界锦标赛和奥运会的前6名）；力争在2020年左右成功申办足球世界杯，在2050年左右再次承办一届夏季奥运会；稳步发展职业体育，集体项目重点发展乒乓球、羽毛球、足球、篮球、排球职业联赛，个人项目重点发展武术、网球、高尔夫球、拳击、台球、棋牌；培育和造就一批具有世界影响力的体育明星和体育品牌赛事。

三是通过持续不断的扩大开放，深化改革，不断消除制约体育产业发展的体制和机制障碍，以大力发展运动项目产业为基础，抓住城市、青少年和中产阶层三个重点，建立和完善覆盖全社会的、高中低档并存的大众健身娱乐市场、以职业联赛和各类商业性竞赛、表演为主体的体育竞赛市场，带动体育中介、体育传媒、体育会展、体育旅游、体育文化创意、体育装备制造与销售的全面发展。到2020年全国体育产业的增加值占GDP的比重和体育产业从业人数占全国就业人数的比例双双达到1%，到2050年这两项指标双双达到2.5%；在体育产业的各个领域都打造一个具有国际竞争力的体育企业集团，同时形成一批具有全球影响力的体育赛事品牌、体育企业品牌和体育产品品牌，体育服务贸易占全球市场份额不断提升。

四是培育和提升中国体育的国际影响力，必须要在国际体坛树立一个讲信誉、敢担当、负责任的大国形象，要积极倡导相互尊重、相互借鉴、平等协商、求同存异、尊重多样性的处事原则，做到发展机遇共同分享，各种挑战共同应对。要继续加强同广大发展中国家的体育合作，深化传统友谊，扩大务实合作，提供力所能及的援助，维护发展中国家在国际体坛的正当要求和共同利益。积极参与多边国际体育事务，承担相应国际义务，发挥建设性作用，推动国际体坛朝着更加公正合理的方向发展。建设一支高素质的体育外事队伍，全面参与国际体育交流与合作，力争在重要的国际体育组织中不断提升中国的影响。

三、体育强国与中国体育的未来

当今中国体育正处于从体育大国向体育强国迈进的重要历史时期，既面临着经济发展、社会进步、文化事业繁荣发展的大好机遇，又面对社会转型加剧、体制改革深化的挑战。需要我们认真思考和推动解决体育强国建设中的重大理论、政策和实践问题，如体育管理体制的创新问题、体育公共服务问题、社会体育文化与公民体育意识的培育问题、竞技体育的结构优化问题、运动员文化教育和后备人才培养问题、职业体育的发展定位和体制机制问题、体育赛事的管理与改革问题等等。这些都是中国体育现代化进程中必须予以正视和努力解决的问题。为此，需要加强战略思想上的长远谋划，加强政策体制上的科学设计，并扎扎实实逐一攻克、破解难题。以体育强国目标为指引，以改革创新的精神继续推动，巩固和扩大成果，创造中国体育更加美好的未来。

○ 小结

新中国体育的发展走过了60多年的风雨征程，这60多年体育的发展始终是以服务于人民健康水平，国家建设和民族复兴为目的的。在发展的过程中，为了适应不同阶段、不同时期国家经济、政治、文化发展的需要和体育自身发展的需要，我们对体育发展方式进行了调整，大体上形成了普及型、优先型和协调型体育发展方式。体育改革是体育发展方式转变的关键，我国主要经历了两次体育改革，体育体制正在向与社会主义市场经济体制相适应的体制转变。未来中国体育的发展将在体育强国目标的指引下创造更美好的明天。

○ 思考题

1. 如果我国体育的发展没有提出体育的目的会怎么样？
2. 目前关于体育发展方式的理解有几种观点？为什么会有不同的观点？
3. 什么是渐进式体育改革？为什么要采取渐进式的体育改革？
4. 如何理解体育强国？体育强国对中国体育发展提出了哪些要求？

○ 相关网站

1. 人民网：http：//www.people.com.cn/
2. 中国改革网：http：//www.chinareform.net/
3. 国家体育总局：http：//www.sport.gov.cn/
4. 国家体质监测中心：http：//www.fitness.org.cn/

○ 课后拓展阅读

1. 熊晓正，钟秉枢. 新中国体育60年（第五、六章）[M]. 北京：北京体育大学出版社，2010：258-352.

2. 国家体育总局. 改革开放30年的中国体育[M]. 北京：人民体育出版社，2008年12月.

3. 《全民健身计划纲要（2011~2015年）》

4. 《全民健身计划条例》

5. 《奥运争光计划纲要（2011~2020年）》

6. 《体育事业“十二五”规划》

第十章
体育的科学体系

○ 内容提要

体育科学体系是体育概论探讨的重要问题之一。它是指体育科学内部的结构和学科之间相互联系和作用的关系。研究体育科学体系可以建立起体育科学知识系统的整体概念，明确体育科学在整个现代科学体系中的地位。本章首先介绍了体育、体育学与体育科学之间的联系与区别，之后从学科性质、研究对象、发展历程与学科体系等不同角度对体育学进行了研究与阐述。

○ 学习目标

学习完本章之后，你应该能够：

1. 知道体育科学的性质和研究对象。
2. 掌握体育科学体系的结构。
3. 了解体育科学的产生过程。
4. 对体育科学研究感兴趣。

○ 关键术语

体育科学、体育科学体系、体育科学研究

第一节 体育科学概述

○ 导入

科学是反映自然、社会、思维等的客观规律的分科知识体系。我们通常把科学分为自然科学和社会科学两大类。自然科学（Natural Science）是研究无机自然界和包括人的生物属性在内的有机自然界的各门科学的总称。自然科学的立场通常是客观的，它通常试着解释世界是依照自然程序而运作。社会科学是关于社会事物的本质及其规律的科学。社会科学(Social Sciences）是研究人类社会现象的科学。如社会学研究人类社会（主要是当代），政治学研究政治、政策和有关的活动，经济学研究资源分配。广义的“社会科学”，是人文科学和社会科学的统称，包括了人文科学。

从表现形式上看，体育活动既与人体的身心发展规律密切联系，又与人的社会活动紧密相关，或者说体育活动既影响人的自然属性，又影响人的社会属性。那么体育作为一门科学，它的学科性质是什么呢？它属于自然科学，还是属于社会科学呢？

一、体育科学的概念

体育科学作为一门年轻的新兴学科，在其基本概念、基本理论方面都处于研究和形成的过程之中。因此，对其概念的理解也是众说纷纭。

德意志联邦共和国《体育百科辞典》（1971 年版）认为：体育科学是一个从单项学科的各个专业角度出发，专门针对体育运动及其分支的科学研究、学说和实践的体系。它是一门联系实践的，由多种系统知识组成的综合科学。它采用各有关学科的不同方法并从不同角度来研究身体的社会存在以及人类运动发展。

国际体育情报协会名词术语委员会出版的《体育运动词汇》把体育科学定义为：有关身体练习的全部知识，这些知识是同整个概念体系相联系并作为一种理论——它确定那些可以预见、评价和证实社会生活实践中生物学精神的效果原则。它的研究对象是处在社会整体化过程中，借助于身体练习以求机体与心理得到改善并提高其社会效果的人。

日本出版的《大日本百科全事典》称：体育学（与体育科学是同义语），在历史上还是一个新的概念。它是把指导体育实践的各种课题体系化，或者把关于体育的特点、历史、目的、内容和方法等方面的研究成果系统化。

从上述列举的国外对体育科学所下的定义，我们可以得出这样的结论：体育科学是一门年轻的新兴学科，它是研究各种体育现象（包括竞技运动、身体锻炼、身体娱乐、体育教育等在内的一切体育活动过程），揭示各种体育现象的过程、本质与规律，认识和发挥人体运动能力，提高人类健康水平以促进人的全面发展的一门综合学科。

作为一门新兴学科，体育科学不仅要研究体育的现象与过程，而且还要深入探求其规律。体育的规律分为内部规律与外部规律。体育运动本身的发展规律是其内部规律，它包括通过身体运动增强体质的科学规律、提高运动技术水平的科学规律等等。而体育的外部规律则是指关于体育这一社会实践活动与其它社会现象之间的关系、体育在整个社会如何定位的规律。体育科学是体育不断发展的必然产物，它既是人们对体育现象的理性的系统认识，又是人们探索体育领域中的未知现象的起点。

二、体育科学的学科性质

体育科学作为科学的一个分支具有科学的一般性质，如客观性、实践性、理论性、系统性、真理性、开放性等特点。然而它作为一个相对独立的科学门类，也具有自己的个性特征。

作为一个拥有多重属性的综合知识体系，体育科学的学科属性，在不同的时期有着不同的理解与侧重。按照传统的观点，科学被划分成社会科学和自然科学两大类。然而随着现代科学的发展，一些介于社会科学和自然科学之间的边缘学科、交叉学科不断涌现，逐渐填平了社会科学与自然科学之间的鸿沟，整个科学知识体系日渐显示出综合化、系统化的发展态势。

由于体育科学中的许多学科是从生物医学中衍生出来的，因此长期以来，一类观点认为，体育科学是以生物科学理论及方法研究如何通过身体活动而增强人的体质的一门科学，属于自然科学。这种观点虽然认识到体育科学中体育运动生物学的一个重要方面，但是忽视了体育的人文作用和社会作用，没有把体育放在整个社会文化生活中看待体育，视角较为狭窄。

随着我国体育人文社会学自身的不断完善与发展，体育科学的整个知识体系日渐完善与平衡。1992 年，由国家技术监督局发布的《学科分类与代码》一书中，“体育科学”被列入人文与社会科学的范畴。

因此，我们应该不拘泥于传统对于科学“二分法”的局限，应综合、系统、全面地研究科学的属性问题。由于体育科学的研究主体是人，而人具有自然属性，同时也具有社会属性，这就决定了体育科学既与自然科学相交叉，又与社会学、伦理学、哲学等人文社会科学相融合与渗透。

三、体育科学的研究对象

顾名思义，体育科学之所以被称之为体育科学，其研究对象是——体育。

体育科学的学科属性决定了其研究对象不是单一的通过身体运动等形式增强体质、提高运动能力的规律，而且还包括体育的社会属性，即体育对社会所承担的教育作用、文化作用，以及体育与社会各个要素之间的关系与互动规律、体育的运行机制与组织管理制度等一系列问题。

四、体育与体育科学的关系

有人认为：体育不仅仅是一个简单的身体运动，它也是一门科学。该论断虽然着重强调了体育的有序性与科学性，对于先前人们对体育的狭义理解有一定程度的矫正与提高，然而并不是准确的表达，容易使人们混淆了体育与体育科学之间的区别。

体育是众多社会实践活动的一种。然而，社会实践活动本身并不等于科学，它只是作为科学研究的对象而出现。社会实践活动只能表示事实的存在，其本身并不能解释该事物为何而存在、怎样存在、以何种形式存在等一系列问题。只有研究社会实践活动如何存在、怎样存在，研究其本质、规律的学问才能称之为科学。换言之，只有研究体育实践活动的知识体系，才能称之为体育科学。

认识到体育与体育科学之间的区别与联系，有助于我们更加清晰地理解体育科学的概念与内涵，在科学的基础上发展体育运动，使体育事业的发展在科学的轨道上有序运行。

五、体育学与体育科学的关系

体育科学也并不是一个单一的学科，而是囊括了许多学科的一个学科群。体育科学中包含了从社会科学方面研究体育的学科，从自然科学方面研究体育的学科，从管理科学方面研究体育的学科和从人文科学方面研究体育的学科等等。各类具体学科的研究对象不同，任务各异，因此对此类学科进行高度概括的体育学应运而生。

尽管含义相近，但体育学与体育科学并不能划等号。体育学是对体育这一社会文化现象的系统认识所形成的一门学科，其中的“学”字包含有研究的意思。而体育科学则是根据实践得到的经验和材料，经反复验证并系统化的知识体系，其中的“科”字着重强调关于体育的系统化的知识体系，含有类别或等级的意思。

第二节　体育科学体系

○ 导入

科学作为一种观念形态和知识体系，是对整个世界的认识和反映。科学结构与它所反映的客体结构即整个客观世界的结构是一致的。我国对科学学科体系的探索，有二元论、三元论和多元论之争。二元论即认为科学学科分为自然科学和社会科学。三元论认为科学学科分为自然科学、人文科学和社会科学。多元论认为科学学科分为许多学科体系。目前，体育科学已发展成为一个包含众多分支学科、边缘学科，包含人文社会科学与自然科学的多学科体系。那么体育科学各门学科之间是什么关系？我们应该按照二元论、三元论，还是多元论来对体育科学体系进行分类？体育科学体系内部又表现出什么样的结构呢？

一、体育科学体系的概念

体育科学体系指的是体育科学内部的结构和学科之间相互联系和作用的关系。当前，伴随着不同体育学科的迅速发展，学科之间的渗透与交叉不断深入，呈现出高度分化和高度综合的趋势，并逐步形成了学科间的从属关系和并列次序。所以，作为一个新兴的科学体系，体育科学体系的形成是体育科学众多分支学科不断发展的结果。体育科学体系不仅仅是分门别类的研究体育科学的不同学科，更重要的是从这种分类的过程中研究体育科学内部结构和相互关系。

研究体育科学体系可以建立起体育科学知识系统的整体概念，明确体育科学在整个现代科学体系中的地位，并确定我国体育科研工作的长远方向与工作计划。与此同时，对体育各个学科界限与联系的明晰有助于促进新学科的建立和发展，从而进一步完善整个体育科学体系。

二、体育科学体系的地位

当前我国学术界对体育科学在整个科学体系中的地位大概有以下几种看法：

第一种观点认为体育科学是介于自然科学和社会科学之间的综合科学，其体系由基础科学、技术科学、专业技术三部分构成。

第二种观点认为体育科学是“技术科学”的一部分。体育科学分为 3 类，即自然科学类、管理科学类、社会科学类。

第三种观点认为体育科学是与社会科学、自然科学并列的交叉学科或综合学科之下的一个门类。

综合上述观点，我们认为，体育科学是一个综合性的学科群。它的研究对象既非纯天然的自然现象，又非单纯的社会关系，它是属于自然科学和社会科学共同研究的领域。体育科学，不但要从社会的角度来研究问题，而且要研究其中的自然科学问题。与体育科学一样，医学、心理学、管理科学等学科以及许多正在发展的新学科，都属于这个领域。

三、体育科学体系的结构

体育科学体系作为一个拥有众多学科的学科群，包含着数十门不同的相关学科。这些学科尽管内容不尽相同，但是它们并不是杂乱无章地堆砌在一起，而是存在着内在、有序的联系。

关于体育科学体系的问题，不同的学者从不同的角度有着各自的见解：

有的学者认为体育科学体系是由体育社会学科、基础学科和运动学学科三大部分组成。(图 10–1)

有的学者认为体育学科体系包括体育的基础科学、体育的应用学科及未来体育学三大部分。（图 10–2）

有的学者认为现代体育科学可以分为体育自然科学类、体育社会科学类、体育管理科学类。（图 10–3）

也有学者认为，体育科学体系可以分为基础学科群、体育技术学科群、体育管理学科群。（图 10–4）

体育科学体系
体育哲学
体育社会学学科
基础学科
运动学学科
体育情报
社会体育
学校体育
体育管理
体育行政
……
体育比较学
运动生物化学
体育统计学
体育心理学
体育史学
体育运动医学
运动生物力学
运动生理学
运动形态学
……
运动论
锻炼原理及方法
教学原理及方法
训练原理及方法
运动效能测定方法
分项运动学
竞赛学
中国武术
……

图 10-1

体育科学
体育的基础科学
自然科学：生理学、解剖学、物理学、数学、生物化学、医学……
社会科学：哲学、社会学、伦理学、经济学、美学、教育学、史学……
体育的应用科学
自然科学：运动生理学、运动解剖学、运动生物化学、运动生物力学、运动心理学、应用数学、统计学……
社会科学：体育哲学、体育社会学、体育伦理学、体育经济学、体育法学、体育美学、体育教育学、运动训练学、体育史、体育比较学、体育管理学……
未来体育学
体育优生学、人体系统工程学、未来康乐活动……

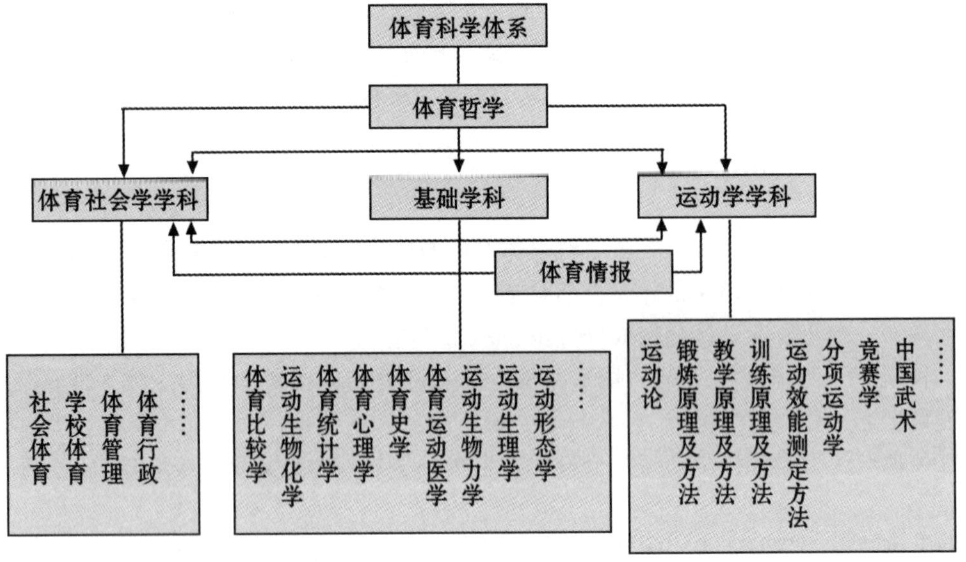

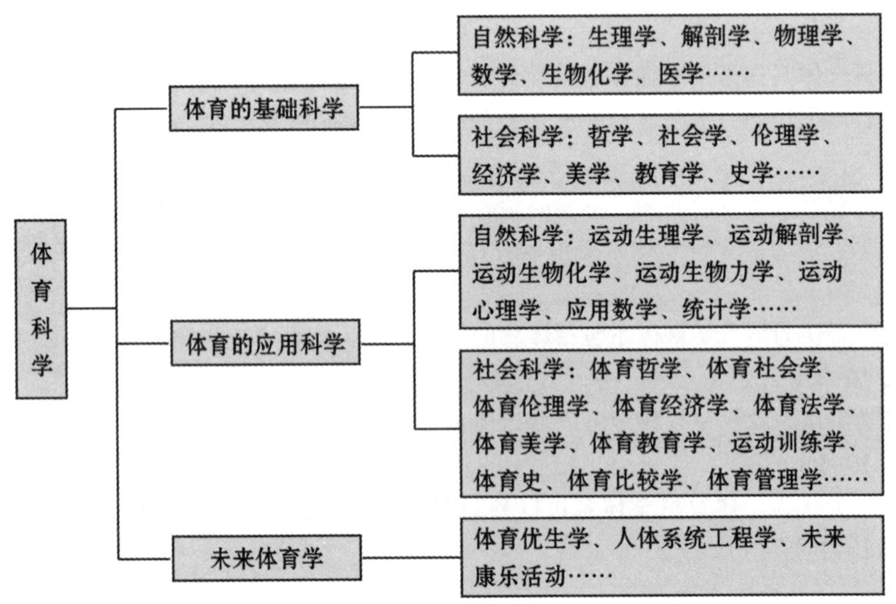

图 10-2

体育科学
自然科学类
运动训练学、运动学、运动医学、运动解剖学、运动生理学、运动生物化学、运动心理学……
管理科学类
体育管理学、体育比较学、体育经济学、体育人才学、体育统计学、体育未来、体育系统科学、体育情报学……
哲学、社会科学类
体育学（体育原理）、体育哲学、体育教育学、体育史学、体育社会学、体育美学、体育伦理学、体育法学……

图 10-3

体育基础学科群
人文社会学科群
生物学科群
体育学概论
体育哲学
体育社会学
体育伦理学
体育经济学
体育史学
体育比较学
体育文化学
体育法学
体育新闻学
体育美学
……
运动生理学
运动解剖学
运动生物力学
运动保健学
运动营养学
运动生物化学
运动医学
……
体育技术学科群
运动选材学 运动心理学 体育锻炼与方法
运动设施与场地建筑 射击 体育情报学
体质测量学 体育统计学 田径 游泳
篮球 排球 足球 武术……
体育管理学科群
体育管理学 学校体育学 大众体育学
运动训练学 运动竞赛学 ……

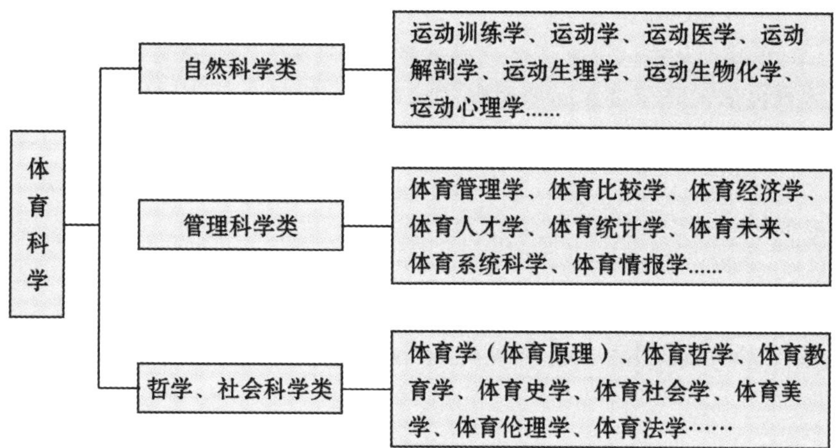

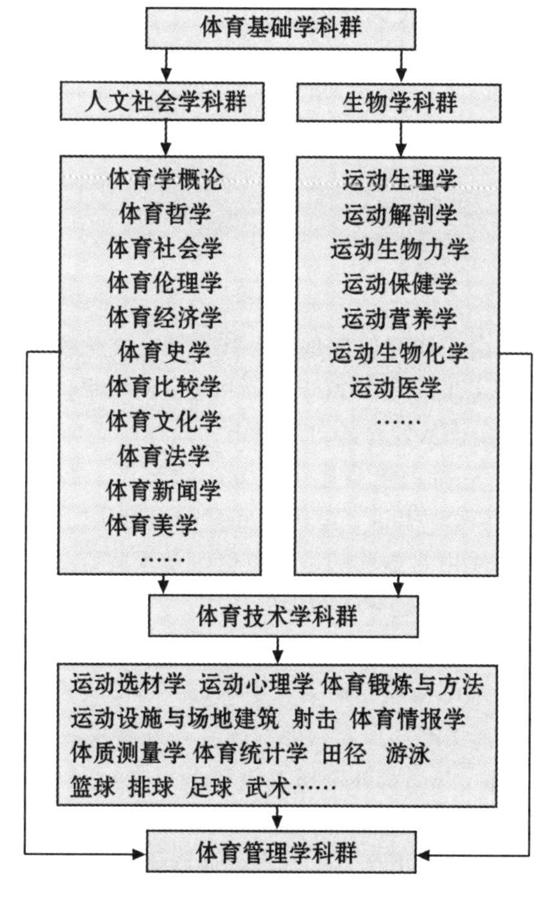

图 10-4

上述对体育科学的划分理论分别从不同的维度对体育科学这一综合的有机体系进行了类别上的划分，对于我们从整体上把握体育科学有着积极的意义。体育科学体系的建立，有助于我们找到体育内部不同学科之间的区别与联系，以便制定出我国体育科学发展的长远规划，加速我国体育科学工作的进展。随着体育运动实践的发展，体育科学的分类与结构必将产生相应的变化与发展；随着体育科学学科之间的进一步交叉与融合，我们更可以预见体育学科体系内将孕育出更多的交叉、边缘学科。体育科学发展的前景无可估量。

第三节　体育科学的形成与发展

○ 导入

最早从事现代体育科学研究的学科领域应当是运动人体科学。19 世纪，英国生理学家研究了人体在肌肉运动过程中的一些生理学机能特点，研究内容涉及到肌肉运动时的氧债、乳酸堆积、肌肉收缩的重力影响等，这些研究一直延续至今。到今天为止，体育科学已经不仅仅涉及运动人体科学，还涉及体育社会科学、体育人文科学、体育工程技术科学等多学科、多领域。可以说，体育科学是人类对体育这一社会文化现象认识不断深入的产物，随着体育自身的发展，体育科学从其萌芽到形成并发展经历了一个漫长的历史过程。

一、人类对体育科学的早期认识

在近代体育形成之前，由于体育仅仅是作为其它社会文化现象的附庸而存在（如军事、医疗等等），因此对体育的认识也只能停留于局部和表面的水平。

古希腊柏拉图和亚里士多德从教育的角度提出“以体操锻炼身体，以音乐陶冶心灵”的思想。此后，古希腊出现了一批关于身体活动方法的著作，例如《体操论》、《希腊竞技论》、《舞蹈论》等。古罗马医学家盖仑就运动和营养对健康的影响作了深入研究。第一个科学论述锻炼和身体练习的作用与方法的是阿拉伯医学家阿维森纳的《医典》，其中丰富的体育思想对于近代体育思想的启蒙起到了积极的作用。

中国战国时期的《难经》《黄帝内经》和战国末期的《吕氏春秋》等著作也有许多关于人体运动和气血运行之间关系的阐述与研究。中国古代也有许多关于身体活动方式的著作，如汉代的《剑道三十八篇》《手搏六篇》《导引图》《五禽戏》；隋代的《补养宣导法》；元代的《角力记》《丸经》；明代的《蹴鞠图谱》《耕余剩技》《手臂录》《易筋经》《八段锦》等等。

虽然上述对体育的早期认识尚不全面，并多数局限于局部经验，缺乏系统性，然而对一些具体的运动方式仍有着较深刻的认识和理解。这一时期人们对体育的认识不能称之为体育科学，这些研究还主要属于医学、军事的范畴。

二、近代体育科学的形成

随着近代科学和近代体育的形成和发展，人们对体育的认识也进入了一个崭新的历史时期。人们开始根据已有的学科知识，从不同的角度对体育进行深入的研究，从而形成了不同的体育学科。

17 世纪至 18 世纪，随着教育学的发展与完善，体育已成为几乎所有教育理论著作的一个重要部分。这一时期，逐步确立了体育在学校教育中的地位，而且还进行了体育教育的各种试验，并进一步奠定了体育教学的组织、手段等具体内容。在此影响之下，夸美纽斯、洛克、卢梭等教育家对于近代体育教育思想的形成均有积极贡献。而后出现了一批关于学校体育的专门论著：德国学者菲劳梅的《关于身体形成问题》明确了体育在教育之中的基础地位；德国学者古茨穆茨的《青年体操》提出了按运动的目的、性质、解剖学特点和动作的类型来划分人体运动，奠定了体育教学的科学基础；俄国学者列斯加伏特的《学龄儿童体育入门》被认为是俄国体育科学体系的基石。此外，随着施皮斯《体育论》、P.H.林《体操的一般原理》等著作使学校体育逐渐具备了完备的形式与严密的结构。

18 世纪末到 19 世纪初，随着医学的快速发展，人们开始从医学的角度来研究体育运动。在这一时期，运动医学、运动生理学与运动生物力学等学科的发展初见端倪。德国学者 G.A.菲特在其 1794 年至 1818 年陆续出版的《体育辞典》中以解剖学和生理学为基础对身体运动进行了分类；英国学者哈尔斯 1727 年发表的《动物静力学》把力学实验引入生理学；德国学者韦贝尔兄弟在 1836 年出版的《人走步器官的运动力学》一书开创了运动生物力学研究的先河；法国学者拉格朗热在 1889 年出版的《不同年龄身体练习的生理学》将生理学应用于运动，为运动生理学的诞生奠定了基础。

第一次世界大战前后，奥林匹克运动的兴起和发展推动了运动训练的科学研究。1911 年，德列斯汀国际卫生博览会上开始使用“运动医学”一词；同年，一些北欧国家成立了运动医学协会；德国在 1912 年成立了运动医学学会；1920 年，法国儒安维尔体育师范学院出版的《运动医学百科全书》对运动医学研究成果作了系统的整理；次年，法国成立了运动医学协会；1924 年，日本成立了国立体育研究所；1928 年，国际运动医学联合会成立，并在第 2 届冬季奥运会期间举行了第一次国际运动医学讨论会。经过这一阶段的发展，体育科学中所有的主要生物学科都已经基本脱离母体而形成，并开始走上独立发展的道路。

此后，随着体育在军队和青少年中的普及，人们开始从不同的角度（如心理学、社会学）研究体育，并逐渐形成一些新的学科。德国学者里塞 1921 年出版的《运动社会学》和美国学者罗德 1937 年出版的《体育社会学》开拓了从社会学科研究体育的新视野。在随后的十余年间，更多的学者开始从心理学、生物化学等角度研究体育。20 世纪 40 年代，运动解剖学从人体解剖学中正式独立出来成为一门独立的新学科。此时，体育科学中的大部分学科已经基本形成了一个比较完整的体系。

虽然在近代体育学科体系逐步从其母学科独立出来，并形成了自己的体系，然而由于认识方法与认识深度的局限，体育的学科知识体系尚未形成。

三、现代体育科学的发展

第二次世界大战之后，世界经济高速发展，科学技术也步入一个迅速发展的新时期，科学技术的突飞猛进为体育科学的发展创造了优越的条件。在这一时期，体育科学的发展出现了新的趋势。随着已有学科的不断完善，它们之间的分化、交叉与渗透逐渐形成了新的综合的学科。与此同时，各个体育学科也加快了自我更新的步伐，学科之间联系愈加密切，体育科学体系开始呈现一体化的趋势。

（一）体育科学利用现代科技不断完善

随着现代科学技术的飞速发展，一部分已有的体育学科由于采用了新的科技成果，不断改进科研方法与手段，更新仪器设备，利用科技含量更高的新工具而取得了新的研究成果，加快了体育科学自我更新与完善的速度。

20 世纪 60 年代，运动生理学由于采用了一系列先进实验手段及电子显微镜等先进测试仪器而取得了长足的进步，人们开始从运动训练的角度研究肌纤维的工作机制、红白肌学说以及人体运动中的神经生理、呼吸生理、能量代谢等方面的体育相关课题。随着人们对上述方面知识的深入了解与更新，运动生物化学逐渐成为一门独立的学科。20 世纪 70 年代前后，德国形成了一整套具有一定规模的运动生物力学测试仪器系统；美国将电子计算器和高速摄影机用于运动研究和训练，随后成立的计算机生物力学公司更是为生物力学应用于体育实践提供进一步的科技服务。

在人文社会科学方面，体育科学研究也同样移植了其他人文学科的理论和方法，使自身不断发展与更新。例如，人们借鉴行政管理学、法学、经济学和社会学的研究方法与理论来研究体育管理学的相关知识；利用趋势外推法、特尔菲法等多种预测方法来预测体育竞技中的运动成绩。

跨学科、多角度的研究使得体育科学逐渐超越了以往传统的教育学和保健学的领域，其研究深度与宽度都得到了极大的提升，体育科学在日新月异的发展中愈加成熟。

（二）体育科学发展分化与综合并存

作为现代科学发展的重要特点之一，既高度分化又高度综合的特点也在体育科学的发展上表现出来。

学科分化，指的是把科学知识的个别分支分离出去，使之成为具有自己特殊研究对象、研究方法和理论体系的相对独立的学科。随着科学技术的发展，人们不仅提高了对宏观现象的认识深度，更捕捉并研究了许多微观现象，在这个过程中，一些新的学科应运而生。以往笼统介绍体育相关原理的体育理论，逐渐分化出体育学、体育哲学、学校体育学、竞技体育学及大众体育学等分支学科；运动学与教育学的结合产生出新的学科——运动训练学；此外，一些新的学科如体育社会学、体育管理学、体育美学、体育法学、体育未来学等专业初露端倪。

然而，这种学科的分化并不是绝对的分化，其分支学科也并不是泾渭分明、毫不相关的单独学科。一些表面看起来相对独立发展的学科，实际上在不断吸收与借鉴其它学科的研究方法及成果，因此说这种学科的分化之中有综合、综合之中有分化。

学科综合是指在科学分化的基础上，由于认识到各个领域之间的相互依存和相互转化的必然联系及共有特征而形成了一些具有新内涵的大学科。现代体育科学发展中，学科分化与综合的过程互相联系，互相补充。例如运动训练学的研究涉及到了生理学、生物化学、营养学、心理学、医学、教育学、遗传学等众多学科；运动生理学的发展离不开运动医学、解剖学、生物化学的发展；运动心理学的研究也同样需要运动医学、体育社会学等学科为其提供研究手段与研究素材。正是这种相互补充与相互渗透，使各个学科之间的森严壁垒被打破，也使得体育科学逐步走向整体化。

（三）体育科学发展的一体化趋势

体育科学发展的一体化，指的是对体育的研究并不是一个个毫无关系的单独环节，而是一个连贯的、综合的、完整的体系。体育科学发展的这种一体化趋势，是体育科学高度分化与综合的必然结果。

在进入 20 世纪 70 年代以后，许多国家开始对体育进行多学科、多角度的综合协同研究，其中最具代表性的是前苏联和美国。莫斯科全苏体育科研所建立的综合试验台，可同时对运动员进行遗传学、教育学、生物力学、生理学、生物化学和心理学等不同方面的研究，其研究层次从分子直至整个人体。美国在 1976 年奥运会负于前苏联和前民主德国后在海拔 2000 米的斯阔谷建立了第一个奥林匹克训练中心，紧接着又在美国奥委会总部所在地——科罗拉多的斯普林斯建立了第二个奥林匹克中心。在这些中心里，一批世界顶尖的生物力学专家、材料科学家和其它学科的专家，密切结合运动训练实践，遵循竞技体育的发展规律和科学技术的发展规律，不断开展体育科学研究和科技服务，配合教练员进行科学训练和技术诊断。除此之外，澳大利亚的堪培拉运动技术学院、韩国泰陵式科学训练基地，都利用这种资源与科技力量的整合，将科学研究、教学训练与医疗辅助紧密结合，实行场馆、仪器、设备一体化管理体制，从根本上解决科研与训练脱节的问题，提高训练的科学化水平。

（四）体育科学研究助推体育实践发展

随着体育科学技术的发展，其研究对象已经不仅仅局限于理论与学说，20 世纪 50 年代前后，体育科学的重点逐渐转移到为体育实践服务的过程。近 20 年来，运动医学关注的是如何在不损害运动员自身身体机能的前提下提高人体的运动能力和适应性，防止因训练过度和训练不当而引起的运动性伤病。与此同时，体育社会学、体育管理学、运动生理学等学科也从不同的学科角度研究运动员的人体、群体行为以及其在整个社会生活中的位置与关系。

四、我国体育科学发展历程

（一）起步阶段（1950~1965 年）

建国初期，全国先后创办了一些体育院校和体育科技报刊，为体育科学的发展奠定了基础。1958年，新中国第一个专门体育科学研究机构——北京体育科学研究所成立（此研究所后发展为国家体育总局体育科学研究所），逐步建立了大众体育、运动训练、运动生理、运动医学、体育资料等五个研究室以及摄影制片、仪器装配两个辅助工作室，专门针对体育运动实践中出现的实际问题进行研究和分析。1958年，新中国第一所体育医院——成都体育学院附属医院成立；1959年，北京运动医学研究所成立；此后，上海、黑龙江、广东、成都等省市也分别成立了各级体育科研机构。1960年，原全国总工会和国家体委在北京召开了第一次全国体育科学工作会议。体育科学教育的进步，体育研究机构的建成与完善，为新中国体育事业提供了强有力的智力支持，促进了新中国体育科学的迅速发展。

1964年，第一届全国体育科学报告会在北京召开，大会共收到82个单位的321篇论文，23个省、自治区、直辖市和解放军系统的体育科研人员、教练员、体育教师以及运动生理、运动医学工作者120名正式代表、300余名列席代表参加了会议。这次会议的召开不仅检阅并交流了新中国建国以来我国体育科学研究领域的成就，而且推动了体育科学研究工作的发展。

在这一阶段，体育科研在体育理论、体育史、运动训练和运动医学领域均有所建树，在提高竞技能力、增进人体健康、治疗运动创伤等研究方面也取得了很大进展。

（二）停滞阶段（1966~1976年）

在这一时期，由于“文化大革命”的影响，许多体育队伍被解散，体育科研机构被关闭，体育研究项目被延期或搁置，全国的体育科研工作处于停滞阶段。

然而在这一时期，国际体育科学界从事体育科学研究的脚步却始终没有停止过：20世纪60年代中期，科学研究中的各具体学科经历了一场生气勃勃的研讨活动。在这一研究阶段，体育科学被划分为生物力学、心理学和社会学三个方面。

与同期国内长期停滞的体育科学研究相比，西方和东欧国家对体育科学方面的研究已经形成比较成熟的学科，并且对其体育实践产生了广泛的影响，其研究广度与深度都与国内同领域的研究拉开了较大的差距。

（三）恢复与发展阶段（1977年至今）

1976年，“四人帮”被打倒，十年浩劫终于结束。次年，邓小平在科学和教育座谈会上作了《关于科学和教育工作的几点意见》的重要讲话，自此，科学研究战线开始出现新气象，全国掀起了学科学、用科学的热潮，我国的体育科学事业开始了飞速的发展。在这一阶段，体育科学事业无论是在学科发展、人才培养、科技攻关还是在科技服务方面都取得前所未有的成绩。

1977年，国家体委召开了全国体育科学技术规划会议，草拟了《1978~1985年全国体育科技发展计划》。1979年，第二届全国体育科学技术工作会议召开，会议集中讨论了建立、健全体育科研机构，进一步开展体育科研共组的问题，初步总结了体育科研工作经验，研究了国际上体育科研的新动态。1980年，中国体育科学学会成立。该学会最初成立时，只设立了运动医学、运动生物力学、运动心理学、运动训练学和体育科学理论等五个分科学会。但随着体育科学技术的迅速发展，现在中国体育科学学会所属的学科、学科群划分的分会，已经发展到了14个，形成了一个组织上纵向联系，学科上横向发展的学会体系。1986年，中国教育学会体育研究会和中国高等教育学会体育研究会成立。随后，在全国范围内建立起了一批体育科学研究所专门从事体育科研工作，此外一些体育院系也成为发展体育科学的重要基地。1996 年 7 月，全国哲学社会科学规划领导小组正式批准把体育学列为国家统一规划管理的社会科学一级学科，这对该学科的发展具有十分重要的意义。

五、我国体育科学发展的现状

（一）体育科学研究取得了高水平的成果

体育科学是综合性科学，实施科教兴体的战略包括繁荣发展体育自然科学和体育人文社会科学两个方面。改革开放前体育科学研究偏重于运用生物科学理论和教育学理论来研究体育运动。改革开放后，在“解放思想，实事求是”思想的指导下，特别是在“双百方针”的指引下，随着全民健身和竞技体育运动对体育科学的需求，体育科学研究已从只重视竞技体育研究转向竞技体育与大众体育二者并重的方向发展，并取得了一系列高水平的研究成果，如《项群训练理论》《乒乓长盛考》《我国优秀运动员竞技能力状态的诊断和监测》《中国群众体育现状调查与研究》《中国国民体质监测系统研究》等。

（二）注重研究方法的创新和研究成果的应用

近年来，我国体育科学研究水平明显提高，其重要因素是研究方法和手段的多样化与科学化。高科技仪器设备、计算机技术、网络技术、电子技术等科学技术变革性的发展，为体育科学研究提供了先进的思想和方法，在一些新的领域获得许多新的研究成果。例如，运动生理学运用肌肉组织活检、电子显微镜、超微量测定等现代技术，对肌纤维超微结构的功能和生物分子的物理、化学变化过程进行研究，从而把运动生理学推向细胞和亚细胞水平。CT 断层扫描和核磁共振成像技术的应用，进一步扩展了对运动机理认识的深度；在运动医学领域中，采用了微创技术、基因治疗、CT、超声和核素扫描等技术；在运动技术诊断领域，图像自动识别技术的采用；体育专项训练仪器的开发和研制，为“奥运争光计划”起到了重要作用。

（三）我国体育科学开始步入国际体育科学舞台

近年来，我国体育科学工作者参加国际性学术会议的人次明显增加，在国际学术刊物上发表论文也在增多，有的论文被科学引文索引（SCI）和社会科学引文索引（SSCI）收录，有的论文在国际会议获得学术奖励。我国还多次承办高水平国际学术会议，如世界大学生运动会科学研讨会（2001）、亚洲体育科学大会（2004）、世界体育信息科学大会（2005）、国际运动医学科学大会（2006）、北京奥运会体育科学大会（2008）。这充分表明，国际体育科技界对我国体育科技所取得的成果的认可，也标志着我国体育科学在国际上的地位不断提高，国际影响力不断扩大。

新中国成立以来，在我国经济和科技高速发展的推动之下，我国的体育科技得到了长足的发展并取得了辉煌的成果，为我国的体育事业作出了巨大的贡献。虽然，我国体育科技由于起步晚、中途停滞等原因，与发达国家的体育研究事业相比仍有一定的差距，但是我们坚信，在日益繁荣稳定的政治经济大环境下，在全体体育科研工作人员的共同努力下，我国体育科学研究的明天必定是灿烂辉煌的。

第四节　体育科学研究

○ 导入

体育科学研究是各国发展体育事业的战略重点。发展体育事业必须依靠科学技术的进步，体育科学技术必须面向整个体育事业的发展。因此，加强体育科学理论和方法的研究，对于促进我国各项体育事业的不断发展均具有重要的现实意义和历史意义。作为体育工作者来说，为了更自觉、更有效地开展体育科研工作，为了认识体育科学研究过程中的有关规律和特点，有必要对体育科研的一般方法、逻辑结构、研究程序、发展趋势作一一了解。

一、体育科学研究概述

（一）体育科学研究的概念

体育科学研究就是人们探索体育领域中的某些矛盾和现象，揭示其发生发展与变化的客观规律的创造性实践活动。[1]

体育科学研究是人类科学研究活动的组成部分，是人们运用科学研究的理论与方法，探索未知的体育领域及其本质和规律的过程。[2]

体育科学研究是研究体育领域中具有科学意义的现象、过程及其规律的一门综合性学科。[3]

从以上关于体育科学研究的阐述中可以得出如下结论。

体育科学研究是科学研究的形式之一，是以体育现象为研究对象，以科学的态度，运用科学的方法，有目的、有计划地探索体育现象及规律，并指导体育实践的活动或过程。

（二）体育科学研究的意义

1. 体育科学研究的意义

体育科学研究的主要意义体现在为体育运动实践的服务上。

(1) 体育科学研究是促进体育运动向现代化、科学化发展的根本动力

现代体育运动的发展越来越依赖现代科学技术的力量，依靠科学研究所提供的先进理

[1] 周登嵩.体育科研概论 [M]. 北京：北京体育大学出版社，1995：3.

[2] 杨世勇.体育科研方法概论 [M]. 北京：人民体育出版社，2006：5.

[3] 陈小蓉.体育科学研究原理与方法 [M]. 北京：北京体育大学出版社，2004:2.

论、方法技术来指导实践，推动其飞速发展。在当前国际体育竞争日益激烈的情况下，体育比以往更紧密地与当代科技相联系，科学研究正以前所未有的速度与规模在体育运动的各个领域中广泛开展，大量科研成果又为体育发展的实践服务。目前，体育领域已经成为一个国家展示科技水平的窗口。

(2) 体育科学研究是制订体育发展的方针、加强体育科学管理的依据

一个国家体育发展的方针、政策、制度的正确与否，从根本上制约着体育发展的方向、规模、速度。而体育方针、政策、制度的正确决策，必须体现体育的根本职能，遵循体育本身发展的规律，反映不同时期体育发展的特点与需求。这些都有赖于体育工作者去深入总结大量的体育实践经验，在体育科研中去探索和发现体育发展的各种规律和特点，从不同的层面、角度、领域进行研究和概括，并使之上升到理论。只有这样才能为体育管理提供正确决策的依据。

(3) 体育科学研究是提高体育科学理论水平的前提条件

现代体育科学是新兴的综合性学科，很多学科的理论体系尚不完善。当前体育科学理论水平落后于体育实践的发展，而体育实践又迫切需要体育科学理论的指导。体育科学理论水平的提高和科学研究新成果的获得，均来源于对体育实践经验的总结，来自对体育规律的深入探索。这就要求体育工作者广泛运用社会科学和自然科学的各种理论和方法去研究体育领域的矛盾和现象，去总结体育实践中的经验，使研究成果在为体育实践服务的同时，不断发展和完善已有的体育科学理论知识，开拓新的体育科学知识领域。总之，只有大力开展体育科学研究活动，才能从整体上使我国体育科学体系不断完善，科学理论水平不断提高。

(4) 体育科学研究有助于提高体育工作者科学素养和业务水平

体育科学研究需要采用科学的方法，合理的步骤与程序。只有这样才能减少认识过程中的弯路和认识方法上的障碍，才能将这种特殊认识程序规范化、具体化和最优化，才能顺利完成从未知到已知、从主观到客观的认识过程，才能尽快使研究者的主体认识与研究对象的客观实际达到统一，并通过科学思维正确反映和揭示事物的本质规律。因此，研究者每成功地解决一个课题，对他的认识能力必是极大的提高，这有助于研究者树立辩证唯物主义的世界观和方法论。认识方法越正确，科学洞察力就越强，对事物的本质认识就越深刻，科学研究取得成功的可能性就越大。因此，体育科学研究有助于提高体育工作者的业务水平。

（三）体育科学研究的任务

体育科学研究的根本任务，是发现和研究有关体育运动的理论与方法问题，探索解决问题的途径和方法，揭示体育领域中各种现象和关系的本质与规律，为提高体育运动实践的科学性服务。具体地说，体育科学研究的任务如下。

1. 解决体育运动实践所面临的新问题，探索该问题的本质及发展规律，创造新的理论与方法，为进一步丰富和完善体育科学体系服务。

2. 从宏观上研究体育运动产生和发展的过程和规律，以及体育运动与社会协调发展的关系和规律，为体育运动的管理机构提供决策依据。

3. 研究各种体育手段对增进人体健康的作用及机制，为增强人民体质提供理论依据和方法。

4. 研究提高各运动项目运动员竞技能力的途径和方法，为充分认识和控制运动训练与运动竞赛过程，提高运动训练和运动竞赛过程的科学化水平服务。

5. 研究体育教育在对少年儿童实施素质教育中的地位和作用，探索实施基础体育教育和专业体育教育的有效手段和方法，为提高体育教育的质量和效果服务。

6. 进行开展群众体育、竞技体育和实施体育教育的机构保证、政策法规保证和物质条件方面的研究。

7. 研究体育与社会经济发展的关系、产业化运行规律、市场营销原则等，增进体育资源的投入产出效率。

8. 研究体育运行中不同行为主体的权利与义务，完善体育法规体系，保障不同权利人的合法权益，促进体育法制化发展。

上述几个方面可以说是体育科学研工作的任务，也可以说是体育科学研究的几个基本领域，在每一个领域中，都包含着许多具体而明确的研究任务。

二、体育科学研究方法

（一）体育科学研究方法的含义

体育科学研究方法是指人们从理论上和实践上，为了科学地认识和揭示体育运动发展的客观规律而采用的途径、手段、工具和方式的总称。[4]

（二）体育科学研究方法的逻辑结构

根据体育科学研究的特点和实际情况，结合现代科学方法论的逻辑结构，体育科学研究方法可以分为以下五个层次。

1. 技术性方法与经验方法

技术性方法与经验方法构成体育科研方法的经验层次。它包括测量法、调查法、图表法、信息技术和高速录像系统等。

2. 具体学科方法

具体的学科方法以对研究对象的客观规律的认识为基础，以相应学科的理论为依据，不仅能够解决现在，而且可以预测未来的问题。例如，运动医学和运动生理学中的人体测量法，生物力学中的光学法、电学法，体育社会学中的调查法等都属于具体的学科方法。

3. 逻辑的方法

逻辑的方法是指以形式逻辑和辩证逻辑为指导去认识事物的方法。它的特点是长于定性研究，易于全面把握事物的本质。体育科学研究中常用的逻辑方法有比较法、分类法、归纳法、演绎法、类比法、假说法、分析法、综合法、证明法、反驳法等。辩证逻辑是从事物的对立统一中去认识和把握事物本质的。

4. 数学方法

数学方法主要有误差理论和实验数据处理法、运筹学法、优选统筹法、概率统计法、预

[4] 杨世勇.体育科研方法概论 [M]. 北京：人民体育出版社，2006：22.

测方法、模糊数学方法等。它不仅能为体育科学研究提供清晰的形式化语言，而且是对某些技术动作和参数进行定量研究和描述的工具。

5. 系统方法

系统方法主要有系统论方法、控制论方法、信息论方法、系统工程方法、耗散结构论、协同论、突变论等。这些方法从系统的观点出发，始终着重从整体与部分之间，从体育外部环境的相互联系、相互作用、相互制约的关系中综合地、精确地考察对象，以达到最优化地处理问题。

以上五个层次，是按照抽象化程度由低到高排列的，它反映了人类认识能力由低级到高级的发展顺序。

在体育科学研究的实际操作过程中，很难用一种方法或一个层次的方法完成一个课题的研究。综合运用多种研究方法和手段，是体育科学研究的特点之一。

（三）体育科学研究方法的发展趋势

现代科学的发展，不仅使科学的分支越来越细，学科之间的联系也越来越明显地加强。而且，自然科学和社会科学之间也出现了相互交叉、相互渗透的发展趋势。这种学科之间的交叉、渗透和综合，使得新兴学科、边缘学科不断产生。这种既高度分化，又高度综合的特征，构成了现代科学技术发展的总趋势。

随着体育事业的发展和运动技术水平的提高，体育科学研究工作越来越得到各国的高度重视。作为体育科学本身，它的发展也顺应了现代科学技术发展的这种总的趋势。同时，对现代科学技术与研究方法的借鉴和吸收速度也越来越快，对体育科学研究的领域也越来越宽，对体育科学研究的问题也越来越深。为了更全面地加速体育科学的发展，当前各国都在加强体育科学的研究工作，其发展趋势表现在以下几个方面。

1. 综合性研究成为发展主流；
2. 应用研究和开发研究在体育科学研究中所占的比重越来越大；
3. 现代体育科学研究体系逐步形成；
4. 体育科学研究中，尖端科技得到普遍运用；
5. 体育信息和学术交流越来越广泛；
6. 关于兴奋剂与反兴奋剂的研究越来越多。

三、体育科学研究过程

无论何种类型的体育科学研究，不管研究时间的长短，研究对象的多少，都是一个有目的、有计划地对既定的问题进行专门探索的过程，都要经历一个基本相同的工作步骤和认识问题的过程。

目前对体育科学研究过程的划分虽然有不同的观点和看法，但对其基本的环节的认识却是基本相同的。大体来说，体育科学研究的过程包括如下部分：确定选题；建立假说；选择研究方法；制订研究计划；搜集研究材料；整理分析材料；撰写研究报告或论文。

（一）确定选题

研究过程取决于研究面对的问题，问题是科学研究的起点。因此，选择和确定课题，是体育科学研究的首要环节。选题恰当与否，关系到整个研究工作的成败和成果的价值；选题成功与否，取决于研究者的理论素养、科研经验、科学洞察力与科技信息量，并要采用一定的选题步骤和方法来实现。

（二）建立假设

在课题确定之后，便是形成处理问题的目标或建立研究假设。研究目标一般是指获得关于所研究问题的知识、信息或提出的对策和建议，具体的研究任务是围绕着课题研究目的设定的。

在这一过程中，一个更重要的研究步骤就是建立科学的假设。研究假设是人们对客观事物变化的原因及其运动规律所作的假定性说明。假设不是随意猜想，必须要有一定的科学根据，并且要经受实践的检验。假设体现了研究者解决问题的基本构思，是整个研究工作的纲领与导向。

（三）确定研究方法

研究方法是验证假设的途径与手段。任何研究课题都要选择适合解决研究任务的手段与方法，这就要求从课题的特点、性质、研究对象、研究范围、研究条件及假设的内容出发，去综合考虑与选择研究方法，以确保获得丰富可靠的资料，顺利完成研究任务。

（四）制订研究计划

研究计划是依据课题的研究假设对研究的过程与指标、运用研究方法的步骤与环节进行总体安排与计划，是科学研究课题具体实施的方案和依据。它对于保证整个研究工作的顺利进行具有重要的指导作用，是研究工作的行动纲领和蓝图。在此需要注意的是，研究计划要系统、周密，并要形成书面文字。

（五）搜集研究材料

在这一阶段主要使用具体研究方法来获取研究中的资料。获取资料的方法取决于课题的性质和研究方式的选择，是在科学思维支配下进行的一种创造性的实践活动。

（六）整理分析材料

整理分析材料是达到科学理论的必经环节。研究活动不能停留在经验事实的获取与积累阶段，而必须运用各种理论思维的方法，对已经获取和积累起来的经验事实进行整理与加工，使科学认识活动从感性认识上升到理性认识，而且对经验事实的整理与加工必须富有创造性。

这一阶段会涉及多种工具和方法，具体来说，主要涉及思维工具、数学方法、物质技术手段等。

（七）撰写研究报告或论文

在科学研究活动过程中，一旦得出研究结果，必须得到解释和分析，在这一阶段中，对结果的解释比获得经验事实的过程更为重要、更能引起学术上的争论。同时还必须清楚研究结果与研究结论具有实质性的区别。

科学研究是一个创新的过程，由实践问题上升到科学理论，在社会实践中发现新的问题。通过科学研究活动，创造新的科学理论，再指导社会实践，是一个循环往复的过程。在这一过程中，从某些问题中得出的答案，常引起其它问题，对一个既定现象了解的越多，就会对尚未了解的这个现象的特殊方面看的越清楚，就越有助于科学理论的深化和形成。

○ 小结

本章从系统的观点对体育科学知识体系进行梳理与分析，主要探讨了体育科学的学科性质和研究对象，体育科学的形成与发展，体育科学的学科体系以及体育科学研究等问题。体育科学是探求体育发展规律的理论系统，对体育科学的全面认识有助于体育理论的完善与发展。

○ 思考题

1. 谈谈你对体育、体育学、体育科学之间关系的认识？
2. 体育科学的研究对象是什么？
3. 如何认识体育科学的学科性质？
4. 综合书中四种模式，结合具体体育实践，谈谈你对体育科学学科体系建构的认识？

○ 相关网站

1. 科学网：http：//www.sciencenet.cn/
2. 中国知网：http：//www.cnki.net/
3. 国家体育总局体育科学研究所：http：//www.ciss.cn/

○ 课后拓展阅读

1. 中国体育科学学会.体育科学学科发展报告［M］. 北京：中国科学技术出版社，2010.
2. 本书编写组.体育科学学科发展现状与未来［M］. 北京：北京体育大学出版社，2000.
3. 王芬.中国体育科学发展研究［M］. 北京：北京体育大学出版社，2010.
4. 张力为.体育科学研究方法［M］. 北京：高等教育出版社，2002.
5. 黄汉生.体育科学研究方法（第二版）［M］. 北京：高等教育出版社，2006.
6. 风笑天.社会学研究方法（第三版）［M］. 北京：中国人民大学出版社，2009.
7. （美）雷·R·牛顿，埃里克·鲁德斯坦，乔迪·威洛夫.大学生论文写作十二讲［M］. 北京：首都师范大学出版社，2005.
8. （美）莫提默·J·艾德勒，查尔斯·范多伦.如何阅读一本书［M］. 北京：商务印书馆，2010.

第十一章 体育的发展趋势

○ 内容提要

21世纪是一个瞬息万变的时代，无论是体育发展所依托的外部环境，还是体育自身的存在形式都处在动态变化的过程之中。我们如何把握体育的未来，如何面对体育发展中的挑战，如何预知体育未来的改变？这需要我们分析当代体育发展的特点，思考体育发展的内外部环境，勾勒体育发展的多元图景。

○ 学习目标

学习完本章之后，你应该能够：

1. 对体育的发展特点能够有清晰的认识。
2. 对当代体育发展过程中面临的问题与挑战有全面的了解。
3. 对未来体育发展的走向与趋势有清晰的判断。

○ 关键术语

体育、特点、问题、挑战、趋势

第一节　当代体育发展的特点

○ 导入

当今，地球上几乎每时每刻都在进行着体育活动。这些活动不再受大型国际比赛的周期限制，可以在受到认可的任何地方进行。在当代，几乎每一个国家都设有专门的机构组织从事体育活动，地球上的大多数居民，都在关心体育的动态。而体育中的每一次微小变化，又牵动着许多国家人民的神经。可以毫不夸张地说，如果抽掉体育，人类生活的魅力也就大打折扣，因此体育已经成为社会发展所必不可少的一部分。在当代社会中，体育的发展也呈现独具特色的风貌。

一、体育中心的多极化

当代体育中心的多极化主要表现在以下两个方面。

首先，表现在体育竞争的多极化。20世纪50年代以前，在国际大赛中，绝大多数奥运会冠军、世界纪录、世界冠军大都被美英等几个少数发达国家的运动员包揽。而20世纪50年代以后，为争夺冠军而参加国际赛场角逐的国家越来越多，金牌和纪录的分布逐渐扩大。虽然世界纪录已达到很高的水平，但每年仍有许多项目被打破。除少数项目外，大多数项目很少出现常胜将军。

其次，体育的文化理念逐步多极化。现代体育发展中的问题越来越明显地暴露出来，如竞技体育对人体健康的伤害；兴奋剂对竞技体育公平竞争的破坏；球场暴力；种族歧视等，这些问题不仅阻扰了现代体育的发展，而且威胁着现代体育的生存。与此同时，东方体育显露自身的价值，并和西方体育开始了冲突、融合的多重互动。这促使人们对西方的哲学观念和思维方式进行深刻的反思，人们希望从东方文化中寻求解决的办法，因此东方文化研究形成热潮。那些建立在东方传统自然观上的体育手段，如气功、瑜伽、武术等不仅成为大众体育的重要手段，而且被运用于竞技运动的训练、比赛和恢复的过程中，甚至成为一些西方学者毕生潜心研究和实践的对象。东方各国也在运用科学方法和手段，对养生术中的气功、瑜伽术、禅的机理进行探索和阐释，对打斗术中的柔道、跆拳道、相扑、剑道、武术、空手道、泰拳的理论和方法进行研究和整理；同时，东方的气元说、阴阳五行、经络学说等也受西方哲学界、医学界、精神病学界、生理心理学界、体育界的广泛关注，并被作为特定的研究对象。东方的自然观、思维方式正不断修正、补充着西方传统思维模式。这一切表明，东西方体育正在以从未有过的广度和深度进行交流融合，在东西方体育文化互补的基础上，正在形成新的世界性的体育实体，使体育的多中心化成为可能。

二、体育内容的多元化

当代整个世界体育活动已不再是单一的奥林匹克运动，而是以奥林匹克运动为中心的多种内容、多种形式、全面开展的体育文化交流活动。交流内容除竞技运动为主外，还包括国际间体育开发援助的合作项目，如国际性体育专题讲习班、培训班、互访、学术交流、体育摄影、绘画评选与展览等。在竞技运动的形式上，除了奥运会外，还有仅次于奥运会的全球性综合性运动会，如世界运动大会、世界大学生运动会等；有特定区域的国际性综合运动会，如亚洲运动会等；还有众多的全球性的国际单项比赛和地区性的国际单项比赛，如世界杯足球赛等。此外，体育涉及的面越来越广，各种形式的群众体育活动、趣味性体育活动、伤残人体育活动、智障人体育活动等已逐步成为世界各国人民高度重视和发展的一个方面，越来越多地为世界人民所接受，并有与竞技体育并驾齐驱的发展趋势，这成为体育发展的一个新的特点。

三、体育规则的统一化

当代体育活动已逐步形成了完善、科学的制度体系。1948 年伦敦奥运会以后，国际奥委会系统地修订了《奥林匹克宪章》。1978 年 11 月 21 日于巴黎召开的联合国教科文组织大会第 20 次会议通过了世界上第一份《体育运动国际宪章》，以文本的形式规定了体育开展的价值、内容、形式等诸多内容。可见，从体育宪章的宏观理论指导，到各种规模和项目比赛的管理制度、章程和操作方法，直至具体的统一规则和标准，都为全人类所接受和遵循，具有最高的权威性和客观性。正是这种特殊的共同语言和相同的身体运动形式，使国际间体育交往不受国家大小、社会制度、意识形态、种族肤色、语言、宗教信仰、地域环境等因素的限制，让世界各国的运动员在一起交流技术，争夺桂冠。通过体育比赛这一特殊环境交流思想，增进友谊，形成了人类相互了解最直接、最和谐、最少障碍的环境和气氛。正因为如此，才使得体育活动越来越为各国人民所欢迎。

知识链接：《奥林匹克宪章》和《国际体育运动宪章》

《奥林匹克宪章》（Olympic Charter）是国际奥委会制定的关于奥林匹克运动的最高纲领性文件。宪章对奥林匹克运动的组织、宗旨、原则、成员资格、机构及其各自的职权范围和奥林匹克各种活动的基本程序等作了明确规定。这个法律文件是约束所有奥林匹克活动参与者行为的最基本标准和各方进行合作的基础。

《国际体育运动宪章》（International Charter of Sport and Physical Education）是旨在促进体育运动在世界各地发展的一个纲领性文件。宪章主要包括以下内容：体育运动是所有人的基本权利；在教育系统中，体育运动是终身教育的基本因素；体育运动须满足个人与社会的需要；体育运动的教师、教练、管理人员应由合格的人士担任；体育设施与器材对体育运动的必要性；研究与评价是体育运动发展不可缺少的因素；维护体育运动的伦理道德价值是需要时刻关注的问题；信息与资料有助于体育运动的发展；大众传媒应对体育运动产生积极的影响；国家各级组织在体育运动中有重要作用；国际间的合作是全面普及体育运动的前提条件。

四、体育管理的专门化

当今的体育活动拥有庞大而众多的专门组织。如几乎涵盖世界各个角落的国际奥林匹克委员会，其领导和管理奥林匹克运动和其他体育活动。现在，奥林匹克委员会的成员国已由刚开始的13个发展到200多个，已超过联合国会员的规模和数量，成为数量最多的大型专门国际组织。在国际奥委会之下又设有众多的分支和下属机构，分别管理领导着各种体育活动。

此外，还有联合国教科文组织的体育运动国际委员会、体育联合总会、体育运动理事会等。还有以某一部分人群为特定对象的体育专门组织，如国际大学生体育联合会、国际中学生体育联合会、国际高等体育院校协会、国际军事体育理事会、国际聋哑人体育联合会等。也有某一特定区域的体育专门组织，如亚洲运动会联合会、泛美体育组织、非洲最高体育理事会等。还有许多体育专业和运动专项的国际组织，如国际情报联合会、体育社会学委员会等等。这些众多的体育组织拥有严密而精细的章程条文，以保证其组织使命的完成。从组织的宗旨、机构的产生程序、使用的工作语言，到参加组织的资格、组织成员必须承担的义务和工作计划的制定，都有详细的条文规定，这使得当代体育活动的管理日益专门化和科学化，推动了体育的蓬勃发展。

五、体育运行的产业化

随着物质文化生活水平的提高，健身体育、闲暇体育、大众体育的兴起，为适应消费者需求，满足人们参与体育文化享受的需要，使得提供体育劳务产品、体育物质产品、体育信息产品及其它相关产品的体育产业在国际上得到迅速发展，并在国民经济体系中占有显著地位。据有关资料显示，目前世界体育产业的年产值已经超过4500亿美元，并且以每年20%的速度高速增长，在欧美发达国家占国民生产总值的2%左右。

伴随着全球经济一体化的进程，现代体育产业正越来越多地走向国际化经营。在当今世界产值超10亿美元的体育用品排行榜上，前10名中美国占5个，日本2个，德国、英国、瑞典各1个。其中，名列世界最有价值品牌前茅的耐克公司，1995年销售额为54.48亿美元，1997年增至80亿美元，1999年达到近百亿美元。在国际上，通过赞助体育赛事来提升品牌形象已经很普遍。有关研究表明，这种效果至少是单纯电视广告的2~3倍。据国外对“奥运经济”的调查，在一般情况下，投入1亿美元，品牌知名度可提高1%，而赞助奥运，投入1亿美元，知名度可提高3%。因此许多跨国公司的奥运赞助商往往把奥运盛会看作展示实力、形象、品牌的良机，如可口可乐、阿迪达斯、IBM、柯达、三星等都与奥运会有着密切的关系。

第二节 当代体育发展面临的问题与挑战

○ 导入

兴奋剂丑闻频发的自行车界[1]

2012年10月22日，国际自行车运动联盟（UCI）在日内瓦宣布，取消美国运动员阿姆斯特朗自1998年8月1日以后所有比赛成绩，包括七个环法个人总冠军头衔，并终身禁赛。自1903年举办起，环法自行车赛就是兴奋剂的重灾区，禁药问题也一直困扰着这项著名赛事。根据统计自1957年以来，环法冠军榜单中与违禁药物联系在一起的就包括有雅克·安克蒂尔、吕西安·艾马尔、埃迪·梅克斯、伯纳德·瑟温内特、策特梅尔克、菲戈努、里斯、乌尔里希、潘塔尼、阿姆斯特朗、兰迪斯和康塔多，换言之在55年间共有12个环法冠军（共夺得30个冠军），随着阿姆斯特朗的七冠王头衔被剥夺，也意味着自1996年起至2010年止的15年间，环法冠军中就只有2008年的萨斯特雷没有与禁药沾边！尤其是上世纪90年代集体性禁药丑闻几乎将环法和自行车运动摧毁。我们不禁要问：难道我们所热爱的自行车运动竟然如此肮脏，难道我们所关注的环法赛事只是禁药的比拼？

近百年以来，人类体育以前所未有的速度飞速发展，大众体育、竞技体育成为国际社会生活中一道亮丽的文化风景线，体育产业正在成为相当一部分国家第三产业的新兴支柱产业，体育在社会、经济、文化发展与国际文化交流中发挥着越来越重要的作用，成为最吸引人眼球的国际文化现象之一。然而在这些繁华表象的背后，体育也面临着许多巨大的威胁。上述案例提及的旷日持久的禁药问题只是其中之一。此外，政治化的干扰、商业化的侵蚀、对环境的破坏等等，都对人类体育未来的发展提出了严峻的挑战。

一、政治化干扰的问题与挑战

各国的社会制度不同，存在着各种不同的政治，而一定社会的体育必然带有为一定社会服务的社会属性，其发展方向也必然与这一社会的政治因素相吻合。体育与政治的交融是一柄双刃利剑，它一方面积极拓展体育的生存空间和发展道路，另一方面又在不同程度上阻碍着体育自身的发展。不仅如此，随着体育与政治之间联系的日益密切，甚至淡化了体育的固有特征。这也是造成了一种“偏执的体育观”。所谓“偏执的体育观”即以片面强调竞技运动的特征的小体育观和片面夸大体育在显示国家民族和社会制度优越性方面的作用，把体育同国力、国运混合在一起的狭隘民族主义体育观。

例如，早在1936年，希特勒就利用柏林奥运会对纳粹德国进行宣传，使这届奥运会“被军国主义和纳粹的喧嚣气氛所垄断”。在“冷战”时期，奥运会被视为是超级强权政治的

[1] 《环法15年间仅一冠军干净 药犯榜朗哥潘塔尼在列》，搜狐体育，2012年10月23日。

延伸，是东西方两大阵营没有硝烟的战场。1980 年，为抗议前苏联入侵阿富汗，以美国为首的许多西方国家集体抵制了莫斯科奥运会；1984 年，为报复美国等西方国家对莫斯科奥运会的抵制，前苏联东欧集团也联合起来抵制洛杉矶奥运会，使得长时间以来奥林匹克运动残缺不全。即使在当前，国家民族利益至上仍然是奥运赛场的主旋律。通过奥运会、特别是举办奥运会推销国家或民族意识形态，提高国家的国际声誉，提升国家的国际地位，进行政治外交，是政治家不变的目标。他们相信当他们的运动员赢得金牌时，其国家形象就能在全世界面前得到提升；当他们运动员失败后，这些失败是他们国家的地位在国际事务中整体下降的征兆。因此，赛场胜负成为政治家关注的焦点，并由此带来了无尽的麻烦。

因此，必须正确看待政治对当代体育的双重影响。一方面，体育的发展离不开各国政府的支持和参与。正是在政府的支持和参与下，体育才得到快速的发展，其社会影响力日益扩大，为推动体育的发展特别是保证重大体育赛事的成功举办，提倡政府介入，并试图在国际政治中发挥作用。另一方面，各国政府有着自身的利益诉求，并试图通过体育追求自身利益的最大化。政府利益诉求带来的政治化倾向，势必对当代体育的独立性造成影响。因此必须合理处理好两者之间的关系。

二、商业化侵袭的问题与挑战

体育运动作为一种社会文化活动，它的发展需要一定的物质技术基础。社会生产的发展及科学技术的进步，为体育运动发展创造了有利的客观条件。体育运动水平的提高与社会经济发展水平相联系，体育运动发展水平的高低，取决于国家的经济水平、人均收入、文化人口的比例，以及体育经费、场地器材设施等。脱离开现有的物质条件，推动体育的发展最终只能是空谈。可见，商业化是现代体育发展的趋势，也是当代体育发展的重要特征之一。在商品经济高度发展的时期，体育为谋求自身的发展，也毫无例外地带上了浓郁的商品经济色彩，如赛事运作市场化、个别项目经营与管理模式企业化和对获奖人员激励策略物质化等，极大地推动了体育的发展，同时也鲜明地加快了体育的商业化步伐，并给其发展带来一定的负面影响。

过度商业化的侵扰可能带来体育本质的异化。首先，造成体育本身对商业的过度依附。无论是体育运动自身的技术战术演化、体育活动的组织开展，还是体育组织管理以及决策的制定实施，都不得不紧紧围绕商业化来展开。其次，诱发运动参与者对经济利益的过度追求。在商业化影响下，运动员、教练员、裁判员，甚至是体育官员等各类体育参与者都被利益所驱动，不能充分发挥创造性和主动性。再次，在商业化驱动下，比赛需具有刺激性和娱乐性，竞技运动的方法与手段被异化，人被沦为创造成绩的工具。竞技运动的主体不再是人，竞技运动的目的也不再是为了人的自身的全面发展，也就失去了体育的原有的意义。

过度商业化的侵扰还可能导致不公平竞争的加剧。“公平竞争”本是体育比赛的基本信条。在商业化的驱动下，现代体育领域的竞争性越来越强，为了在比赛中取胜从而获得商业利益，越来越多的教练员、运动员、管理人员逐步背离了公平竞争的体育精神，甚至不惜铤而走险非法行事。比如愈演愈烈的兴奋剂现象，运动员想尽办法通过服用兴奋剂来提高成绩，得到更多荣誉，但是却践踏了公平，牺牲了健康。再如假球、赌球、黑哨等现象的频繁发生，也主要是一些从业人员抵不住由竞争所带来物质诱惑，践踏了体育自身的纯洁。这一方面让竞赛环境没有了公平公正的原则，也给社会带来了极其恶劣的负面影响。

的确，市场化、商业化运作会给体育带来丰厚的经济收益，而代价是极其昂贵的。体育过分的商业化给自身带来了严重的负面影响，商战硝烟弥漫于体育赛场的上空，可能致使体育沦为金钱的奴隶，不再有往日的独立、纯洁与尊严。

三、运动训练异化的问题与挑战

体育，特别是竞技体育，是以改造人的自身自然为己任的社会文化活动。充分发掘人类运动的潜能，不断提高运动技术水平，不断打破世界纪录，是竞技体育不变的追求。不断战胜人体极限，不断超越人类自身自然的理念，成为了当代体育巨大的推动力与精神支柱。但就当代体育的实践而言，它则向我们提出了以下问题：首先是人类“自身自然”是不是一个“有限的资源”？其次是运动成绩能不能无限地提高？第三是，越来越大强度的训练能不能实现自然恢复？

尽管今天人们远未穷尽对人类自身的认识，还有不少未知领域需要我们深入的研究。但人类自身自然毕竟是一个有限的资源。这种有限的资源在被无限的开发过程中，当人的自身自然不堪重负时，当人类自身自然在自然状态下不能满足这种需求时，人类只有借助其他手段来实现。困扰竞技体育的兴奋剂问题，为什么禁而不止，愈演愈烈，其根本原因就在于这种不断超越的发展观。为了实现超越，从最初的几种违禁药物到现在一长串的禁药名单；从依靠药物发展到采用现代医学手段。也许，不久的将来，生物工程会以最便捷方式“克隆”出运动超人，未来的世界冠军可能会产生于生物化学实验室。

阿姆斯特朗，美国职业自行车运动员。曾10次参加环法大赛实现环法车手七连冠，创造了环法历史上的奇迹。但他个人兴奋剂丑闻缠身，2012年8月23日，美国反兴奋剂机构宣布剥夺阿姆斯特朗七个环法自行车赛冠军头衔，并且终身禁赛。

人是自然进化的结果，也是社会进化的结果；人是历史的创造者，也是历史的创造物。人类在改造自然、创造世界的同时，也改造了人类自身自然，由动物进化为人类。而这种改造之改造，随着社会的发展，变得愈来愈“文明”与“科学”，愈来愈远离人类自身自然，一些人甚至忘记人的自然属性，而把人物化为一个永动的机器。“事实上，为使专门性的竞技表演得到强化，运动科学已经发明了许多新办法，它们把身体当作由多个部件组成的复杂表演机器，每部分可以独立和改变”。至少在目前的现实中，科学技术帮助我们不断实现了我们的目标，从而更加坚定了人们的超越信念。对此引发的人文、伦理危机，我们则仅仅视其为少数运动员或教练员的道德失范。而不愿意正视人类自身自然资源的有限性与不断超越的无限性之间的矛盾，不愿正视为不断提高运动成绩而导致的运动训练异化，乃至运动员的异化。

四、环境污染的问题与挑战

体育活动作为当代社会活动的重要组成部分，不可避免地受到生态环境的影响和制约；而体育活动的开展，同样给人类带来了不同程度的环境污染，破坏了人与自然的和谐。在实际的体育运动开展过程中对环境的污染是多层面的，这些污染不仅包括在体育运动过程中器械产生的废气、废物、噪声和运动员、观众等不负责任的行为引起的空气污染、水污染和噪声污染等，还包括体育设施、场所的修建所造成的地形、地貌的破坏和生物多样性的减少。

当代体育可能带来污染包括：其一、大气污染。大多数人已经意识到工业生产、城市交通和生活燃料等是日常空气污染的主要原因，但可能并未意识到体操、举重运动员使用作为防滑粉的碳酸镁粉，乒乓球运动员使用刺激性的胶水，以及运动员和观众在运动场所吸烟对运动环境中空气的影响；作为运动竞技新趋势的运动机械竞赛项目开展时排放的大量废气给当地空气环境带来的灾难性后果；大量观赏体育竞赛的流动人口对交通提出的更高要求，热气球运动、跳伞运动等对旅游工具的依赖都在一定程度上加剧了空气的污染。其二、水污染。水上项目的开展直接或间接地污染了水环境，在体育运动进行过的河流、湖泊、水库和海滩随处可见遗留的垃圾、机油、船用化学清洁剂和洗涤用的油脂残留物，还有运动员本身的分泌物和排泄物等给水体造成的污染。而近年来兴起的一些体育旅游性质的运动场所（如高尔夫球场等）的兴建和保养需水量极大，同时还需要大量的化学药品，这些化学药品被草木吸收，进入河流污染其他水资源，进而污染饮用水，破坏了水生态平衡。其三、噪声污染。噪声主要来源于运动器械，如飞机、汽车、射击和摩托车，还有观众观看比赛时的呐喊声和高音喇叭声。

体育场所的修建还可能对地质、地貌的污染和破坏，导致生物多样性的减少。近年来体育运动向大众化、大型化和生态化发展，使得大量运动场馆应运而建，对自然空间的需求量急剧增加。另外一些辅助设施的修建，使简单脆弱的人工生态系统代替复杂丰富的自然生态系统，导致体育旅游资源难以承受体育旅游者所带来的污水、垃圾等环境污染。体育运动的大众化、生态化发展使人们将健身运动从单一的运动场馆转向广阔的大自然，使人们的运动空间也从单一的陆地生态环境转向海、陆、空的全方位立体环境，把许多问题带进平时人们很少去的地方，造成生态环境的退化。

因此，环境的时间、空间和承受力便成了体育运动发展与生态环境平衡矛盾的焦点。要实现体育运动的可持续发展，必须从环境保护和生态平衡的角度对体育运动和环境二者的关系做深入的研究。

高尔夫球运动，是和阳光、绿地、湖泊紧紧地联系在一起的。它集运动、休闲、健身、娱乐和社交等为一体，盛行已久。时至今日，受到欢迎的程度与遭到的抵制是同样的强烈。高尔夫球场的过度修建，严重破坏当地原生态，无偿占有并耗用大量水资源，保养草皮使用的多种化学药剂污染周边地区土壤及水源，环境问题日益突显。

五、文化单一化的问题与挑战

现代体育是以古代希腊文化为代表的文化传统和现代资本主义文化精神为基础的。随着体育在全世界的普及，这种单一文化基础的负面影响也逐渐暴露出来，其中引起国内外许多人士关注的一个突出现象就是，由于西方发达国家在经济上所处的优势地位等原因，体育全球化已在相当程度上表现为单纯的西方化，国际体育文化呈现出明显的单一化趋向。

例如，在现代体育中大多数竞赛项目除沿袭古代奥运会部分竞赛项目外，主要是欧美地区产生的体育运动项目。在奥运会的竞赛项目中，源于西方的体育运动形式居于压倒地位。在夏季奥运会 28 个大项的 300 个小项中，除了柔道、跆拳道等极个别的项目外，均为西方运动项目，欧美国家的参与率远远高于其他国家。在悉尼奥运会注册的 10960 名运动员中，实际参赛人数为 10651，其中近一半的运动员来自欧洲。奥运会极少在非西方文化传统的城市举办。在已经举办过的夏季奥运会中，欧洲占了 14 次、美洲 6 次，这就限制了奥林匹克运动从西方以外的文化中吸取营养。在国际奥委会委员中，一多半来自欧美国家。在当代的国际体育组织中，60%以上的领导人来自欧洲，90%以上的国际体育组织的总部设在欧洲，60%以上的重大国际比赛是在欧洲举行。

因此，在以西方体育文化为主体的当代体育的发展过程中，发展中国家的民族体育文化对当代体育文化的共同感受是文化帝国的渗透。其实文化帝国就是一种文化的全球化，这种形式表现出含蓄的强迫性，它虽然不像经济全球化具有明显的侵略性质，但是也引起了许多国家和民族的警惕和抵触。而当代的体育文化是借助一些看似极其正当的要求和正常的标准对全球体育文化实施控制。西方发达国家正是看到了这种文化的初衷，看到了这种理想化的境界是他们推行其价值体系的绝好载体。通过这种载体可以潜移默化地将西方文化价值渗透到全球，影响到全球。已经成为一种全球文化的体育文化，具有强盛的实力，借助西方发达国家的推崇，使其渗透的强度不断加大，渗透的速度明显加快。同时，现代科技媒体使全球的联系瞬间得到沟通，使文化渗透的范围急剧扩大。在这种势能强大、辐射范围广阔的文化影响下，全球体育文化的变迁将会不断地向着单一化方向快速发展，并逐渐趋向强化，这种单一文化在发展过程中愈发凸现了缺陷，不能促进体育在全球范围内的广泛发展，也与体育的全球化精神相背离。

第三节 未来体育发展的走向

○ 导入

美国学生爱太极，自愿免费在孔子学院教授太极拳 [2]

苏珊·德罗莱斯基是美国得克萨斯农工大学国际项目部副校长助理。从 2003 年开始学习太极拳。在该校孔子学院，苏珊在第一任院长支持下，开设了太极拳课程，每个学期都教授 2 至 3 个太极拳班，班级学员的年龄从 18 岁到 85 岁不等，受到学生们的欢迎。对于美国人喜欢太极拳的原因，苏珊说，现在美国疾病控制和预防中心等都在推荐太极拳，并认定太极拳为预防摔倒的方法之一。摔倒是美国 65 岁及以上人口猝死的首要原因。而美国老年人口数量大，现在很多美国人都知道习练太极拳的好处。另外，出生在上世纪 70 年代及以后的美国人有运动的习惯，他们在上学时接受的体育锻炼往往强度大，像橄榄球、垒球和篮球等。太极拳适合任何人习练，也没有场地的限制等。另外，生活节奏快、压力大的美国人，开始寻找减压运动，太极拳是不错的选择。同时美国年轻人受到电影和电视的影响很大，像李小龙、成龙、李连杰等影响了很多年轻人，尤其是男孩子，他们要求开设武术课程；过去的 10 年，越来越多的电影、电视中出现了武术技艺高超的女性角色，这也激发了越来越多女孩子对武术的兴趣；动画片《木兰》和《功夫熊猫》也激励了一代的美国儿童，他们开始对中国功夫感兴趣。

在文化多元化、全球化的今天，作为中国传统文化以及传统体育瑰宝的武术，正在以前所未有的速度走向世界，成为世界了解中国传统文化，进而了解中国的一个重要途径。中国武术以其特有的文化内涵、健身养生功效而受到世界人民的喜爱和参与。可以预见，伴随着人类交流沟通的日益紧密，中国传统体育与西方现代体育之间将会搭建起更为广阔的交流平台。

[2] 摘自《中国体育报》2012 年 11 月 08 日。

一、未来体育和谐化的主题确立

（一）体育将确立人自身和谐的主题

无论是古希腊奥运会还是21世纪全面进步的现代奥林匹克运动，都始终追求着“和平、竞争、谅解、发展”的主题和“更快、更高、更强”的奥林匹克精神。国际奥委会主席罗格又提出了“更干净、更人性、更团结”的奥林匹克新格言。这些精神倡导的主题，体现了国际竞技体育运动在人类文明中的价值存在，体现了体育的本质，也成为其不断发展的社会成因。体育所追求的教育功能是随着文明的发展而始终保持旺盛活力的重要因素，尽管它也有一些负面因素，但积极的因素是主要的。因此，未来的体育运动将更强调体育的人文价值，强调体育的真、善、美，强调体育应为人的和谐发展服务，进而促进一个维护人的尊严的、和平的社会建立。

（二）体育将确立社会和谐的主题

进入工业社会以来，人类社会在大规模、全方位交往的同时也出现了剧烈的国际间冲突，再加上人类掌握了毁灭其自身的武器手段，使得今天的社会面临着前所未有的威胁，如环境、难民、地区冲突、贸易壁垒等。而这些危机的化解，必须要靠所有国家和民族共同协作应对。在这一过程中，体育运动试图架设沟通各国人民之间联系的桥梁，增进不同民族、不同文化的人们之间的相互了解，促进世界和平，减少战争的威胁。体育的宗旨与人类社会正义事业所要达到的目标是一致的，并在一定程度上满足了现代国际社会的需要，对进入现代社会以来的人类有直接的现实意义。体育的宗旨，使它成为世界和平事业的一个重要组成部分，从而确定了它在当代国际社会中的重要地位。

正是出于以上理念，体育运动的先驱组织——国际奥委会提出“奥林匹克运动的宗旨是，通过没有任何歧视，具有奥林匹克精神——以友谊、团结和公平的精神和相互了解的体育运动来教育青年，从而为建立一个和平的更美好的世界做出贡献”。

二、未来体育全球化的进程加速

进入21世纪，经济全球化的进一步加快是不可抗拒的客观必然趋势，在经济全球化的影响下，体育发展“全球化”的特点更加明显。

（一）体育形态全球化的进程加速

体育全球化是全球化的重要组成部分，是体育发展的必然趋势。进入21世纪，全球化在广度、深度、强度、密度四个维度上推进，形成了未来全球化的强势语境。体育这一人类共同的语言，也必将伴随经济全球化从而形成自身的全球化——体育全球化。体育全球化超越国界和地域，打破了地域环境与人文壁垒，使不同地域、民族的体育以丰富的个性进行多元融合、相互吸纳、相互补充，发展成为一种新的世界体育文化模式。

（二）体育资源国际化的进程加速

由于受经济全球化的影响，提供体育服务产品的体育产业正在加速实现体育资源的国际化。以优惠的条件和“看得见的事业”吸引国外高水平教练员、运动员，已经成为当代体育的常规作法。20 世纪 90 年代以来，前苏联和前德意志民主共和国已有几千名高水平运动员和教练员流入西方，欧洲、美国和澳大利亚成为最大的接收和受惠地区和国家。此外，中国的乒乓球、体操、跳水和羽毛球运动员、教练员几乎遍布全球，都是这种世界范围内人才流动的体现。将教练员和运动员包括后备人才送往高水平国家培养训练，以提高自身水平，是体育资源全球化的又一表现。肯尼亚、埃塞俄比亚等国的长跑选手长期在美国接受训练；南非在美国训练的运动员为南非夺得第一枚奥运游泳奖牌；亚特兰大奥运会后韩国将击剑队派往法国训练，收到了很好的效果。国际奥委会等一些体育组织也在采取这种办法帮助第三世界国家提高运动水平。

21 世纪的体育已经进入一个体育和人才有国家、无国界的全球化新时代，体育资源的全球化将继续成为 21 世纪的潮流，并继续对体育的发展和运动技术的水平产生重大影响。

（三）体育活动同质化的进程加速

民族化、地域化是前工业社会中体育活动的主要特色之一，在现代社会中，各国体育之间在活动内容和方式上的差异已经越来越小，体现出强烈的同质化现象。从体育项目的选择到体育规则的统一，再到体育营销方式、管理方式的规范，这些体育赛事在逐步科学化、严谨化的过程中加速实现着同质化。

值得注意的是，那些没有被纳入体育竞赛系统的体育活动，特别是那些在局部地区、局部人群中流行的少数民族体育活动，面临着被边缘化的危险。

（四）体育管理一体化的进程加速

国家的体育组织及其活动方式本来是一个国家的内政，但在体育日益全球化的背景下，国际和国内体育组织紧密地联系在一起。例如《奥林匹克宪章》中就对各国国家奥委会的组成做出明确规定。体育组织一体化最明显的趋势体现在欧盟成员国之间。

尽管体育运动并未被包含在欧盟《罗马条约》和《马斯特里赫特条约》之中。但是，欧盟却对体育运动具有重要的影响。欧盟最初将体育作为一种促进经济发展的方式，通过体育树立形象，增强欧洲国家的认同。可近几年来，欧盟对体育的态度发生了变化，逐步加大了对欧洲体育的经济影响，并将欧洲体育的一体化作为欧洲一体化进程中的重要环节与内容。包括球员转会、赛事举办、跨国球迷观赛等方面，都逐步走向一体化，欧洲国家的地域壁垒被打破、规则被统一、资源被整合。未来一段时期，随着欧洲一体化进程的加快，整个欧洲的体育管理一体化的进程也必将随之加快。

三、未来体育科学化的态势显现

（一）体育竞赛的科学化

体育竞赛的科学化态势是指，越来越多的国家从解决运动训练实践中的难点和关键点出发，应用现代科技理念、手段，集成先进、科学的训练方法，为全面提高本国运动员的科学训练水平和竞技水平而进行不懈的探索。

主要内容包括：1. 训练手段和运动器材的科学化。开展科学训练、机能评定、伤病防治、运动营养与恢复等方面的研究，开发研制先进的体育器材和设备，开展科学训练基地示范建设，建立竞技运动的科学训练体系和高水平的医疗康复等配套服务体系。2. 兴奋剂检测的科学化。通过兴奋剂检测相关技术的研究，研制开发准确、便捷的兴奋剂检测仪器和设备，满足体育竞赛兴奋剂检测要求。3. 训练竞赛场地设施的科学化。高科技含量、达到节能环保要求的场地设施将是建设的重点，这也是提高运动员成绩、实现可持续发展的重要环节。

（二）体育管理、训练的科学化

作为竞技体育最集中的表现形式，竞赛制度、方式和格局发生了巨大的变化。各种名目繁多的竞赛越来越多，奖金越来越高，并且还有继续增加和升级的趋势。频繁的赛事对传统的训练理论提出了新的挑战，主要表现为竞赛形式增多、规摸扩大、周期加长、频率增加、奖金增多。比赛机会的增加，从根本上改变了传统的训练观念和方法，包括周期观念、系统观念。运动员告别传统的训练方法，比赛成为训练的一个组成部分，成为提高实战能力的重要手段。随着国际竞赛种类和次数的增加，各国原有的竞赛体制也将不可避免地受到影响和冲击，因此必须进行科学化的竞赛制度改革。

（三）体育研究的科学化

体育科技朝着集约化和更加开放的方向发展。竞技体育作为复杂的人体科学研究对象，需要多学科、多层次的综合研究，需要自然科学与社会科学结合的综合研究，需要生理、生化等微观层次的研究与有机体运动能力间的结合研究等。它对科研方法、组织管理和思维方式等方面都提出了建立更加开放的体育科研体系的要求。体育科研还要借助其他科学领域，如军事科学、材料学等。

不断拓展新的科研领域，多方位提高训练水平和人体运动能力。包括提高力量的方法与手段，促进恢复疲劳，以及营养、新器材、新设备、新方法等。

四、未来体育多元化的趋势所向

（一）体育的未来问题

21 世纪，随着高科技时代的到来，人类的价值观念、思维方式、生活方式等都开始发生巨大变化。作为直接与人发生密切关系的体育，也必然面临从指导思想理论到方法上的革命，传统的、以竞技运动为中心的西方体育体系已不能满足和适应高技术下高情感的需要。据国外权威的《美国新闻及世界报道》杂志预测，在21世纪中叶，奥林匹克运动会也会因为“运动员能力转向依靠生物工程设计和电脑训练方式，逐渐失去光荣竞争意义。”著名未来学家约翰·奈斯比特在《大趋势》一书中写道“人们对高技术的反应就是发展出一种非常个人化的价值系统，对技术的非个人化性质加以补偿，结果就出现了所谓的新自助运动或个人成长运动，这个运动的发展高峰即发掘人类潜能运动……技术与人类潜能是今日人类面临的两大挑战和机遇”。

（二）东方体育的价值显现

面对以上西方体育体系的固有顽症，东方体育给出了自己的“药方”。东方传统体育体系的核心在于：将人的身体和精神连同客观自然界视为锻炼过程中三位一体的整体要素加以考虑，强调个人身、心的同步发展，着眼于直接深入人的心理意识和内部生理功能的全面提高。不仅人的身体活动是运动，当形体处于静态而人的内在生理由于意念的作用而发生变化也是运动。因此，不仅有“动”的体育方法，也有“静”的体育方法。这与随着近代工业革命和殖民活动而流行于全世界的两次传统体育概念和理论方法是明显不同的。这只能是东方传统哲学和观念意识以及人体观、人天观的产物，而这一古老体育体系越来越显示出高度科学价值和健身功能。在当今商品化竞技运动给人类带来层出不穷的体育暴力事件、体育赌博及兴奋剂等问题的情况下，带来宁静气息。以个人自我修复、自我调整、自我保健、自我发展为特点的东方传统体育在世界范围内的兴起，不仅将引起世界体育观念和结构的重大革命，而且会产生钱学森同志所说的“东方的科学革命”。未来的体育结构将是东西方体育文化传统精神的异质互补。

（三）多元体育的未来图景

展望未来体育文化的发展，我们看到的是一个多元的体育文化世界。当今，世界各民族的体育都在走向现代化，但这并不会使体育交流成为多余，反而会使交流更加发达。这是因为：第一，随着现代化建设进程而带来的各民族体育的振兴，促使人们去进行更为广泛、更为频繁的体育交流。第二，人类的心灵永远需要互相沟通和理解，人类的好奇心和求知欲的周期性需要不断向外拓展才能满足。人类的文化发展需要在多样化的异质文化中取得灵感和借鉴，这是人类文化交流永恒的内在动力。现代化为这种永恒的内在动力转化为对象化的活动开辟了广阔的发展前景。

○ 小结

本章我们主要讨论了体育发展的趋势。首先，我们探讨了当代体育发展的特点，这些特点包括体育中心多极化、体育规则统一化、体育管理专门化、体育运行的产业化等。通过对当代体育发展特点的分析，有利于为我们预测体育的未来图景提供依据。其次，我们分析体育发展面临的问题和挑战。这些问题和挑战包括：政治化的干扰、商业化的侵袭、运动训练异化、环境污染等。体育的变革归根到底取决于社会的变革、人们需要的变化、价值观的变化等内外部环境的变化。对这些问题的把握将有助于我们认清体育发展的形势和环境。最后，我们讨论了未来体育发展的走向，其走向包括体育和谐化的走向、体育全球化进程的加速、体育科学化态势的显现、体育多元化的趋势等。这些未来走向只是我们从理论角度，以一些可控、可预知的因素作为依据做出的预测和分析，并不意味着体育未来的实践形态必然和书中论述的一致，因为社会的发展、体育的发展始终处于动态过程之中。

○ 思考题

1. 当代体育发展的特点有哪些？
2. 当代体育发展面临哪些问题与挑战？
3. 简要论述体育的未来趋势。
4. 根据本章所述内容，结合具体资料与实例，谈谈奥林匹克运动会在当代发展过程中遇到哪些问题，该如何解决，并展望一下奥运会的未来发展趋势。

○ 相关网站

1. 国际奥委会网站：http：//www.olympic.org/
2. 国际体育社会学评论杂志官网：http：//irs.sagepub.com/

○ 课后拓展阅读

1. （美）罗纳德·B·伍兹. 体育运动中的社会学问题（第十九章 体育发展的未来趋势）［M］. 北京：人民体育出版社，2011：313−322.

2. 约瑟夫·马奎尔，凯文·扬. 理论诠释：体育与社会（未来方向）［M］. 重庆：重庆大学出版社，2012：313−322.

3. （荷）森特恩，卡霍维梅尔. 2030年技术改变世界［M］. 北京：中国商业出版社，2011.

4. 熊欢. 身体、社会与体育：西方社会学理论视角下的体育［M］. 北京：当代中国出版社，2011.

5. 朱玲，李后强. 体育新视角丛书［M］. 成都：四川科学技术出版社，2007.

参考文献

[1] 董时恒，熊晓正.体育探源 [J]. 体育科学，1982（2）：1-6.

[2] 周西宽.体育概念的历史观 [J]. 烟台：全国体育理论研讨会论文集，1982.

[3] 冯世观.现代体育体制的几种模式 [J]. 武汉体育学院学报，1988（6）：83-88.

[4] 王广虎.体育的本质、特征及分类 [J]. 上海体育学院学报，1990（3）.8-9.

[5] 卢锋.体育体制比较的基本原理及方法 [J]. 成都体育学院学报，1991（2）：26-32.

[6] 百家.试论人类体育与地理环境 [J]. 武汉体育学院学报，1992（2）：2.

[7] 宋继新.构建体育方法学的新体系 [J]. 体育科学，1993（3）：25.

[8] 刘绍曾.体育理论学科发展之演变 [J]. 北京体育大学学报，1994（3）：50-55.

[9] 毛世玉，陈立晖.论体育与体育方法 [J]. 黑龙江高教研究，1995（5）：105-106.

[10] 王景连.浅议体育概念的历史演变 [J]. 安徽大学学报（哲学社会科学版），1995.6.

[11] 祝莉.体育与人格完善 [J]. 四川体育科学，1996（1）：65-68.

[12] 熊晓正.体育体制改革是一项跨世纪的系统工程——访国家体委人事司司长戴文忠 [J]. 体育文史，1996（5）：3-5.

[13] 王秉彝.论我国体育学科发展缓慢的原因与对策 [J]. 体育科学，1996（6）：25-30.

[14] 王苏杭.论体育概念研究中的“狭义”和“广义”学说 [J]. 体育学刊，1997（1）：59-61.

[15] 鲍明晓.中国体育体制改革综述 [J]. 北京体育师范学院学报，1997（2）：42-45.

[16] 王苏杭.体育概念研究之我见 [J]. 体育学刊，199（1）8：43-46.

[17] 谭华.试论体育体制改革的前景及对策 [J]. 体育与科学，1988（1）：21-23.

[18] 凌平.中国体育体制改革的过程特征 [J]. 山东体育学院学报，1998（1）：8-11.

[19] 杨德芳.体育概念、特征、分类与功能新探 [J]. 浙江体育科学，1998（3）：63-66.

[20] 李卫东.制约中国体育体制改革与发展的因素分析 [J]. 体育文史，1998（3）19-20.

[21] 李献祥.现代体育分类简论 [J]. 体育与科学，1998（4）.28.

[22] 周琪.市场经济与中国体育体制改革 [J]. 体育文史，1999（1）：17-18.（5）：20-22.

[23] 周爱光.体育本质的逻辑学思考 [J]. 武汉体育学院学报，1999（2）：19-21.

[24] 张友龙.体育方法释要 [J]. 体育学刊，1999（2）：47-48.

[25] 熊晓玉.体育概念之探讨 [J]. 武汉体育学院学报，1999（3）：30-32.

[26] 黄渭铭.体育科学体系的现状及 21 世纪发展趋势 [J]. 福建体育科技，1999（5）：5-8.

[27] 席玉宝.体育科学体系新探 [J]. 体育科学，2000（4）：94.

[28] 徐忠.再论体育的科学体系 [J]. 成都体育学院学报，2000（5）：19-21.

[29] 凌平.模式的变革与变革的模式——中国体育体制和运转机制变革的研究 [J]. 体育学刊，2001（1）：1-4.

[30] 董杰.对近 25 年来中外体育概念研究的比较研究 [J]. 体育与科学，2001（2）：31-35.

[31] 韩丹.论当代世界对“体育”的法学界定 [J]. 体育与科学，2001（2）：8-12.

[32] 陈开燕，杨碧珍.体育教学对人格的塑造功能 [J]. 体育科学研究，2001（3）：65-69.

[33] 黄力生.论体育科学的性质、特征及体育科学体系的分类 [J]. 体育科学研究，2001（4）：5-7.

[34] 毛振明.论体育学科的特性 [J]. 体育与科学 2001 (5)：14–16.

[35] 席玉宝.从体育的历史沿革和结构及整体性谈体育的概念——兼评“竞技不是体育”“竞技与体育分开”[J]. 天津体育学院学报，2002 (2)：22–25.

[36] 唐启进.体育精神与人格教育 [J]. 南京体育学院学报，2002 (2)：63–64.

[37] 江建华，陈军.体育与人格的培养 [J]. 南京体育学院学报，2002 (2)：74–75.

[38] 周雷.对体育科学文献分类的学科性认识 [J]. 中国体育科技，2002 (08)：62–64.

[39] 管声豪.体育对人际关系的促进作用 [J]. 体育文化导刊，2003 (6)：40.

[40] 葛箐.对体育概念及本质问题的重新审视 [J]. 体育文化导刊，2003 (7)：30–31.

[41] 易剑东.体育概念和体育功能论 [J]. 体育文化导刊，2004 (1)：32–34.

[42] 席玉宝，高升，杨彬.试论休闲与休闲体育 [J]. 中国体育科技，2004 (1)：51–54.

[43] 杨晓生.21 世纪体育功能的转变 [J]. 体育学刊，2004 (1)：129–131.

[44] 邵伟德.体育学科分类体系的科学性探讨 [J]. 中国体育科技，2004 (1)：62–64.

[45] 邓飞.我国“体育”概念的争议与反思 [J]. 华南师范大学学报（社会科学版），2004 (2)：139–141.

[46] 唐炎.体育本质新论 [J]. 天津体育学院学报，2004 (2)：36–38.

[47] 冯胜刚.关于中国体育现象分类问题的探究 [J]. 贵州师范大学学报（社会科学版），2004 (4)：114.

[48] 周西宽.现代“体育”概念几个问题的探讨 [J]. 成都体育学院学报，2004 (4)：1–6.

[49] 王学锋.sports 与 5p 关系解析 [J]. 体育文化导刊，2004 (11)：20–22.

[50] 黄德春.我国体育概念发展的哲学思考 [J]. 体育文化导刊，2005 (2)：39–41.

[51] 庞宇波.试论体育教学与人格建构 [J]. 山西农业大学学报（社会科学版）2005 (3)：284–285.

[52] 程卫波，刘峰.斯泡特（sport）概念的界定 [J]. 山东体育学院学报，2005 (5)：6–8.

[53] 刘燕舞.中国体育体制研究：历史回顾与未来展望 [J]. 体育文化导刊，2006 (5)：19–22.

[54] 宋震昊.“体育”本体论——体育概念批评 [J]. 南京体育学院学报，2006.6.

[55] 张洪潭.体育的概念、术语、定义之解说立论 [J]. 西安体育学院学报，2006.7.

[56] 于光远，马惠娣.关于“闲暇”与“体闲”两个概念的对话录 [J]. 自然辩证法研究，2006 (9)：86–91.

[57] 汪康乐，邰崇禧.论体育科学学科属性及其分类 [J]. 北京体育大学学报，2006 (11)：1453–1456.

[58] 高雪峰.后奥运时期中国体育体制变革走向 [J]. 武汉体育学院学报，2006 (11)：1–7.

[59] 熊文.关于体育概念界定的哲学反思 [J]. 体育学刊，2007 (1)：9–14.

[60] 张新萍.制度创新与制度变迁——对中国竞技体育体制改革的新制度经济学分析 [J]. 体育学刊，2007 (1)：5–8.

[61] 顾季青.我国竞技体育体制模型成长现状与对策 [J]. 体育文化导刊，2007 (5)：6–8.

[62] 吴运瑞，袁敦礼.体育原理 [M]. 上海：上海勤奋书局，1933.

[63] 亚里士多德著、吴寿彭译.政治学 [M]. 北京：商务印书馆，1965.

[64] 朱天顺.原始宗教 [M]. 上海：上海人民出版社，1978.

[65] 颜绍泸.体育的原始形态试析–史前体育探索之一 [G]. 中国体育史学会.体育史论文集（第三册），1978.

[66] 全国体育学源教材委员会《体育理论》编写组.体育理论 [M]. 北京：人民体育出版社，1981.

[67] 高等师范院校体育系科《体育理论》教材编写组.体育理论 [M]. 南京：南京师范学院出版社，1983.

[68] 滕子敬.体育理论 [M]. 北京：北京师范大学出版社，1983.

[69] 林笑峰等.体育方法学［M］. 长春：东北师范大学体育系体育理论教研室，1984.
[70] 曹湘君.体育概论［M］. 北京：北京体育学院出版社，1985.
[71] 过家兴.运动训练学［M］. 北京：北京体育学院出版社，1986.
[72] 东北师范大学体育系体育理论教研室.体育方法学［M］. 长春：东北师范大学，1986.
[73] 邓福星.艺术前的艺术［M］. 济南：山东文艺出版社，1987.
[74] 温家平.仿生与体育趣谈［M］. 北京：人民体育出版社，1987.
[75] 周西宽等.体育学［M］. 成都：四川教育出版社，1988.
[76] 全国体育学院教材委员会.体育概论［M］. 北京：人民体育出版社，1989.
[77] 全国体育学院教材委员会编.群众体育学［M］. 北京：人民体育出版社，1990.
[78] 普通逻辑编写组.普通逻辑［M］. 上海：上海人民出版社，1993.
[79] 亚里士多德.亚里士多德全集（第八卷）［M］. 北京：人民大学出版社，1994.
[80] 郑杭生.社会学概论新修［M］. 北京：中国人民大学出版社，1994.
[81] 崔乐泉.中国原始时代体育文化研究–原始体育形态的考古学分析［M］. 博士毕业论文，1995.
[82] 曹湘君.体育概论［M］. 北京：北京体育大学出版社，1995.
[83] 体育概论教材编写组.体育概论［M］. 北京：高等教育出版社，1995.
[84] 鲍冠文.体育概论［M］. 北京：高等教育出版社，1995.
[85] 周登嵩.体育科研概论［M］. 北京：北京体育大学出版社，1995.
[86] 胡伊人青加.人：游戏者–对文化中游戏因素的研究［M］. 贵阳：贵州人民出版社，1998.
[87] 伍绍祖.中华人民共和国体育史（综合卷）［M］. 北京：中国书籍出版社，1999.
[88] 全国体育院校成人教育协作组《体育概论》教材编写组.体育概论［M］. 北京：人民体育出版社，1999.
[89] 胡小明.体育人类学［M］. 广东：广州人民出版社，1999.
[90] 体育院校成人教育协作组编.运动训练学［M］. 北京：人民体育出版社，1999.
[91] 于光远.漫谈竞赛论［M］. 北京：中国文联出版社，2000.
[92] 托马斯·古德比等.人类思想史中的休闲［M］. 昆明：云南人民出版社，2000.
[93] 杰弗瑞·戈比.康筝等译.你生命中的休闲［M］. 昆明：云南人民出版社，2000.
[94] 杨向东.中国古代体育文化史［M］. 天津：天津人民出版社，2000.
[95] 颜天民.体育概论·体育史·奥林匹克运动·体育法规［M］. 桂林：广西师范大学出版社，2000.
[96] 《体育理论教程》编写组.体育理论教程［M］. 广州：广东高等教育出版社，2000.
[97] 李金龙，王超英.体育社会学·群众体育学［M］. 桂林：广西师范大学出版社，2000.
[98] 杰弗瑞·戈比.张春波等译.21 世纪的休闲与休闲服务［M］. 昆明：云南人民出版社，2000.
[99] 王文生，王若钦，胡振铎.体育教学论·体育方法学·中学体育教材教法［M］. 桂林：广西师范大学出版社，2000.
[100] 白刚，刘江，洪霏等.体育理论教程［M］. 北京：国防工业出版社，2000.
[101] 全国体育学院教材委员会编.运动训练学［M］. 北京：人民体育出版社，2000.
[102] 毛振明，赵立，潘绍伟.学校体育学［M］. 北京：高等教育出版社，2001.
[103] 郑旗.现代体育科学研究的理论与方法［M］. 北京：人民体育出版社，2001.
[104] 田麦久.运动训练学［M］. 北京：人民体育出版社，2002.
[105] 王健，侯斌.体育原理导论［M］. 武汉：华中师范大学出版社，2002.
[106] 杰·科克利.体育社会学–议题与争议［M］. 北京：清华大学出版社，2003.
[107] 骆秉全.实用体育科研方法［M］. 北京：民族出版社，2003.
[108] 胡小明.体育休闲娱乐理论与实践［M］. 北京：人高等教育出版社，2004.

[109] 卢元镇.全民健身与生活方式［M］. 北京：北京体育大学出版社，2004.
[110] 周登嵩.学校体育学［M］. 北京：人民体育出版社，2004.
[111] 周西宽.体育基本理论教程［M］. 北京：人民体育出版社，2004.
[112] 陈小蓉.体育科学研究原理与方法［M］. 北京：北京体育大学出版社，2004.
[113] 杨文轩，杨霆.体育概论［M］. 北京：高等教育出版社，2005.
[114] 谭华.体育史［M］. 北京：高等教育出版社，2005.
[115] 卢锋.休闲体育学［M］. 北京：人民体育出版社，2005.
[116] 曹湘君.体育概论（第二版）［M］. 北京：人民体育出版社，2005.
[117] 叶加宝，苏连勇.体育概论［M］. 北京：北京体育大学出版社，2005.
[118] 裔昭印.世界文化史［M］. 武汉：华东师范大学出版社，2006.
[119] 叶加宝，苏连勇.体育概论［M］. 北京：北京体育大学出版社，2006.
[120] 颜天民.体育学概论［M］. 桂林：广西师范大学出版社，2006.
[121] 杨世勇.体育科研方法概论［M］. 北京：人民体育出版社，2006.

策划编辑 佟 晖
责任编辑 佟 晖
责任校对 未 茗
版式设计 佟 晖 博文宏图

图书在版编目(CIP)数据

体育概论/《体育概论》编写组编. －北京:北京体育大学出版社,2013.8(2020.3 重印)
高等教育体育学精品教材
ISBN 978－7－5644－1414－6

Ⅰ.①体… Ⅱ.①体… Ⅲ.①体育－高等学校－教材
Ⅳ.①G807.4

中国版本图书馆 CIP 数据核字(2013)第 189848 号

体育概论 《体育概论》编写组 编

出版发行:北京体育大学出版社
地 址:北京市海淀区农大南路 1 号院 2 号楼 4 层办公 B－421
邮 编:100084
网 址:http://cbs.bsu.edu.cn
发 行 部:010－62989320
邮 购 部:北京体育大学出版社读者服务部 010－62989432
印 刷:北京昌联印刷有限公司
开 本:787mm×1092mm 1/16
成品尺寸:260mm×185mm
印 张:14.25
字 数:365 千字
版 次:2013 年 8 月第 1 版
印 次:2020 年 3 月第 8 次印刷
定 价:35.00 元